औद्यानिकी के आधारभूत सिद्धांत तथा नाशीजीव प्रबंधन

औद्यानिकी के आधारभूत सिद्धांत तथा नाशीजीव प्रबंधन

डा० अजय कुमार तिवारी
डा० रवि प्रकाश मौर्य
वीर चन्द्र सिंह गढ़वाली उद्यान महाविद्यालय
(गोविन्द बल्लभ पंत कृषि एवं प्रौद्योगिक विश्वविद्यालय)
भरसार–246123, पौड़ी गढ़वाल, उत्तराखंड

2012

न्यू इंडिया पब्लिशिंग एजेंसी
पीतमपुरा, न्यू दिल्ली–110088

Published by
Sumit Pal Jain *for*
New India Publishing Agency
101, Vikas Surya Plaza, CU Block, L.S.C. Mkt.,
Pitam Pura, New Delhi- 110 088, (India)
Phone: 011-27341717, Fax: 011-27341616
Mobile : 09717133558
E-mail: info@nipabooks.com
Web: www.nipabooks.com

ISBN : 978-93-80235-99-8

Typeset at: Harminder *for* Laxmi Art Creation
Printed at: Jai Bharat Printing Press, Delhi

प्राक्कथन

औद्यानिकी को सम्पन्नता और समृद्धि का द्वेतक माना गया है। भारत में औद्यानिकी का इतिहास अति प्राचीन है। स्वतंत्रता के पश्चात् देश में औद्यानिकी के क्षेत्रफल में उल्लेखनीय वृद्धि दर्ज की गई है तथा आज भारत फल तथा सब्जी उत्पादन में विश्व में अग्रणी स्थान रखता है। जिसमें कृषि वैज्ञानिकों के आधुनिक अनुसंधान कार्यों तथा नये कृषि उपकरणों का विशेष योगदान है। परन्तु आज भी किसान कृषि को व्यवसाय के रूप में अपनाने में संकोच करता है, जो कि भारत जैसे विशाल जनसंख्या वाले देश के लिए यथेष्ट नहीं है। दूसरी तरफ नाशीजीवों के द्वारा औद्यानिकी फसलों में प्रति वर्ष लगभग 30 प्रतिशत से ज्यादा नुकसान पहुँचाया जाता है। इसका प्रमुख कारण है वैज्ञानिकों के विभिन्न शोधों तथा तकनीकीयों का लाभ भारत के किसानों को न मिल पाना है। इस युग में किसी भी फसल, फल, सब्जी की सफल खेती करने के लिए यह आवश्यक है कि इनके उत्पादकों को हर प्रकार की नवीनतम् अनुसंधानात्मक तकनीकी जानकारी उपलब्ध हो। यह कार्य मातृ भाषा के पुस्तकों के माध्यम से ही सम्भव है।

भारत में किसान अधिकांशतः हिन्दी भाषा का ज्ञान रखते हैं। अतः हिन्दी में लिखी हुई पुस्तकों को वे आसानी से समझकर लाभ उठा सकते हैं। वर्तमान में भी औद्यानिकी में हिन्दी के पुस्तकों का आभाव है। अतः इस स्थिति का ध्यान में रख कर इस पुस्तक की रचना की गयी है। इस

पुस्तक में औद्यानिकी के मूलभूत सिद्धांत, पौध पोषण, पौध रोपण, वृद्धि नियामकों का प्रयोग तथा विभिन्न औद्यानिकी फसलों के कीटों तथा रोगों से हानि की प्रकृति और इनके पर्यावरणीय सुरक्षित प्रबंधन विधियों को सविस्तार से वर्णन किया गया है। यह पुस्तक हम लेखकों के वर्षों के अनुभव तथा शोध पर आधारित है। यह पुस्तक औद्यानिकी में प्रमाण पत्र, डिप्लोमा तथा स्नातक छात्रों तथा किसानों के लिए अति उपयोगी सिद्ध होगी।

इस पुस्तक की रचना में औद्यानिकी तथा पादप संरक्षण से संबंधित विभिन्न पीरिवोडिकल, बुलेटिन, जर्नलस् तथा पत्र–पत्रिकाओं की सहायता ली गयी है अतः हम लेखकगण उन सभी लेखकों, वैज्ञानिकों तथा प्रकाशकों के आभारी हैं जिनके आलेखों से इस पुस्तक को लिखने में सहायता प्राप्त हुई है।

चूँकि, वर्तमान संस्करण इस पुस्तक का प्रथम संस्करण है अतः स्वभाविक है कि कुछ त्रुटियां रह गयी हों। इस ओर ध्यान आकृष्ट कराने वाले सुधि पाठकों के प्रति हम सदैव आभारी रहेगें। आशा है कि लेखकों का यह प्रयास उद्यान से जुड़े विविध स्तरीय पाठकों के लिए मील का पत्थर साबित होगा।

लेखकगण

विषय–सूची

अध्याय 1

औद्यानिकी का परिचय तथा महत्व

औद्यानिकी जिसका अग्रेंजी समकक्ष शब्द हार्टीकल्चर (Horticulture) है, दो शब्दों से मिलकर बना है– हार्टस तथा कोलयर जिनका कमशः अभिप्राय वाटिका और उगाने से हैं। व्यवहारिक रुप से इसकी निम्न परिभाषा दी जा सकती हैं–

''उद्यानशास्त्र फलों सब्जियों व फूलों की खेती का वैज्ञानिक अध्ययन कराने वाली कला व विज्ञान का एक महत्वपूर्ण अंग है। प्रायः इसका अध्ययन क्षेत्र घेरे या सीमित क्षेत्रों में उगायी जानी वाली फसल से होता है।''

इसकी विभिन्न शाखायें भी स्वतः में एक पूर्ण अध्ययन बनती जा रही हैं। दिन–प्रतिदिन वैज्ञानिक दृष्टिकोण की बाहुल्यता के कारण विभिन्न उपशाखायें भी अपना अलग अस्तित्व लेने लगी हैं। सामान्यतः इसकी 5 प्रमुख शाखायें हैंः–

1. फल विज्ञान (Pomology)– विभिन्न फलों के उगाने का अध्ययन करना।

2. सब्जी विज्ञान (Olericulture) –विभिन्न सब्जियों के उगाने का ज्ञान कराने वाली शाखा है।
3. फूलों की सजावट व अलंकृत बागवानी (Floriculture, Landscaping and Ornamental Gardens)
4. फल व सब्जियों का सरंक्षण (Fruit and Vegetable Preservation)
5. छाया व सुन्दरता हेतु महत्वपूर्ण वृक्षों के उगाने का अध्ययन (Arboriculture)– यह शाखा वन–विज्ञान से समानता रखते हुए भी उससे भिन्न है क्योंकि वन–विज्ञान का मुख्य लक्ष्य लकड़ी या अन्य वन–उपज प्राप्त करना है जबकि इस शाखा का कार्यक्षेत्र सामान्य वृक्षों के उगाने की कला तक ही सीमित है।

फल संरक्षण शाखा को छोड़कर अन्य सभी शाखायें न केवल तकनीकी बागवानों के लिए उपयोगी हैं, बल्कि उत्साही व्यक्ति इनके व्यवहारिक व सामान्यज्ञान से बहुत अधिक लाभ उठा सकते हैं।

उद्यान फसलों का महत्व तथा आयात निर्यात की सम्भावनायें

सुन्दरता के साथ ही आर्थिक, सुरक्षात्मक तथा अन्य अनेक पहलुओं की पूरक होने के कारण बागवानी का बहुत महत्व है। पुष्प–वाटिकाओं, सुन्दर लताओं, झाड़ियों तथा आकर्षक लॉन किसको नहीं अपनी ओर खीचतें हैं। यही तो कारण है कि पार्क, लघुवाटिकाओं तथा सुन्दर बगीचों द्वारा प्राकृतिक–नैसर्गिक सौन्दर्य पैदा करना आधुनिकता का एक अंग बनता जा रहा है। आर्थिक दृष्टि से भी हमारे देश में कृषि तथा बागवानी से प्राप्त होने वाली आय सबसे अधिक है। भारतीय कृषि अनुसन्धान परिषद् के द्वारा प्राप्त हाल के सर्वेक्षण से पता चला है कि लगभग सौ करोड़ लागत के फूल प्रतिवर्ष विदेश के बड़े शहरों में निर्यात किये जाते हैं। जिनकी खेती 17000 हेक्टर से भी अधिक भूमि में की जाती है। सुगन्ध ा प्राप्त करने हेतु गुलाब व चमेली का व्यापक उपयोग सर्वविदित है।

गुलाब तथा अन्य फूल, बल्ब और अर्किड आदि विदेश भेजकर प्रतिवर्ष पर्याप्त विदेशी मुद्रा अर्जित की जाती है। लघुवाटिकाओं से फल तथा

सब्जी पर्याप्त मात्रा में प्राप्त की जाती है फलतः स्वयं की आवश्यकता पूर्ति के बाद थोड़ी आय भी प्राप्त की जा सकती है। साथ ही अपनी वाटिका की ताजी व शुद्ध सब्जियाँ पाने का अतुलित आनन्द भी मिल जायेगा। वास्तव में अपने श्रम से अपनी वाटिका में उगायी गयी सब्जी एक विशिष्ठ आनन्द प्रदान करती है। खिलते फूलों और फलों से लदे फल वृक्षों को अपनी वाटिका में देखकर जो आनन्द प्राप्त होता है। उसे पूर्णतः स्पष्ट करना कठिन है क्योंकि इसे तो पाकर ही समझा जा सकता है।

सड़कों के किनारे लगे वृक्ष तथा ढालूदार या पहाड़ी भागों के फलवृक्ष भूमि का कटाव रोकते हैं भारत जैसे धार्मिक प्रवृति वाले देश में फूलों व फलों का धार्मिक दृष्टि से बहुत महत्व है। भगवान विष्णु के हाथ में कमल तथा ब्रह्मा की उत्पति का स्थल कमल अपनी अपार गरिमा अब तक संजोए हुए हैं देवी देवताओं को फुल व फल बहुधा (विशेषकर त्यौहारों में) चढ़ाये जाते हैं और इस कार्य हेतु तीर्थस्थानों पर फूलों का क्रय–विक्रय भी पर्याप्त मात्रा में होता है। नारियों के श्रृंगार हेतु भी फूलों का विशिष्ट महत्व है भारत के ज्यादातर भागों में परम्परा के अनुसार नारियाँ अपने बालों के जूड़े में फूल की माला या एक दो फूल गूंथती है। आधुनिक फैशन में भी सुन्दर आकर्षक फूल नारियों द्वारा सौन्दर्य–प्रसाधन के रुप में प्रयुक्त की जा रही हैं। अतः बागवानी का महत्व बहुत व्यापक है तथा इसका दिन–प्रतिदिन इसका क्षेत्र बढ़ता ही जा रहा है।

विश्व बाजार मे विगत वर्षो में उद्यानिकी फसलों की माँग में तुलनात्मक रुप से वृद्धि पायी गयी है। जिसके निम्न कारक हैं:–

1. धान्य फसलों के उत्पादन की वृद्धि दर मे कमी आयी है, साथ ही साथ विश्व जनसंख्या की वृद्धि दर भी कम हुई है। जिससे किसानों का ध्यान अधिक आय देने वाले उद्यानिकी फसलों की तरफ आकर्षित हुआ है। विगत वर्षों के दौरान धान्य फसलों के उत्पादन में 6 प्रतिशत की वृद्धि हुई है, जबकि सब्जी उत्पादन में 50 प्रतिशत तथा फल उत्पादन में 30 प्रतिशत की वृद्धि पायी गयी है।

2. मुक्त बाजार की नीतियों तथा व्यापार बाधाओं में कमी के कारण, उत्पाद की विश्व बाजार में निर्यात तथा आयात में सहजता हुई है। जिससे उद्यानिकी फसलों के उत्पादन से अधिक आय की प्राप्ति हो रही है।

3. औद्यानिकी फसलों में प्रजनन तथा टिशू कल्चर के द्वारा उन्नतशील प्रजातियों का विकास हुआ है, तथा ऐसी भी प्रजातियों के विकास में सफलता मिली है, जिससे की साल भर निरन्तर उत्पादन किया जा सकता है।

4. औद्यानिकी उत्पाद को उपभोक्ता तक पहुँचाने में एकीकृत आपूर्ति प्रबन्धन तथा जनखुदरा बिक्री से लागत में कमी हुई है। जिससे किसान औद्यानिकी फसलों की खेती के लिये प्रोत्साहित हो रहे हैं।

5. उपभोक्ता के आहार लेने की प्रवृति में तेजी से बदलाव हो रहा है, तथा फल व सब्जियों को उपभोक्ता आहार में महत्वपूर्ण योगदान मिल रहा है। जिससे किसान औद्यानिकी फसलों के उत्पादन के लिये प्रोत्साहित हो रहा है।

6. औद्यानिकी फसलों की निरन्तर साल भर माँग को जलवायु विविधता के कारण अधिक उत्पादन वाले क्षेत्र से अल्प या नगण्य उत्पादन वाले क्षेत्र पर पहुँचाकर अधिक आमदनी प्राप्त की जा सकती है। जिससे किसान औद्यानिकी फसलों के उत्पादन से ज्यादा आय की प्राप्ति कर, उत्पादन हेतु प्रोत्साहित हो रहे हैं।

भारत समेत अन्य उभरती अर्थव्यवस्थाओं वाले देश उपरोक्त परिवर्तन से लाभान्वित होकर औद्योनिकी फसलों के उत्पादन के लिये प्रोत्साहित हो रहे हैं।

भारत वर्तमान में निम्नलिखित औद्यानिकी फसलों के उत्पादन में महत्वपूर्ण भूमिका निभा रहा हैः–

	फल तथा सब्जी	भारत में उत्पादन की स्थिति
1.	आम	विश्व का सबसे बड़ा उत्पादक
2.	केला	विश्व का सबसे बड़ा उत्पादक
3.	भिण्डी	विश्व का सबसे बड़ा उत्पादक
4.	मटर	विश्व का सबसे बड़ा उत्पादक
5.	अदरक	विश्व का दूसरा सबसे बड़ा उत्पादक
6.	अन्नानास	विश्व का चौथा सबसे बड़ा उत्पादक
7.	सन्तरा	विश्व का पाँचवा सबसे बड़ा उत्पादक
8.	अंगूर	विश्व उत्पादकता में प्रथम
9.	प्याज	विश्व का दूसरा बड़ा उत्पादक
10.	फूलगोभी	विश्व का तीसरा बड़ा उत्पादक

औद्यानिकी फसलों का भारतवर्ष में प्रमुख क्षेत्रफल तथा उत्पादन

सेब

उत्तर भारत के पर्वतीय राज्य जैसेः– जम्मू कश्मीर, हिमाचल तथा उत्तराखण्ड हमारे देश के कुल सेब उत्पादन का 99 प्रतिशत योगदान करते हैं। शेष 1 प्रतिशत का योगदान अरुणाचल तथा नागालैण्ड प्रदेशों के द्वारा किया जाता है। उपरोक्त राज्यों में निम्न जिले सेब उत्पादन में प्रमुख भूमिका निभाते हैः

राज्य	सेब उत्पादन करने वाले जिले
जम्मू कश्मीर	बारामूला, कूपवाड़ा, अन्नतनाग, बूडगाम, पूलवाम
हिमाचल	शीशम, कूल्लू, किन्नयूर, मण्डी, चम्बा
उत्तराखण्ड	नैनीताल, अल्मोड़ा, टिहरी, उत्तरकाशी
अरुणाचल	पश्चिम केमेन्ना, तवाँग, लोवर सबन्सीरी, इस्ट कमेन्ठा

विश्व की औसत सेब उत्पादकता 10.8 मीट्रिक टन प्रति हेक्टर है, जबकि भारत की सेब उत्पादकता 5.68 मीट्रिक टन प्रति हेक्टर है। यदि हम उत्तर पूर्व के राज्यों की उत्पादकता का आंकलन करें तो यह 1.29 मीट्रिक टन हेक्टर है। अतः उन्नतशील प्रजातियों तथा आधुनिक कृषि तकनिकी को अपनाकर सेब की उत्पादकता बढ़ाई जा सकती है। भारतवर्ष मे उत्तराखण्ड का सेब बाजार में सबसे पहले आता है। इसके बाद हिमाचल प्रदेश तथा सबसे बाद मे अरुणचल का सेब बाजार आता है। भारत में उत्पादित 70 प्रतिशत से 80 प्रतिशत सेब दिल्ली बाजार में आता है। सेब का मूल्य अगस्त माह में सबसे अधिक होता है। हमारा देश सेब उत्पादन तथा उपभोग में छठे स्थान पर आता है। भारत का प्रति व्यक्ति, प्रतिवर्ष सेब उपभोग 1.35 किग्रा है।

केला

केले की भारतवर्ष में व्यापक पैमाने पर खेती की जाती है। यह हमारे भौगोलिक परिक्षेत्र के 12.46 प्रतिशत भाग अर्थात् 0.464 मिलियन हैक्टेयर क्षेत्रफल में व्यवसायिक रुप से उत्पादित होता है। इसका उत्पादन हमारे देश में लगभग 15.07 मिलियन टन प्रतिवर्ष होता है, जोकि कुल फल उत्पादन का लगभग 34.22 प्रतिशत है। केले के उत्पादन मे भारतवर्ष विश्व में पहले स्थान पर है। आँन्ध्र प्रदेश, बिहार, गुजरात, कर्नाटक, केरल, मध्य प्रदेश, महाराष्ट्र, उड़ीसा तथा पश्चिम बंगाल राज्यों में मुख्यतः इसकी खेती वृहद् पैमाने पर की जाती है। इसकी उत्पादकता सबसे अधिक 52.18 मीट्रिक टन प्रति हैक्टेयर महाराष्ट्र में है। जिसके बाद गुजरात (40 मीट्रिक टन/हैक्टेयर) का स्थान है। उत्तर पूर्व के राज्यों में इसकी उत्पादकता सबसे कम (12.7 मीट्रिक टन/हैक्टेयर) होती है।

भारतवर्ष में केले की उत्पादकता 30.66 मीट्रिक टन/हैक्टेयर है, जोकि विश्व उत्पादकता 15.60 मीट्रिक टन/हैक्टेयर से बहुत ज्यादा है। उत्तर पूर्व के राज्यों में मुख्यतः असम ही एक ऐसा राज्य है जहाँ केले की खेती व्यापल्त पैमाने पर की जाती है।

अपने देश में केले की माँग वर्षभर होती है, लेकिन अप्रैल से अगस्त तक इसकी माँग सबसे ज्यादा होती है। जबकि नवम्बर से फरवरी तक इसकी माँग तुलनात्मक रुप से कम होती है। कवेन्डीस प्रजाति के केलों की अपने देश में सबसे ज्यादा खपत है। उत्तर पूर्व के राज्यों से केला कोलकता मे बिकने हेतू आता है तथा यहाँ पर इसका मूल्य सबसे सस्ता होता है।

अपना देश केले के उत्पादन में विश्व में अग्रणी है तथा विश्व के कुल उत्पादन में 20.35 प्रतिशत का योगदान करता है। लेकिन भारत से केले के प्रसंस्करीत उत्पाद का ही निर्यात होता है।

पत्तागोभी

चीन में पत्तागोभी विश्व के कुल उत्पादन का तिहाई होता है, जिसके बाद भारत का स्थान आता है। पत्तेगोभी का सबसे ज्यादा उत्पादन उत्तर पूर्व खासतौर पर असम राज्य में होता है, जो देश के कुल उत्पादन का 9.1 प्रतिशत है। पत्तागोभी की औसत उत्पादकता अपने देश में 22 मीट्रिक टन/हैक्टेयर है। अपने देश में प्रमुख पत्तगोभी उत्पादक क्षेत्र निम्न हैः

राज्य	प्रमुख उत्पादक जिले
उत्तराखण्ड	अल्मोड़ा, चमोली, उत्तरकाशी, देहरादून
हरियाणा	हिसार, सोनीपत, अम्बाला, करनाल, पानीपत
राजस्थान	जयपुर, अलवर, श्रीगंगानगर
बिहार	पटना, मुज्जफरपुर, वैशाली, भागलपुर, दरभंगा, तथा मधुबनी
उड़ीसा	बलेश्वर, वालनगीर, कटके, धनकनन, गंजम, कोनार, कोरापुट
कर्नाटक	बेलगाम, हसन, वेलवे, मैसूर
उत्तर प्रदेश	प्रदेश के उत्तरी जिले

नींबू वर्गीय फल

भारतवर्ष में नींबूवर्गीय फल मुख्यतः महाराष्ट्र, आन्ध्र प्रदेश, पंजाब, कर्नाटक तथा पूर्वोत्तर राज्यों मे उगााये जाते हैं। इन वर्गीय फलों के

प्रसंस्कृत उत्पाद का ही निर्यात किया जाता है। भारत के कुल उत्पादन का 68 प्रतिशत योगदान पूर्वोत्तर के राज्यों का है। नींबू वर्गीय फलों की अपने देश में उत्पादकता 7.75 मीट्रिक टन/हैक्टेयर है। नींबू वर्गीय फलों के उत्पादन में ब्राजील विश्व में प्रथम स्थान पर है। इसके बाद अमेरिका, चीन, मैक्सिको तथा स्पेन आते है। संयुक्त राज्य अमेरीका विश्व का नींबू वर्गीय फलों का सबसे बड़ा निर्यातक है।

पुष्प उत्पादन

पुष्पों का उत्पादन तथा माँग विश्व बाजार में निरन्तर बढ़ती जा रही है, लेकिन अपने देश में अभी भी फूलों की खेती विश्व स्तर की नहीं की जाती है। जिसके निम्नलिखित कारण हैः–

1. फूल स्वभाव से जल्दी खराब होने वाले उत्पाद होते हैं। अतः इनके व्यापार में देरी बहुत ज्यादा व्यापारिक हानि देती है।
2. फूलों के उत्पादन को माँग के आधार पर निर्धारित करते हैं, क्योंकि इसका भण्डारण नहीं किया जाता।
3. इसके मूल्य के भारी उतार–चढ़ाव के कारण किसानों के लिये सर्वदा अनिश्चितता की स्थिति बनी रहती है।
4. फूलों का ज्यादातर व्यापार व्यक्तिगत सम्बन्धों के आधार पर होता है। अतः नये लोगों का प्रवेश काफी मुश्किल होता है।
5. फूलों के सफल विपणन के लिये यह आवश्यक होता है कि उत्पाद को समय से उपभोक्ता तक पहुँचाया जाये।

अपने देश मे फूल उत्पादन की परम्परागत खेती अब आधुनिक कट–फ्लावर की खेती के रुप में परिवर्तित होती जा रही है।

अपने देश में महाराष्ट्र, कर्नाटक, तमिलनाडू, आन्ध्रप्रदेश तथा हरियाणा पुष्प उत्पादन के प्रमुख स्थान है।

कट—फ्लावर के रुप में अपने देश मे गुलाब, ग्लैडीओलस, कारनेशन, जरबेरा, ऑर्किड, एन्थूरियम तथा लीलीयम की खेती होती है। जबकि पारम्परिक फूलों के रुप मे गेंदा, चमेली, गुलदाउदी इत्यादि की खेती की जाती है।

अपने देश में फूलों के उत्पादन के प्रमुख परिक्षेत्र निम्न हैः

गुलाब	बैंगलूरू, पुणे, दिल्ली तथा निकटवर्ती क्षेत्र
ग्लैडीओलस	दिल्ली, हरियणा, उत्तर प्रदेश, हिमाचल प्रदेश, पंजाब, जम्मू तथा कश्मीर
कारनेशन	बैंगलूरू, उटी, हिमाचल, महाराष्ट्र, तथा कोयमबटूर
जरबेरा	महाराष्ट्र
लीलीयम	बैंगलूरू, हिमाचल प्रदेश, उत्तराखण्ड
ऑर्किड	चेन्नई, औरगांबाद, मुबंई, केरल
एन्थूरियम	केरल, बैंगलूरू
रजनीगंधा	उत्तर प्रदेश, हरियाणा

अदरक

अदरक का निर्यात पाकिस्तान तथा जापान से सबसे ज्यादा होता है। वैसे तो चीन अदरक का बड़ा उत्पादक देश है, परन्तु यह सबसे बड़ा आयातक देश के रुप में भी जाना जाता है।

भारत विश्व का दूसरा सबसे बड़ा सुखा अदरक उत्पादन करने वाला देश है। अपने देश में इसका उत्पादन मुख्यतः केरल, उत्तराखण्ड, उड़ीसा, हिमाचल प्रदेश, मेघालय तथा पश्चिमी बंगाल राज्यों मे होता है। अपने देश से इसका निर्यात प्रमुख रूप से इंग्लैड, संयुक्त अरब अमीरात तथा नीदरलैंड को होता है। भारतवर्ष के कुल अदरक उत्पादन का 66 प्रतिशत योगदान पूर्वोत्तर राज्यों का है।

मटर

हरे मटर के उत्पादन में भारत विश्व में प्रथम स्थान पर है। हमारे देश की उत्पादकता 6.87 मीट्रिक टन/हैक्टेयर है। मटर के उत्पादन के प्रमुख परिक्षेत्र अपने देश में निम्न हैः

राज्य	प्रमुख उत्पादन क्षेत्र
कर्नाटक	बेलगाँव, बैंगलूरू, धारवाड़, कोलर, चीकमगलौर
मध्य प्रदेश	उज्जैन, दुर्ग
राजस्थान	जयपुर, अलवर, जोधपुर, उदयपुर
पश्चिम बंगाल	नाडीया, हूगली, चौबीस परगना
पंजाब	जालंधर, अमृतसर, होशियारपुर
हरियाणा	सोनीपत, झाजर, रोहतक, करनाल, पानीपत तथा हिसार
टासाम	दारंग, कमरप, नागौन
उत्तर प्रदेश	पश्चिम उत्तर प्रदेश

आलू

उत्तर प्रदेश आलू का सबसे बड़ा उत्पादक राज्य है। आलू के कुल उत्पादन का 90 प्रतिशत क्षेत्रफल गंगा जलोड़ मैदानी क्षेत्र हैं। उत्तर प्रदेश के बाद पश्चिम बंगाल तथा बिहार राज्य का उत्पादन में नाम है।

भारत, विश्व के आलू के उत्पादन में चीन और रूस के बाद तीसरे स्थान पर है। भारत में आलू, विश्व के कुल आलू उत्पादन का 7 प्रतिशत उत्पादित होता है, परन्तु निर्यात की दृष्टि से अपना देश पिछड़ा हुआ है।

हल्दी

भारत विश्व हल्दी उत्पादन में प्रथम स्थान पर है तथा विश्व उत्पादन का 94 प्रतिशत योगदान करता है। आँन्ध्र प्रदेश, तमिलनाडु, उड़ीसा, कर्नाटक, पश्चिम बंगाल, महाराष्ट्र, मेघालय तथा असम प्रमुख हल्दी उत्पादक राज्य हैं। भारतवर्ष मे प्रतिवर्ष मसाले के निर्यात में हल्दी का 15 प्रतिशत योगदान होता है। अपने देश में आन्ध्र प्रदेश हल्दी का प्रमुख व्यापारिक राज्य है।

लीची

भारत दुनिया का दूसरे नम्बर का लीची उत्पादक राज्य है, तथा इसकी उत्पादकता भी विश्व में सबसे ज्यादा 8.1 टन/हैक्टेयर है। प्रथम स्थान पर चीन है। भारत के कुल लीची का 70 प्रतिशत बिहार राज्य से आता है।

मिर्च

विश्व के कुल मिर्च उत्पादन का 1/3 भाग पैप्रीका मिर्च का उत्पादन होता है। भारत मिर्च के उत्पादन मे विश्व मे प्रथम स्थान पर 37 प्रतिशत का योगदान करके है।

भारत में मिर्च उत्पादक प्रमुख परिक्षेत्र निम्न है:

राज्य	उत्पादक क्षेत्र
असम	नालबरी, दारंग, धुब्री, नागौन, सोनीतपुर
मेघालय	पश्चिम गारो पहाड़िया, दक्षिण गारो पहाड़िया, उत्तर गारो पहाड़िया
आँन्ध्र प्रदेश	गुडप्पा, आदिलबाग, मेदक, निजामाबाद, गुन्टूर
गुजरात	बनासकन्था, जामनगर, जुनागढ़, राजकोट
मणीपुर	इम्फाल, चुरघनदपुर, धोबल
नागालैंड	कोहिमा, धीमाप्र, फेक, ओखा, मोकोकचाँग, मोनज्यूनहोवोटो
कर्नाटक	बेलगाम, धारवाड़ गडग, बीजापुर, दवांगीरी, रेचुर, बंगलौर
तमिलनाडु	कोयम्बटूर, सालेम, दीन्दीगुल, थ्रूवलार, तिरूचनापल्ली, रामानन्थपुर, शिवनगर, कऊर नमकल, धरमपुरी, विरूधनगर

अध्याय 2

औद्यानिकी में सामान्यतया प्रयुक्त होने वाले उपकरण

रेक : रेक का प्रयोग सामान्यतया पत्तियों तथा कुड़े के ढेर को एक स्थान से दूसरे स्थान पर विस्थापित करने के लिए प्रयोग करते हैं। इससे बाग को साफ सुथरा रखने में मद्द मिलती है। इसका प्रयोग दोनों हाथों से किया जाता है।

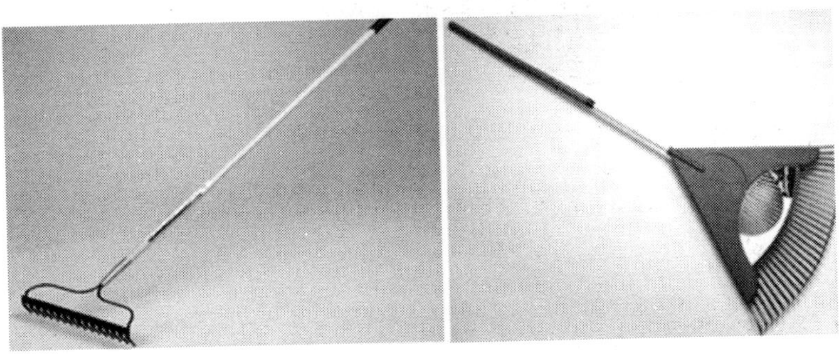

चित्रः रेक

प्रूनर : प्रूनर का प्रयोग पौधों की शाखाओं तथा टहनियों के कटाई–छँटाई के लिए प्रयोग किया जाता है। मुख्यतया दो प्रकार के प्रूनर प्रयोग में लाये जाते हैं।

- बाईपास
- आनवील

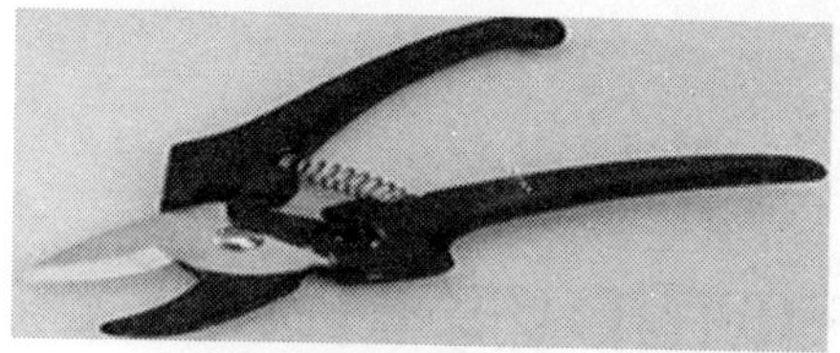

आनवील प्रूनर

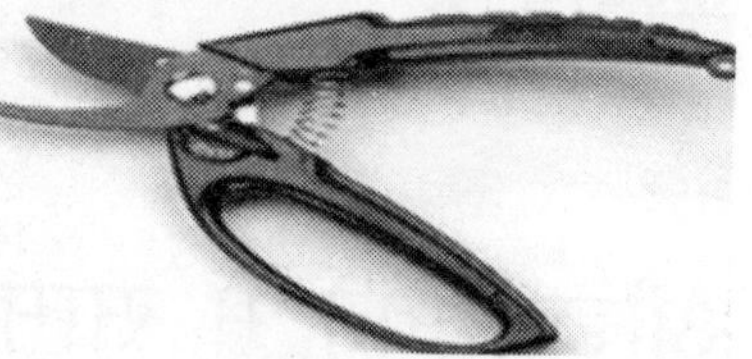

बाईपास प्रूनर

करणी : करणी का प्रयोग पेड़ों में रोपण का माध्यम मिलाने के काम आता है। इसका प्रयोग धूल उठाने में भी किया जाता है। करणी की सहायता से पौधों को एक स्थान से दूसरे स्थान पर उठाकर ले जाता है।

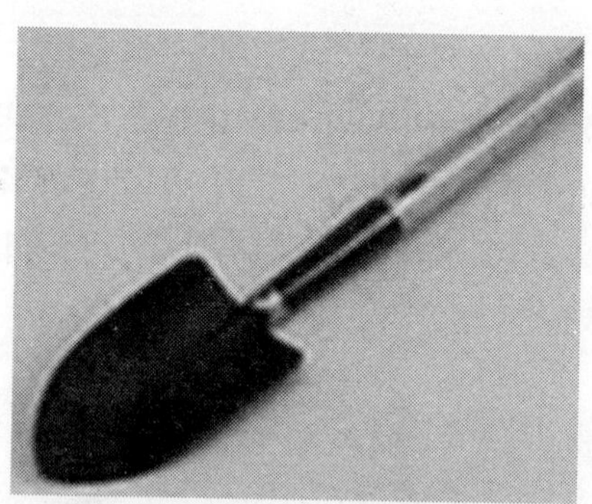

बेलचा : बेलचा दो प्रकार का होता है:–

- गोल अग्रभाग वाला बेलचा– मुख्यतया गढ्ढे खोदने के काम में आता है।
- चौकोर अग्रभाग वाला बेलचा– मुख्यतया खरपतवार तथा मलवे को उठाने के काम में आता है।

इसका आकार बड़ा होता है तथा एक बार में ज्यादा कचरा या मलवा उठा सकता है।

इसका हथ्था छोटा तथा अलग–अलग पकड़ का होता है।

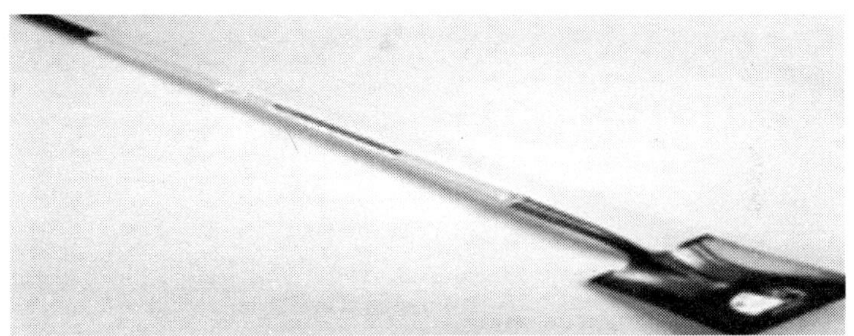

चौकोर अग्रभाग वाला बेलचा

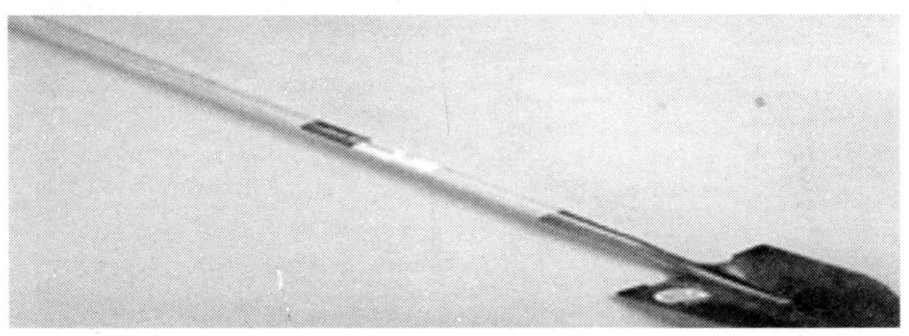

गोल अग्रभाग वाला बेलचा

गार्डन हो : इसका प्रयोग बाग की निराई तथा गुड़ाई करने में किया जाता है। जिससे अनावश्यक खर–पतवार को निकालने में सुविधा मिलती है।

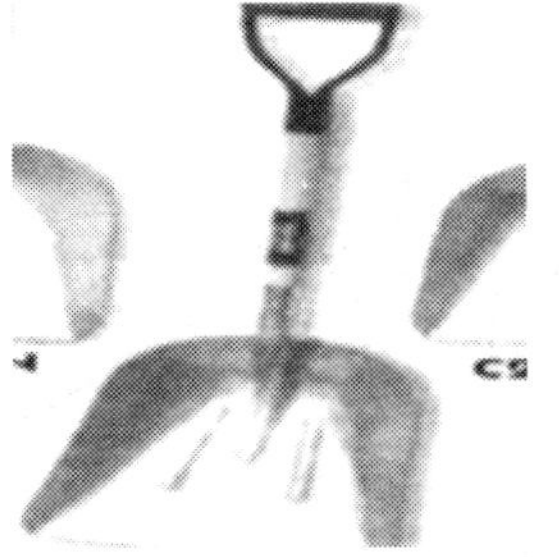

गार्डन कल्टीवेटर : यह सामान्यतः स्टील का बना होता है। इससे उद्यान की निराई तथा गुड़ाई किया जाता है। इसकी सहायता से खर–पतवार को निकालने में सुविधा मिलती है। तथा यह मिट्टी में ऑक्सीजन मिलाने में भी सहायता करता है।

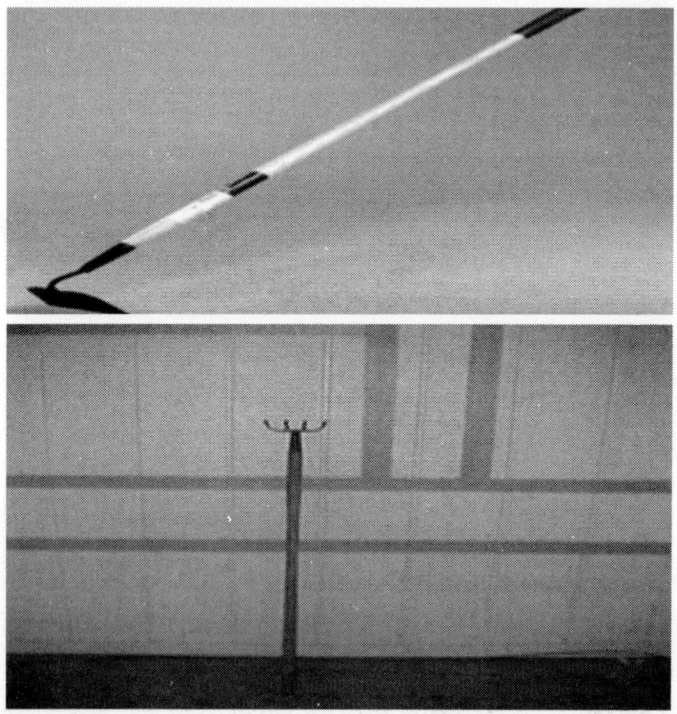

हैन्ड कल्टीवेटरः

व्हीलबैरो : यह बोझा ढोने के लिए पहिए वाली ढेला गाड़ी होती है। जिससे भारी चीजों को स्थान से दूसरे स्थान पर इसमें रखकर आसानी से ले जा सकते हैं। इसका प्रयोग कुड़े या अन्य सामान जैसे– सीमेन्ट या कंक्रीट ढोने में भी किया जाता है।

सिकेटर या छाँटने की कैंची : इसका प्रयोग पेंसिल मोटाई की शाखाओं को काटने छाँटने तथा कलम काटने आदि क्रियाओं में प्रयोग होता है।

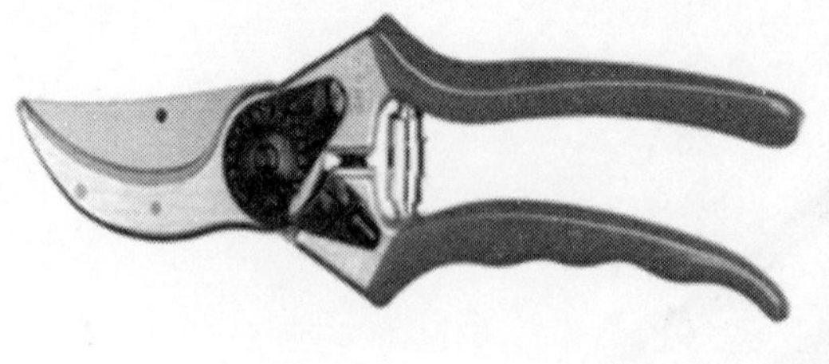

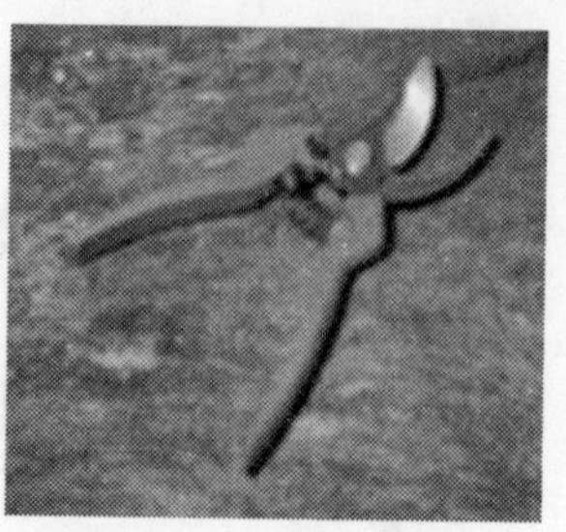

ट्री प्रूनरः– इसका प्रयोग 3–4 मीटर ऊँचाई वाले पेड़ों के 3–4 सेमी0 मोटी टहनी काटने छाँटने में किया जाता है।

प्रूनींग चाकू : इसका प्रयोग पौधे की शाखाओं तथा सकर को छाँटने में किया जाता है।

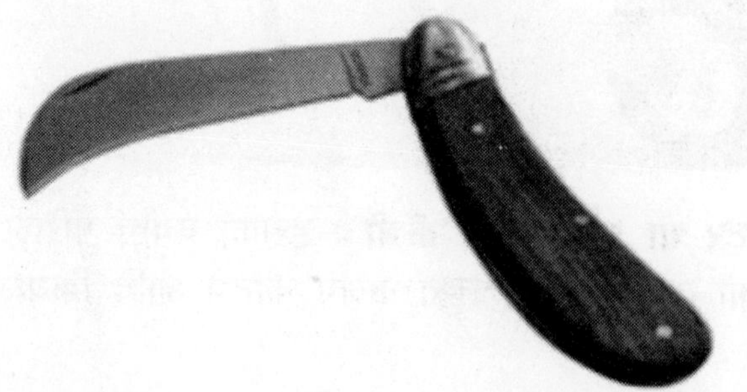

ग्राफटींग तथा बडिंग चाकू : इसका प्रयोग कलम काटने तथा लगाने में किया जाता है।

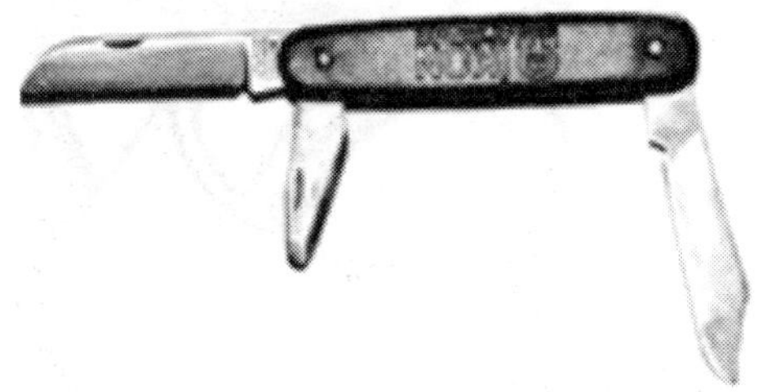

हैज शियरः– हैज या झाड़ियों के कटाई तथा छटांई के लिए इसका प्रयोग किया जाता है। इसकी सहायता से हैज को व्यवस्थित रखा जाता है।

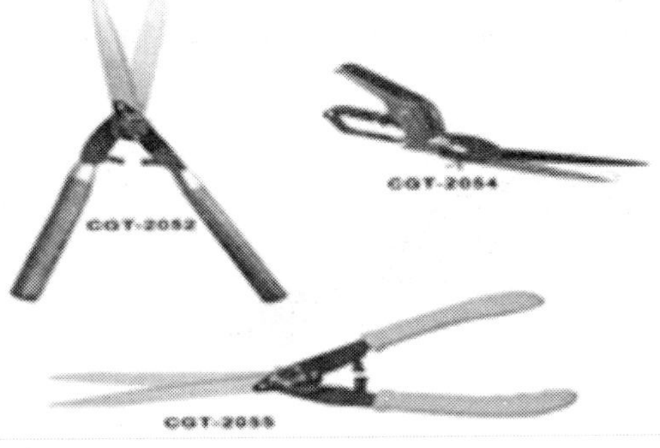

फावड़ा : इसका प्रयोग मिट्‌टी को खोदने तथा पलटने के काम में किया जाता है।

हजारा : पौधों को पानी देने के काम प्रयोग किया जाता है।

बिल हुक या थमाली : पेड़ों के शाखाओं को काटने में प्रयोग किया जाता है।

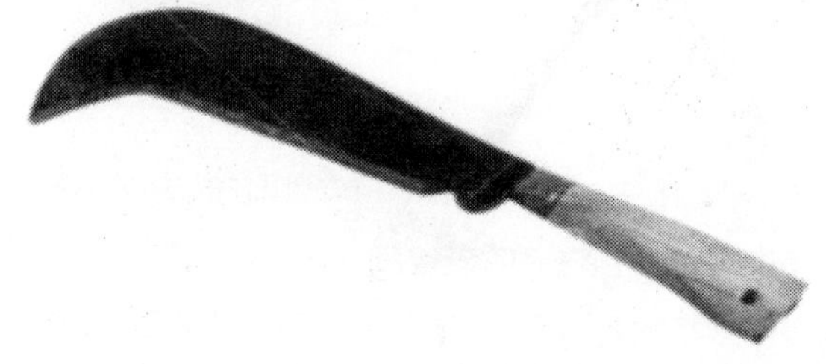

❐❐❐

अध्याय 3

लघुवाटिका की योजना तथा रुपरेखा

व्यक्तिगत निवास स्थानों व महत्वपूर्ण भवनों के सामने या पीछे की भूमि को फल–फूल आदि से सजाने या उपयोगी बनाने का कार्य लघुवाटिकाओं के अन्तर्गत आता है। इसका निश्चित आकार व स्वरुप स्थान की उपलब्धता, सूर्य की दिशा, प्रभारी की सामर्थ्य तथा स्थान स्थिति पर निर्भर है। प्रायः भवनों के सामने व किनारों पर सुन्दर फूल, लॉन, लतायें और पुष्प वृक्षों का समावेश किया जाता है। जिनके सम्मिलित स्वरुप को पुष्पवाटिका की संज्ञा प्रदान की जा सकती है। भवन के पीछे की जमीन का उपयोग गृह वाटिका के रुप में किया जा सकता है। जिसमें अल्पजीवी फलवृक्षों का भी समावेश होना चाहिए। व्यक्तिगत आवश्यकता के अनुसार इसका स्वरुप बदला भी जा सकता है। उदाहरण स्वरुप महिलाओं के लिए व्यक्तिगत वातावरण प्रदान कराने व उन्हें अपनी सहेलियों के साथ बैठने हेतु ''नारीकक्ष'' का प्राविधान पीछे की ओर किया जा सकता है। यह कक्ष भवन से जुड़ा होना चाहिए तथा चारों ओर से वानस्पतिक आवरण से ढका

होना चाहिए। इसमें भीतर सुन्दर पुष्प तथा गुलाब के कुछ पौधे लगाना चाहिए।

पुष्पवाटिका का कोई निश्चित स्वरुप देना इसलिए संभव नहीं है कि यह अनेक कारणों से प्रभावित होती है। इसमें कुछ प्रमुख विचारणीय कारक हैं जैसे– निकास–प्रवेश द्वारों की संख्या, रास्तों व मुख्य सड़कों की चौड़ाई, व्यक्तिगत अभिरुचि, वाटिका की उपयोगिता तथा गृहस्वामी की आर्थिक स्थिति आदि। वाटिका का स्वरुप इस प्रकार का हो जिससे भवन की सुन्दरता से मेल खाकर एकरुपता प्रदर्शित कर सके। इस सन्दर्भ में लागत व्यय व प्राप्त होने वाली सुन्दरता में उचित अनुपात रखना भी आवश्यक है। एक व्यवहारिक सामान्य वाटिका में सीमान्त चहारदीवारी के साथ बाड़ या फूल–पत्तियों वाली झाड़ियों का होना भी आवश्यक है और इससे सुन्दरता बढ़ती है पुष्पवाटिका में लान का होना भी आवश्यक है जिसमें गृहस्वामी बैठकर अपने मित्रों से बातचीत कर सके। लान के चारों ओर आकर्षक झाड़ियाँ की एक पंक्ति दी जा सकती है अन्दर के किनारे से सटे भाग में पुष्प–क्यारी या आकर्षक मटर के पौधे लगाए जाएँ तो अच्छा है। पुष्प क्यारियाँ उपयुक्त स्थानों पर बनानी चाहिए। फूलों का चुनाव करते समय इस बात का ध्यान रहे कि वर्ष भर क्यारियों में फूल मिलते रहें। मौसमी फूलों के उचित चयन से कम समय में विभिन्न रंगों से सजी पुष्प क्यारियाँ देखी जा सकती है

बहुरंगी योजना बनाने में रंगों का मेल मूलतः दो प्रकार से रखा जा सकता है। पहला एक रंग से मिलता–जुलता दूसरा रंग लेना अथवा दूसरे प्रकार में विरोधी रंग का समावेश करना। रंगीन–चक्र में 3 मुख्य रंग लाल, पीला व नीला तथा तीन द्वितीयक रंग नारंगी, हरा तथा बैंगनी और पुनः इसके संयोग से प्राप्त 6 अन्य रगों का विवरण दिया गया है। इसमें लाल व हरा तथा नारंगी व नीला अपने में कम्प्लीमेन्टरी तथा काले, सफेद व स्लेटी रंग न्यूट्रल कहलाते है। कम्पलीमेन्टरी रंग विरोधी रंग है। लाल, नारंगी व पीला भड़कीले रंग तथा नीला, हरा व बैंगनी हल्के शीतल रंग माने जाते हैं। प्राथमिक तीन रंगों के मेल से प्राप्त बीच के रंग आपस में

पारस्परिक सम्बन्ध रखते हैं अतः इन्हें ''हारमोनियस रंग'' कहते हैं सूर्य की किरणों के विभिन्न रंग फूलों की पंखुडियों द्वारा शोषित कर लिए जाते हैं और केवल वही रंग प्रदर्शित होता है जिस रंग की पंखुड़ी हो। बहुरंगी पुष्प–योजना एक ही रंग के फूलों की विभिन्न छायाओं व सघनताओं को लेकर भी तैयार की जा सकती है जैसे हरा व पीला हरा, पीला या पीला नारंगी आदि। दूसरा पहलू विभिन्न रंगों के फूलों का उचित समन्वय रखकर सजाना है। एक फूल की बहुरंगी जातियों जैसे पिटुनिया, स्वीट पी, एस्टर, एन्टरहिनम व फलाक्स आदि का प्रयोग भी इसके लिए श्रेयकर है। नारंगी रंग का एन्टरहिनम व पीले रंग के गेंदे के साथ बहुत अच्छा दिखाई पड़ता है। एक मुख्य रंग के साथ सहायक रंगों का मेल भी बहुत उपयोगी हो सकता है। सामान्यतः हरे रंग को मुख्य रंग के रुप में वर्ष के अधिक भागों में प्रयोग किया जा सकता है यद्यपि बसन्त ऋतु में पीला तथा जाड़े में चमकीले गहरे रंग मुख्य रंग का स्थान ले लेते हैं। फूलों की ऊँचाई आकार व स्वरुप तथा फूलने के समय में भी समुचित समन्वय होना चाहिए। मौसमी फूलों के मेलजोल का अगणित बहुरंगी सामन्जस्य हो सकता है, फिर भी रंगों का अच्छा समन्वय ढूँढना चाहिये।

फूलों की क्यारी का आकार वर्ग, आयत या वृत्त की भाँति हो सकता है। फूलों का चुनाव स्थानीय जलवायु, मिट्टी, पानी की उपलब्धता तथा व्यक्तिगत पसन्द पर आधारित है। यदि स्थान ज्यादा हो तो किनारों पर सुन्दर पुष्पवाले वृक्ष जो वायु प्रतिरोधक का भी कार्य देंगें लगाना श्रेयकर है। यदि क्षेत्र छोटा है तो एक या दो वृक्ष सामने लगाये जा सकते है परन्तु अधिकतर वृक्ष पीछे की तरफ लगने चाहिए। पुष्प क्यारियों के किनारों पर वार्षिक फूलों, झाड़ियों या मिश्रित पौधों का समावेश कर बार्डर बनाया जा सकता है। वाटिका में रास्तों, सडकों की चौड़ाई 3 मीटर रखनी चाहिए जिस पर बजरी बिछाना सुन्दरता व सुदृढ़ता दोनों ही दृष्टि से उपयोगी है। सड़क से किनारों पर ईंट गाड़कर बार्डर पौधे लगाना अधिक उपयोगी सिद्ध होगा। छोटे बीच के रास्तों की चौड़ाई 1 से 1.5 मी0 होनी होने चाहिए जिसे वर्गाकार सीमेन्ट के टुकड़ों को बिछाकर बनाया जा

सकता है। बड़ी बाटिकाओं में शीत–गृहों तथा कांच द्वार उद्यानों की व्यवस्था भी की जा सकती है यद्यपि इसमें खर्च अधिक पड़ता है। प्रवेश द्वार के समक्ष बड़े वृक्षों की छाया में छायादार प्रवृत्ति के शीत–गृहों में प्रयुक्त होने वाले पौधों को लगाकर एक छोटा आकर्षक नमूना प्रदर्शित किया जा सकता है।

विभिन्न तत्वों को वाटिका में समाविष्ट करने से पूर्व इस बात को भली प्रकार सोच लेनी चाहिए कि ये कहीं इतने सघन न हो जायें जिससे सम्मिलित सौन्दर्य में कमी हो। अतः यह आवश्यक है कि योजना इस प्रकार की बनाई जाए जिससे प्रत्येक तत्व स्वतः की सुन्दरता रखते हुए वाटिका की सम्मिलित सजावट में उचित योगदान दे सके। उचित रुपरेखा तैयार कर पतले व लम्बे क्षेत्र की वाटिका को ज्यादा चौड़ा प्रतीत होता और ज्यादा चौड़े क्षेत्र को लम्बा प्रतीत होते प्रदर्शित किया जा सकता है। वाटिका के कोनों की रुपरेखा बाड़ तथा मौसमी फूलों के समन्वय से समुचित रुप से तैयार करना चाहिए। झाड़ियों व फूलों की क्यारी आयताकार 2 मीटर चौड़ी बनायी जा सकती है और किनारे पर बाड़ की कतार दी जानी चाहिए।

ढालू तथा ऊँचे–नीचे क्षेत्रों के किनारों को आकर्षक व सुदृढ़ बनाने का कार्य भी वाटिका की योजना बनाते समय ध्यान में रखना चाहिए। इस योजना का लक्ष्य दयनीय सूने किनारों को सुंदर व वनस्पतियों से सजाना होना चाहिए जिसमें बहुत अधिक व्यय भी नहीं करना पड़ता है। छायादार किनारों हेतु ट्रेडेस्केन्सिया, मेडेन हेयर फर्न विन्का, स्पैथिफिलम, ड्रेसेना व अजुबा आदि, सूखे–गर्म किनारों हेतु जूनिपर्स, लेन्टाना, पेन्सटेमान व ट्रेंलिग गुलाब, का प्रयोग किया जा सकता है। एक सुदृढ़ नींव देने के बाद किनारों को पत्थर के टुकडों द्वारा यथास्थान लगाकर बनाया जा सकता है। जल निकास की व्यवथा का ध्यान रखते हुए कोई स्वरुप देना चाहिए। अधिक ढाल वाले सीधे किनारों में "ब्रोकेन पेबिंग" दी जा सकती है। मिट्टी के भराव में 4 भाग दोमट भूमि, 2 भाग पत्ती की खाद, 1 भाग बालू व 1 भाग पत्थर के छोटे–छोटे टुकड़े रखे जा सकते हैं। सीढ़ीदार

पत्थरों की व्यवस्था अधिक ढाल वाले किनारों पर लगे पौधों की देख–रेख करने व घूमने–फिरने में सहायक होती है। घास के टीलों व कम ढाल वाले उन किनारों पर जो बडे वृक्षों की छाया में है मौसमी फूल लगाये जा सकते हैं। कोलियस, क्रोटान (बहुबर्षीय) तथा शरद ऋतु के साल्विया, सिनेरेरिया व पैंजी आदि मौसमी फूलों का उपयोग इस कार्य हेतु किया जा सकता है। फौवारे, मूर्तियों, स्तम्भों, टोकरियों में लगे पौधों तथा गमले में लगे फूलों का उपयोग कर अतिरिक्त सुन्दरता बढ़ाई जा सकती है। विभिन्न तत्वों को वाटिका में समाविष्ट करने से पहले सुनिश्चित योजना का आधार रखना आवश्यक है। निवास स्थान के पीछे की जमीन का उपयोग फल और शाक उगाकर किया जा सकता है। इस भूमि का उपयोग सब्जी–उद्यान, फल–उद्यान या दोनों के सम्मिश्रण के रुप में किया जा सकता है। यदि फल वाटिका के रुप में इसका उपयोग करना हो तो भी शुरु के कुछ वर्षों तक साथ में सब्जी भी उगाई जा सकती है। जब फल वृक्ष लगभग 3 वर्ष के हो जायें, सब्जी की खेती बन्द कर देनी चाहिए। पौष्टिक फलों का चुनाव जलवायु व अपनी पसन्द के अनुसार किया जा सकता है। फल–वाटिका में उपयुक्त रास्तों व उचित आकार की क्यारियों का बनाना महत्वपूर्ण कार्य है। कम्पोस्ट खाद तैयार करने हेतु गड्ढा, आवास से दूर एक कोने में बनाना चाहिए।

लान

लान को इसकी विशिष्ट उपयोगिता के कारण वाटिका में सबसे महत्वपूर्ण और सुन्दर स्थान माना गया है। लान में बहूवर्षीय घास लगाकर, उसको समान व मुलायम सतह के रुप में व्यवस्थित कर दिया जाता है।

लान प्रारम्भ करने का समय

यदि पानी की समुचित व्यवस्था हो तो लान लगाने का कार्य गर्मियों में भी किया जा सकता है। वर्षा ऋतु में यदि यह कार्य शुरु किया जाए तो इस बात का ध्यान रखना चाहिए कि शीत ऋतु शुरु होने के पहले दो–तीन माह अवश्य शेष हों, जिससे इस अवधि में घास की इतनी वृद्धि

अवश्य हो जाए कि वह जाड़े के कुप्रभाव से बच सके ऐसा देखा गया है कि घास वाले पौधों की वृद्धि अक्टूबर के बाद शरद ऋतु में शिथिल पड़ जाती है। अतः यह आवश्यक है कि लान लगाने का कार्य इतना पहले शुरु किया जाए कि घास के पौधे शरद ऋतु के पूर्व बाह्य सतह को ढक लें यदि पानी की प्रर्याप्त सुविधा हो और जलवायु उष्ण हो तो लान बनाने का कार्य नवम्बर, दिसम्बर में भी शुरु किया जा सकता है। छायादार तथा क्षारीय क्षेत्र लान के लिए उनुपयुक्त है।

लान बनाने का तरीका व बनाने के पूर्व दी जाने वाली खाद

लान के लिए भूमि की तैयारी प्रथम अनिवार्य कार्य है यदि कार्य शुरु में भली–भाँति कर दिया गया तो बाद में की जाने वाली भूपरिष्करण क्रियाओं का अच्छा प्रभाव पड़ता है। लान की सतह, रास्तों व निकास नालियों से 5 सेमी० नीचे रखना लाभप्रद है क्योंकि ऐसा करने से सिंचाई का पानी व्यर्थ नही जाता है, और घूमने–फिरने हेतु रास्ते भी ठीक रहते है लान बनाने के लिए चुने क्षेत्र को लगभग समतल बना लिया जाता है तथा कंकड, पत्थर व अन्य खरपतवारों के अवशेष निकाल लिए जाते है। इसके बाद क्षेत्र की लगभग 0.3 मीटर गहरी गुड़ाई की जाती है तथा भूमि को एक सप्ताह तक धूप में खुले वातावरण में छोडा जाता है, जिससे हानिकारक खरपतवार के बीज तथा कीड़े आदि समाप्त हो जाते है। इससे धूप में भूमि शोधित हो जाती है। फिर मिट्टी को पाटा चलाकर भुरभुरी बना लिया जाता है जिससे कणों की सजावट ठीक हो जाए और हवा पानी का संचार ठीक ढंग से हो सके। ऐसा करते समय कंकड पत्थर व खरपतवारों की जडें आदि बाहर निकाल लेना चाहिए। क्योंकि पूर्ण समतल क्षेत्र तभी बनाया जा सकता है जब जैविक खाद मिला दी जाय। भूमि सतह भुरभुरा बनाकर जब लगभग समतल बना लिया जाय, उसी समय 35 से 50 क्विंटल सड़ा गोबर या कम्पोस्ट खाद प्रति एकड़ की दर से मिलाना चाहिए। प्रति एक हजार वर्ग फीट भू–क्षेत्र हेतु 20 किग्रा रासायनिक खाद जिसमें नेत्रजन, फॉस्फोरस व पोटाश प्रदान करने वाली

खादों का अनुपात क्रमशः 10 : 8 : 6 हो, देना चाहिए। यदि भूमि अम्लीय है तो आवश्यकतानुसार चूने का प्रयोग लाभप्रद है। खाद तथा रासायनिक उर्वरकों को अच्छी तरह मिलाकर खेत की सिंचाई कर देनी चाहिए। जब खेत में ओट आ जाए तो टर्फिंग हेतु पूर्णतया समतल बना लेना चाहिए।

घास का चुनाव

सामान्य दूब घास (*सायनोडोन डाक्टीलोन*) भारतीय परिस्थितियों में लान के लिए सर्वोत्तम घास है। यदि अच्छी तरह देखभाल की जाए तो यह लान में आसानी से उगायी जा सकती है। आजकल दूब की अनेक उपयोगी और आकर्षक जातियाँ आ रही है, जिनसे लान बहुत सुन्दर व मखमल के गद्दे की भाँति मुलायम व आरामदेह लगता है।

लान, में घास उगाने की व्यवहारिक विधियाँ

बीज द्वारा घास उगाना व्यावहारिक एवं निश्चित सफलता देने वाली विधि है। घास के बीज बहुत छोटे होते है। अतः इनकी बुआई बड़ी सावधानी से की जाती है। बीज को बराबर बालू की मात्रा के साथ मिलाकर समान रुप से प्रत्येक स्थान पर बोया जाता है। बुआई के बाद महीन हजारे से पानी दिया जाता है। बीज 3 से 6 सप्ताह में जम आते है। 150 से 300 वर्ग फीट जमीन हेतु 500 ग्राम या 7 किग्रा प्रति एकड़ बीज की मात्रा बीज द्वारा नये लान तैयार करने हेतु आवश्यक है। घास लगाने हेतु, मिट्टी के छोटे अंश में व्यवस्थित घास की ऊँचाई व आकार के होने चाहिए ताकि लान में सर्वत्र समान ऊचाई की वृद्धि प्राप्त की जा सके। डिब्लिँग विधि का भी प्रयोग घास लगाने हेतु किया जाता है, जिससे अच्छी तरह से तैयार क्षेत्र में 3 से 6 इंच के अन्तर पर बनाये गये छिद्रों में जड़ के साथ घास लगा दी जाती है। इसके लिए प्रौढ़ घास जिसमें दो गाँठों के बीच की दूरी कम हो, सुयोग्य होती है। गाँठे दूर–दूर होने पर जडों का विकास कम होता है और लान लगाने में देर हो जाती है। डिब्लिंग के बाद रोलर चला देना और फिर सिंचाई करना आवश्यक है। कभी–कभी घास की कटिंग, अच्छी तरह तैयार भूमि में बिखेर दी जाती

है और ऊपर एक से डेढ़ इंच मिट्टी बिखेर कर रोलर चला दिया जाता है। इससे मिलती–जुलती एक अन्य विधि भी जो बहुत कम उपयोग में आती है जिसे टर्फ प्लास्टरिंग कहते है, अपनायी जाती है। इस विधि में जड़ें राइजोम या तने एक इंच लम्बाई के काट लिये जाते हैं और इन्हें मिट्टी गोबर व पानी की आवश्यक मात्रा के साथ मिलाकर लेई तैयार की जाती है और खेत की सिंचाई करके उसमें लेई फैला दी जाती है। अधिकतर बीज व डिब्लिंग का ही प्रयोग होता है।

लान में की जाने वाली कुछ आवश्यक क्रियायें

लान में रोलर चलाना तथा घास की कटाई प्रमुख आवश्यक क्रियायें हैं। पहली कटाई के पूर्व भारी रोलर चलाना लाभप्रद है। ऐसा करने से कड़े पदार्थ दब जाते हैं और घास की कटाई करते समय घास मशीन की धार को कोई हानि नही पहुँचती। फिर समय–समय पर रोलर चलाते रहना श्रेयस्कर है। घास की कटाई भूमि सतह से डेढ़ इंच ऊँचाई पर की जाती है। वर्षा ऋतु में घास की उचित मोटाई की आवश्यकता होती है, क्योंकि इस समय बढ़ाव ऊँचाई की तरफ होता है। अतः इस समय घास काटने की मशीन का चाकू थोड़ा ऊपर कर दिया जाता है। सितम्बर–अक्टूबर में, जब जाड़ा शुरू हो जाय तो घास की कटाई जमीन के नज़दीक से करनी चाहिए। नियमित रुप से घास काटने से शाखायें मोटी नहीं हो पातीं और नरम टर्फ मिलते है। किसी भी दशा में घास में फूल नही आने देना चाहिए।

खाद का प्रयोग

मृदा की तैयारी के समय दी गयी खाद की मात्रा के अतिरिक्त प्रतिवर्ष कुछ न कुछ खाद की नियमित मात्रा लान के लिए आवश्यक है। लान उग जाने के बाद कभी भी गोबर या कम्पोस्ट नहीं देना चाहिये। क्योंकि इसमें खरपतवारों के बीज सम्मिलित होते हैं। 30 ग्राम अमोनियम सल्फेट, 8 लीटर पानी में मिलाकर 2–3 सप्ताह के अन्तर पर जाड़े व गर्मियों में छिड़काव करने से आश्चर्यजनक लाभ होता है। यह छिड़काव

इतना करना चाहिए कि जमीन नम हो जाये। लान में निगई, गुड़ाई या पानी देते समय छोटे–छोटे गड्ढे पड़ जाते हैं। इन्हें दूर करने के लिये लान पर बालू व महीन मिट्टी की 1/4 इंच तह बुरकाव करना चाहिये।

सिंचाई

लान में सिंचाई प्रारिम्भक अवस्था से ही शुरु की जाती है। यह आवश्यक नहीं कि लान को पानी से भर दिया जाय क्योंकि दूब की जड़े ज्यादा गहराई तक नही जाती हैं। ज्यादा गहराई तक दिया गया जल खरपतवारों की वृद्धि में सहायक है। गर्मी में 4–5 दिन के अन्तर पर रबर छिद्रों द्वारा सिंचाई करनी चाहिए। पानी छिड़कने वाले यंत्र से सिंचाई में श्रम की बचत होती है। जाड़े में 10–15 दिन के अन्तर पर सिंचाई करनी चाहिये।

लान का जीर्णोद्धार

एक बार लगायी हुई घास अच्छे रुप में 5 से 7 वर्ष तक चलती है। इसके बाद जीर्णोद्धार की आवश्यकता पड़ती है। जब लान, खाद, पानी या अन्य सुधारवादी साधनों से ठीक न किया जा सके, तब घास निकालकर 1/4 इंच मिट्टी खुरचकर हटा दी जाती है जिससे खरपतवार खेत के बीच में न रह सकें और फिर नये सिरे से उपरोक्त विधियों द्वारा लान तैयार किया जा सकता है।

बाड़

बौने किस्म की सदा हरा रहने वाली झाड़ियाँ व कुछ छोटे वृक्ष जो देखने में सुन्दर हों बाड़ के लिये प्रयुक्त होते हैं। ये पौधे सीमित दायरे में बढ़ने की प्रवृत्ति के होने चाहियें, जिन्हें छटाई द्वारा सुन्दर आकार दिया जा सकता है। आजकल बाड़ को कटाई–छँटाई द्वारा विभिन्न रुप दिया जाता है और इस कला को टोपियरी कहते है। सघन व प्रभावकारी बाड़ के बाहर कटीले तार की दो कतार लगाकर मजबूती प्रदान की जाती है।

इससे सुरक्षा के साथ ही सौंदर्य में भी वृद्धि होती है और व्यक्तिगत वातावरण बना रहता है। वाटिका के एक भाग से दूसरे भाग को अलग करने हेतु पुष्पदार व सुन्दर पत्तियों वाली झाडियों का उपयोग किया जाता है जिसे कटाई–छंटाई द्वारा उचित रुप प्रदान किया जा सकता है। बाड़ का स्वरुप स्थायी होता है। इसे लगाने के लिये दो से ढाई फीट चौड़ी और ढाई से तीन फीट गहरी खाई खोदकर मिट्टी को 15 से 30 दिन तक खुले वातावरण में छोड़ दिया जाता है। यह कार्य अप्रैल में किया जाना चाहिये। जब मिट्टी भली–भाँति शोधित हो जाये तब खाई की भराई गोबर की सड़ी खाद के साथ मिलाकर कर देनी चाहिये। बाड़ हेतु लगाये जाने वाले पौधों में कुछ बीज द्वारा सरलता से उगाये जाते हैं। जैसे इन्गाडलसिस, विलायती मेंहदी, जैत आदि और कुछ कटिंग द्वारा सरलता से उगाये जा सकते हैं जैसे डयूरेन्टा, मेंहदी, जैस्टिसिया आदि। यदि भूमि अच्छी है तो एक कतार की बुवाई या कटिंग लगाना अच्छी बाड़ प्राप्त कराने में सहायक होता है। यदि भूमि अच्छी न हो और ज्यादा घनी बाड़ प्राप्त करना हो तो दो कतारों में बुआई या कटिंग लगाई जा सकती है। कतारों के बीच की दूरी 1 फुट रखनी चाहिये। यदि बुवाई द्वारा बाढ़ तैयार करनी हो तो बीज 4 से 6 इंच के अन्तर पर बोये जाने चाहिये जिन्हें एक इंच गहराई में बोते हैं। कटिंग लगाते समय दूरी पौधे की प्रकृति के अनुसार रखी जाती है। लगभग 9 इंच अन्तर सामान्यतया ठीक होगा। बाड़ बोने या लगाने के बाद हल्की सिंचाई कर दी जाती है।

प्रारम्भ के कुछ दिनों तक सूखे मौसम में प्रतिदिन या एक दिन के अन्तर पर सिंचाई करनी चाहिए परन्तु जब बुवाई के पौधे एक फीट के हो जायें या कटिंग द्वारा लगाये पौधे व्यवस्थित हो जायें तो दो सिंचाई के बीच का अन्तर बढ़ा दिया जाता है। इस समय सिंचाई करते समय पानी की ज्यादा मात्रा दी जाती है। बाड़ लगाने का सर्वोच्चतम समय वर्षा ऋतु है, परन्तु यदि पानी की पर्याप्त सुविधा हो तो वर्षा ऋतु के तुरन्त बाद भी लगाया जा सकता है। बाड़ लगाने हेतु यह भी आवश्यक है कि जिस विधि से इसे लगाया जा रहा हो (बीज या कटिंग) उसी विधि से कुछ

पौधे भंडार में एक नर्सरी बनाकर रखना चाहिए और इसे भी उसी समय उगाना चाहिये जब मुख्य बाड़ उगायी जा रही हो। इससे यह लाभ होता है कि बाड़ में रिक्त स्थानों व निर्जीव पौधों के स्थान भरने हेतु नर्सरी से पौधे उखाड़ कर लगा दिये जाते हैं क्योकि यह असंम्भव सा है कि ऐसे स्थान को बुवाई या नई कटिंग उगाकर भरा जा सके। छाया के कारण केवल नर्सरी में उपरोक्त विधि से उगाये पौधे ही समानतह की बाड़ देने व रिक्त स्थान की पूर्ति हेतु सफल हो सकते हैं। बाड़ कि सिंचाई का पूरा–पूरा ध्यान रखना चाहिये अन्यथा पौधों की उचित वृद्धि नही हो पाती। पौधे जब 6 इंच के हो जायें (बुवाई से प्राप्त) तो उन्हें एक इंच ऊपर से काट देना चाहिये जिससे शाखाओं का उचित विकास हो। जब बाड़ इच्छित आकार की हो जाये तो उसे एक निश्चित आकार हेतु रखने के लिये समय–समय पर बागवानी में प्रयुक्त होने वाली कैंची से काटते रहना चाहिये।

बाड़ के लिए प्रयुक्त होने वाली व्यवहारिक पौधे

कुछ प्रमुख कटीली, पौधों का संक्षिप्त परिचय निम्नलिखित है जो बाड़ हेतु प्रयोग में लाये जाते हैं।

मद्रास थार्न

यह एक कटीली, ज्यादा शाखायें देने वाली झाड़ी है, जो 1 फुट से 3 फीट तक कटाई–छंटाई करके सुन्दर बाड़ बनाई जा सकती है। जब यह अच्छी तरह उगकर घनी बाड़ तैयार कर लेती है तब इससे पशु अन्दर नहीं घुस पाते हैं।

विलायती मेंहदी

इसका प्रयोग मैदानी भागों में बाड़ हेतु किया जाता है। यह आकर्षक व सुन्दर बाड़ प्रदान करती है, जिसकी पत्तियाँ चमकीली और सदा हरी रहती हैं और यदि फूलने दिया जाय तो आकर्षक हल्के फूल लगते हैं।

दो कतारों में बुआई करके लगायी गयी बाड़ लगभग एक साल में ही तैयार हो जाती हैं। यद्यपि इसकी शाखायें मध्यम मजबूती की होती है फिर भी इसे विभिन्न आकार दिया जा सकता है।

फुलई

यह शुष्क क्षेत्रों के लिये उपयोगी है। यह कम ऊँचाई तक बढ़ने वाला वृक्ष है जिसका उपयोग बाड़ के लिए भी किया जाता है। इसकी पत्तियाँ बसन्त ऋतु में हल्के तांबे की तरह लाल रंग लिये होती हैं जो बहुत सुन्दर लगती हैं। इसे बुवाई करके उगाया जाता है, परन्तु बीज–खोल कड़ा होने के कारण बीज को बोने से पहले कई दिन तक गोबर में सड़ा लिया जाता है। मध्यम ऊँचाई बाड़ के लिये यह उपयोगी है।

अकेलिफा

इससे बहुत सुन्दर कम ऊँचाई की बाड़ तैयार होती है परन्तु यह वहीं उगायी जा सकती है जहां पानी की सुविधा हो। इसे कटिंग द्वारा लगाया जाता है। कटिंग जाड़े की शाखाओं से लेकर बसन्त में लगाना ज्यादा सफलता प्रदान करता है। इस पर पाले का असर ज्यादा पडता है, अतः हल्के छाया वाले स्थान इसके लगाने हेतु उपयुक्त हैं। कटिंग को पहले नर्सरी में लगाकर मिट्टी के थाले के साथ बाड़ हेतु लगाना ज्यादा सफल तरीका है। इस बाड़ की वृद्धि वर्षा ऋतु व नम मौसम में ज्यादा होती है। यह भीतरी बाड़ हेतु बहुत उपयोगी है।

डयूरेन्टा

यह छायादार स्थानों के लिए एकमात्र सफल बाड़ पौधा है जो कटीली झाड़ के रुप में उगाया जाता है। इसे कटिंग द्वारा उगाया जाता है। कटिंग पूर्ण परिपक्व शाखा जिसकी मोटाई लगभग आधा इंच हो, से लेनी चाहिये। इसकी दो जातियाँ होती हैं। एक सफेद फूल वाली और दूसरी नीले फूल वाली। ज्यादा बढ़ने व सुन्दर होने के कारण नीली

पुष्पवाली जाति अच्छी मानी जाती है। अच्छी तरह खाद पानी मिले तो एक साल में 4 से 5 फीट बढ़ जाती है इसे गाय, भैंस आदि जानवर नहीं खाते हैं। यह विभिन्न स्वरुप देने हेतु बहुत उपयोगी है।

जैत

मुलायम शाखाओंयुक्त कम समय तक जीवित रहने वाला पौधा है, जिसे झाड़ की श्रेणी में रखा गया है। इसे बाड़ हेतु उगाया जाता है, क्योंकि यह शीघ्र बढ़ता है तथा अस्थायी बाड़ हेतु बहुत उपयुक्त है। इसे बीज द्वारा उगाते हैं जिसे वर्ष के किसी माह में बो सकते हैं। पत्तियाँ पीलापन लिये हरे रंग की होती हैं। बसन्त ऋतु की बुवाई सर्वोत्तम परिणाम देती है। कटाई छँटाई के लिए उपयुक्त है, परन्तु जानवर इसे खाते हैं।

मेंहदी

बाड़ हेतु बहुत उपयोगी है जिसे कटिंग द्वारा सरलतापूर्वक उगाया जा सकता है। नारियों द्वारा पत्तियों का श्रृंगारिक प्रयोग किया जाता है जिससे त्यौहारों व सामान्य अवसरों पर नाखून तथा हथेलियाँ रंगी जाती हैं। कटाई–छँटाई से सुन्दर बाड़ तैयार होती है। यदि फूलने दिया जाय तो सफेद, हरे पुष्प लगते हैं, जिनसे सुप्रसिद्ध "हिना" इत्र निकाला जाता है।

क्लीरोडेंड्रान

यह आकर्षक बाड़ बनाने हेतु उपयुक्त है। इसे कटिंग या जड़ों के पास बढ़ते तनों को रेशेदार झाड़ के साथ निकाल कर लगाया जाता है। कटिंग मुलायम, अग्रभागशाखा से ली जानी चाहिये जिनके लगाने का सर्वोत्तम समय बसन्त ऋतु है। विभिन्न प्रकार के आधारों पर भी इसे चढ़ाया जा सकता है, क्योंकि यह लताओं की भाँति ही बाड़–प्रवृति प्रदर्शित कर सकता है।

गुड़हल

आकर्षक फूलों व चमकीली हरी पत्तियों के कारण इसे बाड़ के रुप में प्रयोग किया जाता है। कटिंग द्वारा इसे उगाया जाता है।

उपरोक्त पौधों के अतिरिक्त शीतोष्ण पहाड़ी क्षेत्रों में अनार, मिरसीन, स्पाईरिया, सलंबिया आदि का प्रयोग बाड़ हेतु किया जाता हैं क्योंकि ये पौधे शीतोष्ण जलवायु के लिए उपयुक्त हैं। कम ऊँचाई वाले समशीतोष्ण प्रदेशों में जो पहाड़ों की तलहटी में बसे हैं, देशी गुलाब, चाय, जुनिपर, जास्टिसिया, सेरिसा भी बाड़ हेतु प्रयोग किये जा सकते हैं। इनसे आकर्षक व सुन्दर बाड़ तैयार होती है। अकेलिफा की विभिन्न जातियाँ तथा टेमरिक्स का भी प्रयोग (बलुई भूमि में) सुन्दर बाड़ तैयार करने हेतु किया जा सकता है। टेमरिक्स की कटिंग वर्षा ऋतु में लगायी जाती है। अतः स्थायी जलवायु, लक्ष्य व अपनी पसन्द के अनुसार बाड़ हेतु उपयुक्त पौधों का चुनाव किया जा सकता है।

पुष्पवाटिका हेतु आकर्षक वृक्ष, झाड़ियां तथा लताओं का सामान्य परिचय

आकर्षक वृक्ष

पुष्प–वाटिकाओं में प्राकृतिक सौंन्दर्य प्रदान करने हेतु, सुन्दर उपयोगी वृक्षों का लगाना आधुनिक सभ्यता का एक महत्वपूर्ण अंग बन गया है। विशिष्ट सुन्दरता व उपयोगिता के साथ ही ये वृक्ष अपनी छाया प्रदान कर आगन्तुकों को विश्राम करने का मूक आंमत्रण भी देते हैं। इस श्रेणी के कुछ वृक्षों का संक्षिप्त विवरण निम्नलिखित है

1. पुष्पदार वृक्ष

इस श्रेणी के वृक्षों की सुन्दरता का मूल भाग आकर्षक पुष्प होते हैं।

बबूल समुदाय – फूल पीले होते हैं और फरवरी–मार्च तथा जुलाई–अगस्त में लगते हैं। इसके पत्ते भी आकर्षक होते हैं।

कचनार – सुन्दर फूलों हेतु इसकी अनेक जातियाँ उपयुक्त हैं फूल लाल या गुलाबी व बहुत आकर्षक होते हैं। कलियों की सब्जी भी बनायी जाती है तथा पेट की बीमारियों में इसका प्रयोग दवा के रुप में किया जाता है।

सेमल – शीघ्र बढने वाला लम्बा पेड है, जिसमें चमकीले लाल रंग के आकर्षक फूल लगते हैं। फूल वृक्ष की पत्ती रहित अवस्था में जनवरी–फरवरी में आते हैं। इससे गद्दे व तकिया हेतु बहुत अच्छी रुई प्राप्त होती है। इसकी अखंडियों का प्रयोग सब्जी के रुप में भी किया जाता है। इसकी शाखायें एक स्थान से गोलाई में निकलती हैं जो बहुत आकर्षक होती हैं। आजकल इसका व्यापक प्रयोग हो रहा है।

ढाक– मध्यम आकार का जंगली वृक्ष है जिसमें पत्ती रहित अवस्था में फरवरी–मार्च में नारंगी रंग के फूल लगते हैं। पंखुड़ियों का प्रयोग होली में रंग खेलने हेतु भी किया जाता है।

अमलतास– फूल पीले–बड़े होते हैं जो फरवरी–मार्च में आते हैं। बीज का प्रयोग दवा हेतु किया जाता है। इसे बीज या पुत्तल द्वारा लगाया जाता है। इसी वर्ग के कुछ अन्य पौधे जैसे कै० जेवानिका, कै० नोडोसा, कै० ग्रैन्डिस आदि सुन्दर गुलाबी फूल देते हैं।

हिमचम्पा– यह धीरे–धीरे बढ़ने वाला वृक्ष है, जिसमें फूल मई–जून में आते हैं। पुष्प सुगन्धित व बहुत आकर्षक होते हैं, जिनका आकार व रंग सफेद कमल से मिलता है।

चम्पा– वर्ष में दो बार अप्रैल–मई व सितम्बर–अक्टूबर में सफेद या हल्के पीले सुगन्धित–पुष्प लगते हैं। फूलों का महत्व सजावट और पूजा के लिए विशेष रुप से है।

खैर चम्पा– यह दिसम्बर से जून तक पत्ती रहित रहता हैं परन्तु पुष्प वर्ष के कुछ महीनों में ही अनुपस्थित रहते हैं। फूल बहुत सुगन्धित होते हैं तथा पूजा हेतु बहुत अच्छे माने जाते हैं।

गोल्ड मोहर – वृक्ष के सभी भाग विशेषकर पुष्प, पत्तियाँ और शाखायें बहुत सुन्दर होती हैं। इसका व्यापक प्रयोग सुन्दरता बढ़ाने हेतु किया जाता है। फूल नारंगी लाल रंग के होते है, जो अप्रैल–मई में आते हैं। पुष्पों सहित वृक्ष बहुत आकर्षक लगता है। यह शीघ्र बढ़ने वाला वृक्ष है।

पड़ोक– इसे सिंगापुरी गोल्ड मोहर भी कहते हैं। ऊपरी भाग गोलाकार होता है।

सीता अशोक– हिन्दू व बौद्धों का धार्मिक वृक्ष है। पत्तियाँ बहुत सुन्दर होती है। फूल फरवरी से मई तक रहते हैं, जो शुरु में पीले–नारंगी रंग के होते हैं।

इसी श्रेणी के निम्नांकित वृक्ष पहाड़ों व पहाड़ों की तलहटी वाले क्षेत्रों हेतु उपयुक्त हैं :–

जैकरण्डा– पहाड़ों की तलहटी वाले क्षेत्रों के लिये उपयोगी है। इसके पुष्प हल्के नीले रंग के होते हैं। फूल अप्रैल–मई में आते हैं। वाटिका में प्रायः इसका समावेश किया जाता है।

बकैन– मध्यम आकार का तेज बढ़ने वाला वृक्ष है। पुष्प सुन्दर नीले और छोटे होते हैं। फूल मार्च से मई तक आते हैं। पत्तियों और फल का गूदेदार भाग दवाओं हेतु काम में लाया जाता है। इसकी फली से तेल निकाला जाता है।

पंगार– हिमालयी क्षेत्रों के लिए एक सुन्दर पुष्पदार वृक्ष है। फूलों का रंग सफेद होता है जो अप्रैल से जून तक आते हैं। इसका फल पहाड़ी क्षेत्र में जानवरों को खिलाया जाता है तथा भ्रूणपीस कर आटे में मिलाया जाता है, जिसे पहाड़ों के निवासी खाने में भी प्रयोग में लाते हैं।

ग्रीविलिया– मध्यम आकार फर्न की तरह पत्तियों वाला वृक्ष है। पुष्प मार्च–अप्रैल में लगते हैं, जिनका रंग नारंगी होता है। देहरादून के आस– पास के इलाकों में वाटिका हेतु लोकप्रिय है।

जरुल– हल्के चमकीले गुलाबी फूलों सहित यह वृक्ष बहुत सुन्दर दिखायी देता है। इसे बीज द्वारा उगाया जाता है। फूल मई से जुलाई तक आते हैं। इसी समय इसमें नयी पत्तियाँ भी निकलती हैं।

2. सुन्दर पत्ती वाले वृक्ष

इनकी सुन्दर पत्तियाँ आर्कषण का मुख्य केन्द्र होती हैं।

सतनी– यह सदा हरा रहने वाला वृक्ष है जो लान में अकेले, उपयुक्त स्थान पर लगाने के लिए उपयोगी है। पत्तियों की ऊपरी सतह चमकदार तथा निचली सतह सफेद होती है। पत्तियाँ गुच्छों में निकलती हैं। फूल पीले हरे और गंधयुक्त होते हैं। बच्चों के स्लेट हेतु लकड़ी प्राप्त होती है।

अरैकेरिया जातियाँ– सदा हरा रहने वाला पौधा है जो लान में लगाने हेतु भी उपयुक्त है। इसकी वृद्धि धीरे–धीरे होती है। अतः इसे गमलों में भी उगाया जा सकता है, जिससे बरामदों, खिड़कियों तथा सौंदर्य कक्ष की सजावट की जा सकती है। गमले में उगाते समय बार–बार गमले बदलकर जड़ों को प्रशिक्षित किया जाता है और इस प्रकार इसे 7–8 वर्ष तक गमलों या टब में उगा सकते हैं। कुछ मुख्य पौधे *अ० इक्सेल्सा* व *अ० विडविलाई* हैं यह क्रिसमस के दिनों में बहुत प्रयोग में लाया जाता है।

कपूर वृक्ष– शंकु के आकार का गहरी हरी सुगन्धित पत्तियों वाला महत्वपूर्ण वृक्ष है। पुष्प सफेद होते हैं। इसकी पत्तियों और लकड़ी से व्यापारिक कपूर निकाला जाता है।

यूकेलिप्टस जातियाँ– आजकल इनका प्रसार बहुत तेजी से हो रहा है। संकर यूकेलिप्टस, *यू० मार्जिनेटा* आदि इस समुदाय के सुन्दर पत्तियों व चिकने चमकदार व भूरे तने वाले पौधे हैं। पत्तियाँ चमकदार व सुगन्धित होती हैं, जिनसे यूकेलिप्टस तेल निकाला जाता है। लकड़ी का उपयोग कागज व रेयान बनाने हेतु किया जाता है।

अशोक– सुन्दर मुलायम चमकीली पत्तियों वाला वृक्ष है। छाया हेतु इसका व्यापक प्रयोग किया जाता है।

जलपित्री (पुत्रंजिवा)– सदा हरा रहने वाला सुन्दर वृक्ष है। नई पत्तियाँ और फूल अप्रैल में आते हैं।

मयूर पंखी– पत्तियाँ बहुत सुन्दर हरी, मयूर पंख की तरह होती हैं। इसे झाड़ी की भी श्रेणी में रखा जा सकता है। लान में इसका व्यापक प्रयोग करके सुन्दरता बढ़ाई जाती है।

पहाड़ी क्षेत्रों हेतु कुछ विशेष छायादार वृक्षों का संक्षिप्त परिचय निम्नांकित है :–

पापलर– शीघ्र बढ़ने वाला पौधा है। लकड़ी का उपयोग कागज बनाने हेतु भी किया जाता है।

लोकस्ट ट्री– मध्यम आकार का वृक्ष है। नये तनों में काटें होते हैं। पत्तियाँ आकर्षक होती हैं। फूल सुगन्धित होते हैं और अप्रैल में निकलते हैं। नयी पत्तियाँ भी इसी समय आती हैं।

चिनार– कश्मीर घाटी का बहुत लोकप्रिय वृक्ष है। पत्तियाँ सुन्दर व आकर्षक होती हैं।

स्वीट चेस्टनट– सुन्दर उपयोगी वृक्ष है। पत्तियाँ सुन्दर व आकर्षक होती हैं। इसके बीज बहुत पौष्टिक होते हैं और खाने के काम आते हैं।

नुकीली पत्तियों वाले वृक्ष– पहाड़ी इलाके में जलवायु व उपयोगिता के अनुसार देवदार, चीड़, कैल आदि लगाये जाते हैं। प्रायः देवदार को वरीयता दी जाती हैं।

3. सड़कों के लिए उपयोगी वृक्ष

सड़कों के किनारे वृक्षों की दी जाने वाली कतारें सड़कों की सुरक्षा के साथ ही यातायात भी सुखमय बनाती हैं। यही कारण है कि सड़कों के किनारे कुछ विशिष्ट उपयोगिता रखने वाले पौधों को ही लगाया जाता है। इन वृक्षों में निम्नलिखित गुण होने चाहिये :–

1. वृक्ष सुन्दर व आकर्षक जैसे– अमलतास, गोल्ड मोहर, जैकरण्डा, अशोक, आकाशनीम आदि।
2. सुन्दर छायादार जैसे– बरगद, पीपल, अर्जुन इत्यादि।
3. जिसे पशु न खायें जैसे– अरू, यूकेलिप्टस आदि।
4. आय भी हो सके, जैसे– आम, जामुन, इमली, शीशम आदि।
5. शीघ्र बढ़ने वाला जैसे– कैपास, सेमल, यूकेलिप्टस आदि।
6. अनुपयुक्त दशाओं से बचने की पर्याप्त क्षमता हो। जामुन व अर्जुन पानी जमा होने पर भी उग जाते हैं। नीम क्षारीय भूमि तथा शीशम पाले के असर से बचने की क्षमता रखते हैं।
7. वृक्षों की प्रवृत्ति ऐसी हो जिससे लगभग 5 मीटर बिना शाख का मुख्य तना रह सके जिससे यातायात में रूकावट ना पड़े। यद्यपि इसे शाखायें काटकर भी बनाया जा सकता है।

उपरोक्त वृक्षों के अतिरिक्त सिरिस, बरगद, रबर वृक्ष, महागनी, डायोस्पाइरस आदि का भी प्रयोग सड़कों के किनारे किया जाता है। चिनार, कदम्ब, पीपल भी इस श्रेणी के विशिष्ट वृक्ष हैं।

4. वायु–प्रतिरोधक वृक्ष

अधिक ऊँचाई वाले वृक्षों की वह कतार जिसे वाटिका के बाह्य किनारों पर तीव्र हवा की गति को रोकने के लिये लगाया जाता है। वायु प्रतिरोधक कतार के नाम से जानी जाती है। भारत के प्रायः सभी भागों में तेज हवा के झोकों से क्षति पहुँचती है। यह क्षति मैदानी भागों में गर्मी के दिनो तथा पहाडीं भागों में जाड़े के दिनो में बहुत अधिक हो जाती है। जिसके फलस्वरूप पौधों की शाखायें टूटना और फल–फूलों का विनष्ट होना सामान्य क्रिया बन जाती है। इससे छुटकारा पाने हेतु वायु–प्रतिरोधक वृक्ष वाटिका के चारों तरफ लगाये जाते हैं। वायु प्रतिरोधकों के अभाव में पौधों का उत्वेदन तथा भूमि की नमी का वाष्पीकरण भी तेज हो जाता है। पौधों का चुनाव करते समय स्थानीय दशा व जलवायु, भूमि–सतह, वाटिका का स्वरूप, पानी की उपलब्धि, हवा की तीव्रता तथा

पौधे के जातीय गुणों को ध्यान में रखना चाहिए। विभिन्न दशाओं में कोई एक पौधा उपयुक्त नहीं हो सकता। हवा रोकने की उपयोगिता के आधार पर अर्जुन सर्वोत्तम है। सेमल व यूकेलिप्टस भी अच्छे वायु प्रतिरोधक हैं। अर्जुन व सेमल को जामुन तथा बीजू आम के साथ बीच–बीच में लगाना उत्तरी भारत के लिए सर्वोत्तम है। पहाड़ी शीतल क्षेत्रों हेतु अखरोट, एसर, एस्कुलस, एल्मस आदि वृक्ष उपयुक्त हैं। छोटी वाटिकाओं के किनारे पहाड़ों की तलहटी में बसे क्षेत्रों में शहतूत–पापलर, यूकेलिप्टस, रोबिनिया, शीशम आदि का प्रयोग इसके लिए किया जाता है।

वायु प्रतिरोधकों के लगाने का कार्य बाग लगाने से 2 या 3 वर्ष पहले ही शुरू कर देना चाहिए जिससे ये पौधे शीघ्र बढ़कर मुख्य वाटिका के पौधों को सुरक्षा देने हेतु समर्थ हो सकें। सामान्यतया इनकी एक कतार रखी जाती है। परन्तु आवश्यक हो तो दो कतारें भी दी जा सकती हैं। इससे इनका प्रभाव और भी बढ़ जाता है। दो वृक्षों की दूरी 2.4 से 4.5 मीटर रखी जाती है। इनकी जड़ों को मुख्य फसल के सम्पर्क से बचाने हेतु बाग की पहली कतार और वायु–प्रतिरोधक की कतार के बीच 4.5 से 6 मीटर का अन्तर होना चाहिए। इसके अतिरिक्त वायु प्रतिरोधक की कतार से लगभग 3 से 3.5 मीटर दूर 1 से 1.5 मीटर गहरी और 1 मीटर चौड़ी खाई खोदकर इनकी जड़ों को काट देना चाहिए और खाई भर देनी चाहिए। इस क्रिया तीसरे वर्ष करना श्रेयस्कर है।

5. कम उपजाऊ भूमियों हेतु वृक्ष

इस श्रेणी में उन वृक्षों का समावेश हो सकता है जो भूमि की असामान्य दशाओं में उग सकने की क्षमता रखते हों। इस बड़े समुदाय को निम्न छोटी श्रेणियों में बांट सकते हैं:–

(अ) ऊसर भूमि में उगने वाले वृक्ष– भूमि में कैल्शियम, पोटेशियम, व मैगनीशियम के सल्फेट, क्लोराइड, कार्बोनेट, तथा बाइकार्बोनेट की अधिकता और ऊपरी सतह पर जमाव के कारण भूमि की क्षारीयता बढ़ जाती है और पौधों की वृद्धि हेतु अनुपयुक्त स्थिति पैदा हो जाती है। यदि पी एच मान 8.5 से ऊपर बढ़ जाता हैं तब दशा और भी

खराब हो जाती है। ऐसी भूमि में भी कुछ उपयोगी वृक्ष उगाये जा सकते हैं जिनसे भूमि सुधार भी हो जाता है। इस श्रेणी में नीम, यूकेलिप्टस, काजू, इमली, अर्जुन, काला सिरस, शीशम, खैर, बबूल, महुवा, जामुन, प्रासोपिस आदि प्रमुख हैं। पौधे लगाने हेतु 0.75 X 0.75 X 1 मीटर आकार के गड्ढे खोदकर उसमें जीवांश तथा रसायनिक तत्वों के साथ मिट्टी की भराई करनी चाहिए।

(ब) नम व अम्लीय भूमियों हेतु– विलो, जामुन, यूकिलिप्टस सेलिग्ना, विस्कोफिया, जरूल, अर्जुन आदि इस श्रेणी की भूमि हेतु उपयुक्त है।

(ख) रेगिस्तानी बलुई भूमि– बबूल, प्रासोपिस, कैजुरिना, शीशम आदि इस श्रेणी हेतु उपयुक्त हैं। झाऊ, पौंगेमिया, वाइटेक्स आदि भी ऐसी भूमि में लगाये जा सकते हैं।

सुन्दर झाड़ियाँ

सुन्दर झाड़ियाँ लगाकर वाटिका को सुन्दर बनाना यद्यपि हाल से ही शुरू हुआ है, फिर भी इसमें बड़ी तेजी से नवीनता बढ़ती जा रही है। झाड़ियों की छायादार स्थान पर नहीं लगाना चाहिए। यदि बड़े वृक्षों की कतार वाटिका में हो तो उनकी कतारें 3 से 3.75 मीटर दूर होनी चाहियें। सीमान्त चहारदीवारी के पास लगे वृक्षों की कतारों के सामने सुन्दर झाड़ियों की कतार बहुत सुन्दर दिखाई पड़ती है। प्रायः ऐसा देखा गया है कि पूर्व व दक्षिण में ये ज्यादा सफल रहती हैं। यदि पौधा ज्यादा फैलने वाली प्रवृत्ति का हो तो बीच की दूरी ज्यादा रखनी चाहिए। झाड़ियों का प्रयोग न दिखाने योग्य स्थानों को ढकने (जैसे नौकरों के घर आदि) के लिए भी उपयोगी है। सुन्दरता प्रदान करने वाले भागों व ऊँचाई के अनुसार इन्हें अग्रलिखित भागों में बाँटा जा सकता है:–

ऊँची पुष्पदार– सुन्दर बबूल जातियाँ, कचनार जातियाँ, बागनविला जातियाँ, रातरानी, गुड़हल, रूक्मिनी, चमेली लैन्टाना, मेंहदी, विलायती मेंहदी, कनेर, हरसिंगार, अनार, झाऊ, टेकोमा जातियाँ, पौनसैटिया आदि।

बौनी पुष्पदार– चित्रा, कंघी, बरलीरिया, कोलियन्ड्रा, चमेली, जस्टिसिया, मुसेन्डा, रेविनिया, रूयेलिया, रसेलिया, स्आबिलेन्थस, टयुर्नेरा, वेरोनिया, कमेलिया आदि।

ऊँची सुन्दर पत्तियों वाली– अकेलिफा हेमील्टोनियाना, कोकोलोबा, क्रोटान, इरेन्थम, इवोडिया, इक्सोकेरिया, ग्राफटोफाइलस, गाइनुरा, फाइलैन्थस, पेनाक्स, थनबर्जिया, अण्डी आदि।

बौनी सुन्दर पत्तियों वाली– पोडोकार्पस, क्रोटान, कोलियस, पेनाक्स, नन्दिना, अरेलिया, अकेलिफा आदि।

छोटी झाड़ियों को क्यारियों के किनारों से लगभग 0.4 मीटर दूरी पर लगाना चाहिए। बड़ी व मध्यम आकार की झाड़ियों को लगभग 1.8 मीटर की दूरी पर और झाड़ियों को 3.6 मीटर की दूरी पर लगाना चाहिए बड़ी व मध्यम आकार की झाड़ियों की कतारों में 1.4 मीटर तथा छोटी व मध्यम आकार के बीच 1 मीटर का अन्तर रखना चाहिए। इन्हें लगाने के बाद पानी, खाद तथा सिंचाई का सही समय और कटाई–छँटाई की उचित व्यवस्था प्रदान करनी चाहिए।

अलंकृत लतायें

सुन्दर लताओं को उचित स्थानों पर लगाकर वाटिका तथा निवास–स्थानों की सुन्दरता बढ़ायी जाती है। विशिष्ट बढ़ने की प्रवृत्ति, आकार व रंगीन फूलों के कारण ये सौन्दर्य प्रेमियों द्वारा बहुत पसन्द की जाती हैं। बहुत सी लतायें प्रायः गमलों में ही उगाई जाती हैं। इनका उपयोग दरवाजों, खिड़कियों, लकड़ी की जाली, लतामण्डप, मेहराब स्तम्भों और बल्लियों पर चढ़ाकर सुन्दरता बढ़ाने हेतु किया जाता है। अनेक प्रकार की लताओं को उनके फूलने के क्रम के अनुसार प्रायः चुनकर वर्ष के सभी महीनों में फूल प्राप्त किये जा सकते हैं। ये शीघ्र बढ़ने वाली होती हैं और इन्हे बढ़ने हेतु किसी आधार की आवश्यकता होती है। आधार के साथ ही लताओं का स्वरूप भी निश्चित किया जाता है प्रायः इन्हें बीज से उगाया जाता है और इनका स्वरूप भी निश्चित किया जाता है और इनका स्वरूप वार्षिक

पौधों की भाँति होता है। कुछ लतायें ठंडक पसन्द करती हैं, कुछ हल्की छाया में उगती हैं और कुछ खुले स्थानों को पसन्द करती हैं। अतः इन्हें उपयुक्त समय तथा उचित परिस्थितियों में बोना व देखभाल करना आवश्यक है।

मार्निंग ग्लोरी – शीघ्र बढ़ने वाली लता है। फूल दो–ढ़ाई महीने बाद लगते हैं। फूलों का रंग नीला, सफेद लाल आदि अनेक प्रकार का होता हैं। ये सुबह खिलते हैं और संध्या को झड़ जाते हैं। इनकी मुख्य जातियाँ पर्ली गेट्स, डार्लिंग कार्नेल, रोजमैरी आदि हैं। इन्हें जून–जुलाई में बोकर जाड़े में फूल प्राप्त किये जा सकते हैं।

जापानी मार्निंग ग्लोरी

जापान में इसकी सुन्दर व आकर्षक जातियाँ पैदा की गयी हैं। यह लम्बी, शीघ्र बढ़ने वाली लता है जिसके फूल बड़े होते हैं। इसे गमले में भी लगाया जा सकता है। बुवाई जून–जुलाई में की जाती है।

मून फ्लावर

भारी लता जिससे दूध सा द्रव निकलता है। फूल बड़े, सफेद व सुगन्धित होते हैं, जो संध्या तथा रात में खुलते हैं और सुबह होते ही बन्द हो जाते हैं। जुलाई–अगस्त में बोने से जाड़े में फूल आते हैं और पौधा यदि छोड़ दिया गया तो पुनः मई, जून में फूलने लगता है। बोना–नाक्स जाति नीले रंग का फूल देती है।

मुसेलशेल क्रीपर

तितलियों की तरह फूल होते हैं जिनका रंग गहरा नीला या सफेद होता है। जाड़े में फूल प्राप्त करने हेतु बुवाई जुलाई–अगस्त में कर देनी चाहिए।

कोबिया

यह एक आकर्षक लता है। पत्तियाँ चमकदार और फूल लम्बे हरे सफेद या बैंगनी होते हैं। बुवाई सितम्बर–अक्टूबर में की जाती है और लगभग तीन माह में फूल आने शुरू हो जाते हैं।

मौरण्डिया

छोटी हल्की लता है जो गमले में भी उगाई जा सकती है। फूल गुलाबी या बैंगनी होते हैं जो वर्ष भर मिलते रहते हैं। बुवाई सितम्बर–अक्टूबर में की जाती है और लगभग तीन माह में फूल आने शुरू हो जाते हैं।

थनबार्जिया

सुगन्धित पीले, नारंगी या सफेद पुष्प आते हैं। खिड़कियों पर, गमलों और लटकती टोकरियों में लगाने हेतु उपयुक्त हैं।

क्रैनरी क्रीपर

फूल सुन्दर पीले रंग के होते हैं और लता हल्की छाया में उग सकती है। बीज की बुवाई सितम्बर–अक्टूबर में करके फरवरी–मार्च तक फूल प्राप्त किये जा सकते हैं।

फाइकस

छोटी पत्तियों वाली सदा हरी रहने वाली लता है। छाया और नमी इसके लिए आवश्यक हैं।

क्विस क्वेलिस

सदा हरी रहने वाली मजबूत व तेज बढ़ने की प्रवृत्ति वाली लता है। यह वर्ष भर फूलती है परन्तु गर्मियों में गुलाबी फूलों का ज्यादा गुच्छा पैदा करती है। प्रतिवर्ष छँटाई करना आवश्यक है। यह ट्रेलिज पर भी उगने हेतु बहुत उपयुक्त है।

बिग्नोनिया जातियाँ

यह सदा हरी रहने वाली तलाओं का समूह है। फूल जाड़े के अन्त में आते हैं। *बि० वेनुस्टा* बहुत सुन्दर और अधिक मात्रा में फूल देती है जो जनवरी व फरवरी में लगते हैं इसे खुले स्थानों, लता–मण्डपों व बरामदा आदि में लगाया जा सकता है। *बि० स्पीसिओजा* सुन्दर बिग्नोनिया के नाम से प्रसिद्ध है, जिसमें हल्के गुलाबी लाल फूल मार्च–अप्रैल में लगते हैं। इसे ट्रेलिज पर भी सरलता से बढ़ाया जा सकता है। *बि० मैग्निफिया* भी अपने सुन्दर गुलाबी व गहरे लाल फूलों हेतु बहुत लोकप्रिय है।

पैशन फ्लावर

फूलों में अपने विशिष्ट आकार व सुगन्धि हेतु यह बहुत लोकप्रिय है। यह वर्ष के सभी महीनों में सफेद फूल देती है। इसका प्रसारण दाबकलम, तथा कलम द्वारा किया जाता हैं। पैशिफ्लोरा रेसिमोसा एक अन्य लता जो इसी समुदाय की है, हल्के लाल रंग का फूल प्रदान करती है।

हनी सकिल

यह भी सदा हरी रहने वाली लताओं का समूह है। जापानी हनी सकिल ठण्ड़े मौसम में सफेद, लाल या गुलाबी सुगन्धित फूल देती है। इसे दाबकलम या कलम द्वारा उगाकर ट्रेलिज पर उपयोग किया जा सकता है। लानिसरा कन्फ्युजा भी जापानी जाति की ही तरह लोकप्रिय है। इसमें मार्च–अप्रैल में फूल उगते हैं, जिनका रंग प्रारंभ में सफेद परन्तु बाद में हल्का पीला हो जाता है। बरसात में प्रसारण हेतु दाबकलम या कलम लगाई जाती है। यह पहाड़ी क्षेत्रों हेतु बहुत उपयुक्त है जिसे मेहराब पर सफलतापूर्वक उगाया जा सकता है।

एस्परगस

इसका प्रयोग पहाड़ी क्षेत्रों किया जा सकता है। यह एक सुन्दर लता है जिसमें अनुपयुक्त दशाओं से रक्षा करने की क्षमता होती है। इसकी

वृद्धि तेज होती है और यह वाटिका की सजावट में महत्वपूर्ण योगदान देती है।

लता प्रकृति के गुलाब

गुलाब की कुछ प्रजातियाँ लताओं की तरह प्रयुक्त की जाती हैं, जिसमें बाटिका में एक विशिष्ट सुन्दरता आ जाती है। कुछ प्रमुख किस्मों के नाम हैं– कमल शोगर्ल (गुलाबी), प्रास्पेरिटी (सफेद) दिल्ली ह्वाइट पर्ल, गोल्डेन शावर्स (पीला), मरदान ह्वाइट (सफेद), पौल्स स्कार्लेट (गहरा लाल) आदि।

रेलवे क्रीपर

एक भाग को दूसरे भाग से विभाजित करने वाली दीवाल पर चढ़ाने हेतु बहुत उपयुक्त है। रेलवे प्लेटफार्म पर इसके व्यापक प्रयोग के कारण इसे रेलवे क्रीपर कहते हैं। यह वर्ष भर फूल देती है जिनका रंग बैंगनी होता है। इसका प्रसारण कलम द्वारा किया जाता है। ट्रेलिज पर इसका प्रयोग किया जा सकता है। ब्लू मार्निंग ग्लोरी, ब्लू डान फ्लावर, आदि अन्य आकर्षक लतायें भी इसी समुदाय से संबधित हैं।

बागनविला

इसकी कई जातियों का प्रयोग लता से रूप में उगाकर मेहराब, दरवाजों व जंगले पर किया जा सकता है। फूल प्रायः सफेद, पीले, नांरगी, लाल, हल्के बैंगनी रंग के होते हैं। लता सदा हरी रहने वाली प्रकृति की होती है।

इसका प्रसारण कलम, अण्टा या गूटी व चश्मा लगाकर किया जाता हैं। चश्मा, गूटी तथा दाबकमल हेतु फरवरी से अप्रैल तथा कलम लगाने हेतु जून–जुलाई उपयुक्त समय है। कुछ कम सहनशील जातियाँ कलम लगाकर नहीं उगाई जा सकती और उनके लिये चश्मा लगाना अनिवार्य कार्य है। नई जातियाँ निकालने हेतु बीज भी प्रयोग में लाया जाता है।

बागनबिला गमलों में भी लगाई जा सकती है। इस कार्य हेतु प्रयुक्त होने वाले गमले या ड्रम 10–12 इंच से अधिक आकार के होने चाहियें। अग्रतना को समयानुसार काटते रहने से बगल की शाखाओं का विकास होता है और उचित आकार का पौधा प्राप्त होता है। क्रमिक अन्तर पर इसे 40–60 फीट ऊँचे पेड़ पर भी चढ़ाया जा सकता है। इसे पेड़ के आकार का बनाकर अकेले भी उगाया जा सकता है। इसकी बेल को दीवाल के सहारे चढ़ाकर सुन्दर लतायुक्त आकार प्रदान किया जा सकता है।

इसकी कुछ आकर्षक जातियों के नाम इस प्रकार हैं–

पर्ल (सफेद), स्नो ह्वाइट (सफेद), स्नो क्वीन (सफेद), महात्मा गांधी (गहरा गुलाबी), ग्लेब्रा (बैंगनी), स्प्लिन्डेन्स (गहरा बैंगनी), लेडी मैरी बैंरिग (पीला), आरेंज किंग (नारंगी), लेमन (नारंगी), मिसेज बट (गहरा लाल), मेरी पामर (द्विरंगी फूल–गुलाबी व सफेद), पार्था (द्विरंगी फूल–नारंगी व बैंगनी), डा० पाल (ईट की तरह लाल)।

कुछ विशिष्ट जातियों में ''महारा'' का नाम उल्लेखनीय है जिसे *मल्टीडालर बागनविलिया* (अमूल्य बागनबिला) कहते हैं। इसके फूलों में निपत्र (ब्रेक्ट) की संख्या बहत अधिक होती है। फूलों का रंग गहरा लाल होता है। ''थीमा'' जो मेरी पामर की ही एक जाति है, अपनी चित्तीदार पत्तियों के कारण बहुत लोकप्रिय है। इसमें भी द्विरंगी फूल लगते हैं, जिनका रंग गुलाबी–सफेद होता है।

❑❑❑

अध्याय 4

फलोद्यान की योजना, रेखांकन तथा रोपण

बाग के लिए योजना तैयार करना

पौध को खेत में लगाने से पूर्व अच्छी तरह कागज पर योजना तैयार कर लेते हैं जिससे स्थान का अधिक से अधिक सदुपयोग हो सके तथा सड़क, सिंचाई, जल निकास बाड़ इत्यादि समुचित स्थानों पर प्रबन्ध हो सके।

सड़क तथा मकान

बाग मालिक का घर, श्रमिक घर, शेड इत्यादि सड़क के किनारे मध्य में जल स्रोत के पास होना चाहिये। जिन स्थानों पर निर्माण कार्य करने हो ऐसे स्थानों पर पौध रोपण नहीं करना चाहिए भले ही निर्माण कार्य कुछ दिनों बाद शुरु किया जाये। सड़कें सीधी तथा समकोण पर एक दूसरे से मिलती हुयी, 2.5 मी० से 3 मी० तक चौड़ी होनी चाहिए। सड़कों को ढलावदार बनाना चाहिए जिससे जल भराव न हो सके।

सिंचाई की व्यवस्था

पौध लगाने से पूर्व सिंचाई की समुचित व्यवस्था कर लेना चाहिए क्योंकि पौध लगाने के तुरन्त बाद गहरी सिंचाई आवश्यक होती है। नलकूप जहां तक सम्भव हो सके ऊँचें स्थान पर लगवाने चाहिये जिससे अधिक से अधिक क्षेत्र की सिंचाई हो सके।

बाड़ लगाना

अवांछित पशुओं तथा जंगली जानवरों से बाग को बचाने के लिए बाड़ लगाने की आवश्यकता पड़ती है। बाग को सभी तरफ से घेर करके एक निश्चित तरफ से ही आने जाने के लिए रास्ता देने को ही बाड़ लगाना कहते हैं। इस क्रिया को बाग लगाने के पूर्व सम्पन्न कर लेनी चाहिये।

बाड़, झाड़ियों और कटिले पौधों से घेर कर भी बनाया जा सकता है। कटिले तारों का प्रयोग भी बाड़ तैयार करने में किया जा सकता है साथ ही साथ पौधों को एक निश्चित कतार से लगाकर, कटाई–छंटाई के उपरान्त भी बाड़ तैयार किया जा सकता है और इस प्रकार तैयार किया गया बाड़ ही सबसे अच्छा माना जाता है। निम्नलिखित प्रमुख पौधे सजीव बाड़ बनाने के लिए बहुधा प्रयोग में लाये जाते हैं–

- प्रोसोपिस जुलीफ्लोरा
- जंगली जलेबी
- करौंदा
- कामनी
- मेंहदी

वायु रोधक

बाग को सीधे पछूवा हवा से बचाने के लिए पश्चिम के किनारे पर एक या दो कतारें बड़े पेड़ के लगाने को बिन्ड ब्रेक या वायु रोधक कहते हैं। इस प्रकार से बड़े पौधे लगाने से, बड़े पौधे की लम्बाई के चौगुना भू–भाग

में लगाये गये पौधों की रक्षा होती है। यूकेलिप्टस, जामुन तथा आम के बीजू पौधों को बिन्ड ब्रेक के लिए बहुतायत से प्रयुक्त होते हैं। बिन्ड ब्रेक के पौधों तथा बाग के पौधों की प्रतियोगिता न हो इसके लिए बिन्ड ब्रेक तथा बाग के पौधों के बीच में एक मीटर गहरी खायी खोद दी जाती है।

इसके अतिरिक्त बाग लगाते समय निम्नलिखित बिन्दुओं को दृष्टिगत रखना चाहिए–

- छोटे आकर के वृक्षों को आगे तथा बड़े आकार के पौधों को बाग में पीछे की तरफ लगाना चाहिए। इस प्रकार से लगाने से बाग की देख–रेख में आसानी होती है।
- अधिक सिंचाई चाहने वाले पौधों को सिंचाई के स्रोत के पास तथा कम सिंचाई वाले पौधों को दूर लगाना चाहिए।
- एक समय में तैयार होने वाले फल वृक्षों को एक पास लगाना चाहिए जिससे कि देख–रेख पर होने वाले खर्च को कम किया जा सके।
- अधिक उपजाऊ मृदा वाले स्थानों पर अधिक आमदनी देने वाले फल वृक्षों को लगाना चाहिए।

फलोद्यानों का रेखांकन

फल वृक्षों को लगाने के लिए रेखाकंन बहुत ही महत्वपूर्ण क्रिया है। फल वृक्ष चूंकि स्थायी प्रवृत्ति के होते हैं। इसलिए इन्हें लगाते समय यदि किसी प्रकार की त्रुटि रह जाती है तो वह बाद में सुधारी नहीं जा सकती। अतः फल वृक्षों को लगाने से पूर्व स्थान का चुनाव ठीक प्रकार से करना चाहिए।

स्थान का चुनाव

स्थान विशेष के जलवायु तथा मृदा के प्रकार को ध्यान में रखकर ही फल वृक्षों का चयन करना चाहिए। इसके अतिरिक्त स्थान का चुनाव करते समय निम्न कारकों का भी ध्यान रखना चाहिये।

1. चूंकि उद्यान फसलें जल्दी खराब होने वाली होती है। अतः यदि सम्भव हो तो ऐसे स्थान का चुनाव करना चाहिये जो बाजार के नजदीक हो तथा जहां तक आने जाने के लिए सड़क की व्यवस्था हो।
2. स्थान ऐसा होना चाहिए जहां पर्याप्त सिंचाई की व्यवस्था हो। यदि सिंचाई की व्यवस्था न हो तो शुष्क प्रक्षेत्रों में उगने वाले फल वृक्षों का ही चुनाव करना चाहिए।
3. स्थान का चुनाव करते समय श्रम की उपलब्धता को ध्यान में रखना चाहिये।
4. ऐसे स्थान पर बाग नहीं लगाना चाहिए जहां पर रोग ग्रसित फल वृक्ष पहले से विद्यमान हों।
5. अच्छी तरह देख–रेख के लिए यह आवश्यक होता है कि बाग घर के पास में हों।

मूलभूत कर्षण क्रियायें

बाग लगाने के लिए स्थान का चुनाव करने के उपरान्त भूमि को खरपतवार रहित कर लेते हैं तथा यदि झाड़ियाँ हो तो उन्हें भी निकाल देते हैं। जमीन को समतल बना लेते हैं। उसके बाद खेत की गहरी जुताई करके खेत को समतल कर देते हैं।

फलोद्यानों के लगाने की पद्धतियां

कृषि कार्य की सुविधा को ध्यान में रखकर तथा पूरे प्रबन्धन को देखते हुए रेखांकन के विभिन्न विधियों का चुनाव करना चाहिए। रेखांकन की विभिन्न पद्धतियों के चुनाव से पहले निम्नलिखित बिन्दुओं पर ध्यान देने की आवश्यकता होती है–

1. ऐसी विधि का चुनाव करना चाहिए जिससे एक निश्चित भू–भाग पर अधिकाधिक पौधे लगाये जा सकें।

2. प्रत्येक वृक्ष के बढ़ावार के लिए पर्याप्त जगह उपलब्ध हो सके।

3. कृषि कार्यों को सरलता से किया जा सके।

फलोद्यान के रेखांकन को साधारणतः प्रयुक्त होने वाली प्रमुख विधियाँ निम्न प्रकार से हैं –

1. वर्गाकार विधि

इस पद्धति में पौधों को वर्ग के चारों किनारों पर एक समान समकोण पर रोपित करते हैं इस पद्धति में कतार से कतार की दूरी तथा पौधों से पौधों की दूरी समान रखी जाती है। यह पद्धति बाग लगाने की सबसे आसान पद्धति है तथा कम सघनता के बाग लगाने के विधि के रुप में बहुतायत से प्रयोग लायी जाती है।

2. आयताकार विधि

इस विधि में आयत के चारों किनारों पर पौधों को रोपित करते हैं। इस विधि में पौधों से पौधों की दूरी, कतार से कतार की दूरी की तुलना में कम होती है। इस विधि द्वारा पौध रोपण में वर्गाकार विधि से ज्यादा संख्या में पौधों को निश्चित भू–भाग पर लगाया जा सकता है।

3. षटकोणीय विधि

इस पद्धति में पौध रोपण दो समान भुजाओं वाले त्रिकोण पर करते है तथा एक वृक्ष केन्द्र में रोपित करते हैं। इस प्रकार कुल छः पौधों के लगने से एक षटकोण बनता है तथा एक अतिरिक्त पौधा लगाया जाता है। इस विधि के द्वारा वर्गाकार विधि की तुलना में 15 प्रतिशत अधिक पौधे लगाये जा सकते हैं। इस विधि द्वारा पौध रोपण से भू–भाग का सर्वोत्तम सदुपयोग करके अधिक से अधिक पौध रोपण किया जा सकता है।

4. त्रिकोणीय पद्धति

इस विधि द्वारा पौध रोपण वर्गाकार पद्धति की तरह से ही होता है लेकिन सम कतार में लगने वाले पौधों को विषम कतार वाले दोनों पौधों

के मध्य में लगाते हैं। यह षटकोणीय विधि से सरल विधि है लेकिन वर्गाकार तथा आयताकार विधि से 5 प्रतिशत कम ही पौध रोपण इस विधि में किया जा सकता है।

(क) क्वीनकन्स पद्धति में पौधों की संख्या

= वर्गाकार विधि से लगाये पौधों की संख्या + $N_1 - 1 \times N_2 - 1$

N_1 = लम्बाई के तरफ कतारों की संख्या

N_2 = चौड़ाई के तरफ कतारों की संख्या

(ख) वर्गाकार विधि में पौधों की संख्या

$$= \frac{\text{कुल क्षेत्रफल}}{(\text{पौध से पौध की दूरी})^2}$$

(ग) आयताकार विधि में पौधों की संख्या

$$= \frac{\text{कुल क्षेत्रफल}}{\text{लम्बाई x चौड़ाई}}$$

5. क्वीनकन्स विधि

इस विधि द्वारा वर्गाकार या आयताकार विधि के अनुरुप ही पौध रोपण करते हैं लकिन वर्ग या आयत के मध्य में पांचवाँ पौधा (जो सामान्यतः पूरक पौधा होता है) लगाते है। इस प्रकार से इस विधि में वर्गाकार विधि के तुलना में 81 प्रतिशत ज्यादा पौधों को लगाया जा सकता है।

6. कन्टूर विधि

यह विधि पहाड़ों पर जहां ढलान होती है, के लिए उपयुक्त होती है। इस विधि द्वारा पहाड़ के नालीदार खेतों में वर्गाकार या आयताकार या उपरोक्त कोई भी विधि अपनाते हैं तथा नाली में पौधों को रोपित करते हैं।

बागों के रेखांकन के लिए आवश्यक सामग्री

बागों के रेखांकन के लिए निम्नलिखित सामग्रियों की आवश्यकता होती है –

1. रस्सी या जंजीर
2. टेप
3. रेन्जिंग राड
4. लकड़ी की खूटी
5. क्रास स्टाफ

रेन्जिंग राड लकड़ी की एक सीधी डंडी होती है जिसका एक किनारा नोंकदार होता है जिसके सहारे इसे खेत में खड़ा कर देते हैं।

क्रास स्टाफ पांच फिट लम्बा लकड़ी का सीधा डंडा होता है जिसके एक किनारे पर गोलाकार तस्तरी लगी होती है तथा दूसरा किनारा नुकीला होता है। इसमें लगे तस्तरी में चार दांतेदार खांचे मध्य से समकोण पर एक दूसरे को काटते हैं।

वास्तविक रेखांकन करने से पूर्व खेत को अच्छी तरह से जोत लेना चाहिये तथा समतलीकरण कर लेना चाहिये। इसके बाद कागज पर बाग लगाने की रुपरेखा, जिसमें किनारे के प्रत्येक पंक्ति के पेड़ प्रदर्शित हो, बना लेना चाहिये। इस प्रकार से वर्गाकार और षटकोणीय पद्धति से यदि एक हेक्टर जमीन पर जिसकी लम्बाई 103 मीटर तथा चौड़ाई 98 मीटर हो, पर 10 मीटर की दूरी पर पौधा लगाया जाये तो रेखांकन इस प्रकार होगा–

वर्गाकार विधि

खेत की लम्बाई	102 मीटर
चौड़ाई	98 मीटर
पौधों से पौधों की दूरी	10 मीटर
कतार से कतार की दूरी	10 मीटर

$$\text{प्रति कतार में पौधों की संख्या} = \frac{\text{खेत की लम्बाई}}{\text{पौधों से पौधों की दूरी}}$$

$$= \frac{103}{10} = 10 \text{ पौधे}$$

$$\text{लम्बाई की तरफ कतार की संख्या} = \frac{\text{खेत की चौड़ाई}}{\text{कतार से कतार की दूरी}}$$

$$= \frac{98}{10} = 10 \text{ कतारें}$$

$$\text{चौड़ाई की तरफ कतार की संख्या} = \frac{\text{खेत की लम्बाई}}{\text{कतार से कतार की दूरी}}$$

$$= \frac{103}{10} = 10 \text{ कतारें}$$

इस प्रकार कुल पौधों की संख्या = 10 x 10 = 100

उपरोक्त परियोजना के अनुसार यदि चौड़ाई की दिशा में रेखांकन किया जाता है तो चौड़ाई में दोनों तरफ 5 मीटर छोड़कर पौध रोपित करें तो कुल चौड़ाई की आवश्यकता = 10 x 9 + 10 मीटर =100 मीटर

जबकि वास्तव में कुल 98 मीटर ही चौड़ाई उपलब्ध है अर्थात् चौड़ाई में 2 मीटर की कमी है। इस दो मीटर के कमी को दोनों किनारे पर व्यवस्थित इस प्रकार करेंगे।

किनारे पर चौड़ाई में मेड़ से दूरी = $\frac{10}{2} - \frac{2}{2}$ = 5 − 1 कतारें

अर्थात् चार मीटर

इसी प्रकार लम्बाई में यदि दोनों तरफ किनारों पर पांच–पांच मीटर जगह छोड़कर यदि पौध रोपित किया जाय तो कुल लम्बाई की आवश्यकता

10 X 9 + 10 = 100 मीटर। जबकि वास्तव में लम्बाई 102 मीटर है। अतः अतिरिक्त दो मीटर को दोनों तरफ इस प्रकार व्यवस्थित करेंगे

$$= \frac{10}{2} + \frac{2}{2} = 6 \text{ मीटर}$$

षटकोणीय विधि

विषम कतार में पौधों की संख्या = 10
सम कतार में पौधों की संख्या = 10
कतार की संख्या = 10

प्रथम पंक्ति में पौधों की संख्या = $\frac{102}{10}$ = 10 (2 मीटर ज्यादा जगह किनारों पर व्यवस्थित)

चूंकि षटकोणीय विधि द्वारा पौध रोपित करने पर कतार से कतार की दूरी, पेड़ से पेड़ की दूरी के 86.6 प्रतिशत होती है। अतः

कतार से कतार की दूरी = 0.866 x पौध से पौध की दूरी
= 0.866 x 10
= 8.66 मीटर

खेत की चौड़ाई = 98 मीटर

अतः कुल कतार की संख्या = $\frac{102}{8.66}$ मीटर = 11.77
= 12 कतार (0.31 मीटर की कमी के साथ)

चूंकि षटकोणीय विधि में विषम पंक्तियों में पौधों की संख्या वर्गाकार विधि के समान होती है और सम कतारों में एक कम होती है अतः

कुल विषम कतारों की संख्या = 1, 3, 5, 6, 9, 11.....................6

विषम कतार में पौधों की संख्या = 6 x 10 = 60

कुल सम कतारों की संख्या = 2, 4, 6, 8, 10, 12.....................6

सम कतारों में पौधों की संख्या = 6 x 9 = 54

कुल पौधों की संख्या = 60 + 54 = 114 पौधे

चौड़ाई तथा लम्बाई में यदि दूरी कम या ज्यादा हो तो वर्गाकार विधि के समान ही दोनों किनारों पर व्यवस्थित कर लिया जाता है और कतार तथा पौध से पौध की दूरी किनारों पर व्यवस्थित करने के कारण ही कुल वृक्षों की संख्या जो गणीतीय रुप से आंकलित की जाती है तथा जो वास्तव में लगाया जाता है, में कुछ न कुछ अन्तर आता है।

त्रिकोणीय पद्धति

त्रिकोणीय पद्धति में पौधों की संख्या

$$= \text{वर्गाकार विधि में पौधों की संख्या} - \frac{\text{कतार की संख्या}}{2}$$

$$= 100 - \frac{10}{2} = 95 \text{ पौधे}$$

क्वीनकन्स पद्धति

क्वीनकन्स पद्धति में पौधों की संख्या

= वर्गाकार विधि में लगाये गये पौधों की संख्या + $(N_1-1) \times (N_2-1)$

N_1 = लम्बाई के तरफ कतार की संख्या

N_2 = चौड़ाई के तरफ कतार की संख्या

= $100 + (10-1) \times (10-1)$

= $100 + 81 = 181$ पौधे

उदाहरण:

एक खेत जिसकी लम्बाई 200 मीटर तथा चौड़ाई 180 मीटर है ऐसे खेत में कितने पौधे लगाये जा सकते हैं यदि पौध से पौध तथा कतार से कतार की दूरी 8 मीटर तथा बाग को निम्न पद्धतियों से लगाया जायें:

i. वर्गाकार विधि

ii. वर्गाकार विधि

iii. त्रिकोणीय विधि

iv. षटकोणीय विधि

v. क्वीनकन्स विधि

बेस लाइन का चुनाव

रोड के किनारे या नदी के किनारे पर एक मूलरेखा का चुनाव इस प्रकार करते है कि यह रेखा खेत में समानान्तर रुप से गुजरे। इस रेखा को आधार मानकर अन्य कतारों का निर्धारण करते हैं।

वर्गाकार तथा आयताकार खेत में रेखांकन

खेत के किनारे पर कम से कम तीन समान दूरी के बिन्दुओं का चयन कर रेन्जिंग राड लगा देते हैं इसके बाद रस्सी को रेन्जिंग राड के साथ खेत के दूसरे किनारे तक खींच कर ले जाते हैं तथा जब रस्सी सीधी हो तो उस पर चल कर रस्सी का निशान खेत में एक लाइन के रुप में प्राप्त कर लेते हैं यही लाईन बेस लाइन कहलायेगी तथा यह बाग की पहली पंक्ति होगी। इस लाइन पर माप कर वांछित दूरी पर खूटिंया लगा लेते है यदि दूरियों को व्यवस्थित करना हो तो व्यवस्थित कर लेते हैं। पौधों की जितनी दूरी आपस में होती है उसकी आधी दूरी किनारे से रखी जाती है। इस मूल लाइन के समकोण पर प्रथम पौध के स्थान से तीन रेन्जिंग राड दूसरी तरफ गाड़कर क्रास साफ्ट के खांचे से देखते हुये दूसरी तरफ रेन्जिंग राड को सीधे रखकर रस्सी खींचकर दूसरी लाइन प्राप्त कर लेते हैं। इसी प्रकार एक समकोण अंतिम पौध लगने के स्थान पर बना लेते है। अन्त में कतार की दूरी नापकर खूटीं गाड़कर पौध लगाने के स्थान का निर्धारण कर लेते हैं। इस प्रकार दोनों लाइनों के बीच में रस्सी खींचकर अन्य पौधों के स्थान का निर्धारण कर लेते हैं।

क्वीनकन्स पद्धति

खेत को वर्गाकार विधि के समान लेआउट कर लेते है उसके बाद रस्सी को वर्ग के डायगोनल बिन्दु से होते हुये खींचते हैं जहां पर दो डायगोनल बिन्दु आपस में काटते है एक अतिरिक्त खूटीं गाड़ लेते हैं।

षटकोणीय पद्धति से रेखांकन

सबसे पहले बाग को वर्गाकार विधि के तरह ही चारों किनारों पर कागजीय योजना की तरह रेखांकित कर लेते हैं और इसके बाद प्रथम पंक्ति के पौधों के स्थान का निर्धारण कर लेते हैं।

पौध से पौध की दूरी के दो गुने से कुछ बड़ी रस्सी लेकर उसके बीचों–बीच में गाँठ लगा देते है इस प्रकार गाँठ के एक तरफ रस्सी की लम्बाई पौधे से पौधे के दूरी की लम्बाई के बराबर होती है। लोहे की जंजीर जिसके बीच में रिंग हो तथा जिसके सिरे पौधे से पौधे की दूरी के बराबर हो, भी प्रयोग में लाई जाती है। प्रथम पंक्ति में निशान लगाने के बाद, रस्सी के दोनों सिरों को दोनों निशानों पर रखकर गाँठ के स्थान पर खींचते है जिससे समभुजाकार त्रिकोण बन जाता है और इस प्रकार गाँठ पर जो निशान लगाते है वह दूसरे कतार की पौधों के लिए निशान होता है और इस प्रकार खेत को रेखांकित कर लेते हैं। प्रत्येक विषम कतार का प्रथम तथा अंतिम पौधा, प्रथम कतार में लगने वाले पौधे के लम्बवत् होता है यह रेखांकन को ठीक करने का मूलमंत्र है।

फल वृक्षों के गड्ढे तैयार करना तथा रोपण बोर्ड का प्रयोग

जिस खेत में वृक्ष लगाना होता है उसमें खुंटियों को लगाकर पौधों के स्थान का निर्धारण कर लेते है। जब गड्ढे की खुदाई की जाती है तो ये निशान मिट जाते हैं जिसके कारण पौधों का वास्तविक स्थान ठीक से निर्धारित नहीं हो सकता है। इस समस्या के समाधान के लिए ही पौध

रोपण बोर्ड का प्रयोग किया जाता है। रोपण बोर्ड 1.5 मीटर लम्बा, 60 सेमी0 चौड़ा तथा एक इंच मोटा लकड़ी का तख्ता होता है जिसके मध्य में तथा दोनों किनारों पर खांचे बने होते हैं।

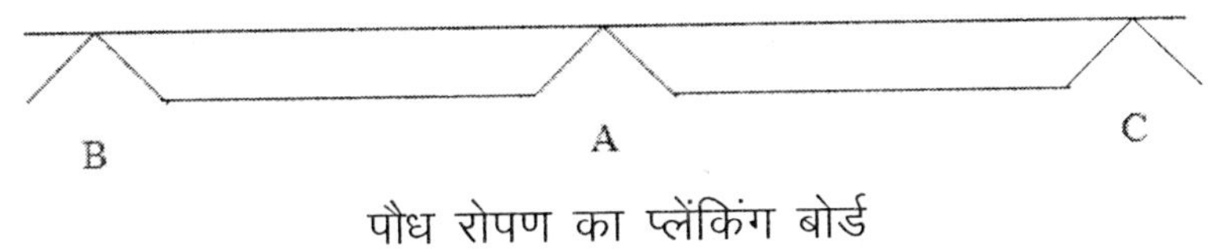

पौध रोपण का प्लेंकिंग बोर्ड

मध्य में खाँचें 'A' पर ही वास्तव में पौध लगाना होता है इसके लिए B तथा C खांचे पर खूंटी गाड़ लेते है और बोर्ड को A की खूंटीं के साथ हटा लेते हैं। B तथा C खूटीं के बीच में गड्ढा खोदते है और जब पौध रोपण करते है तब किनारे के दोनों खांचों को खूंटियों में लगा लेते है और A खांचे के स्थान पर पौध रोपित कर देते है। तत्पश्चात् B तथा C खूंटियों को हटा लेते हैं।

यदि जून माह में पौध लगाना होता है तो गड्ढे की खुदाई गर्मियों में कर ली जाती है जिससे की वर्षा शुरु होने से पहले रोपाई की जा सके। जहां पर वर्षा ज्यादा होती है वहां पर पौध रोपण का कार्य वर्षा ऋतु के बाद करना चाहिये जिससे कि तुरन्त रोपित पौधों को भारी जल जमाव के कुप्रभाव से बचाया जा सके। पौध लगाने के लिए 1 x 1 x 1 मीटर गड्ढे की खुदाई की आवश्यकता होती है। खुदाई करते समय 50 सेमी0 गहरे गड्ढे की मिट्टी एक तरफ तथा उसके बाद के 50 सेमी0 गहराई की मिट्टी दूसरी तरफ रखते हैं। जब गड्ढों को भरना होता है तो ऊपर की एक तरफ रखीं गयी मिट्टी में खाद मिलाकर गड्ढे में नीचे डालते हैं और फिर शेष मिट्टी डालकर पेड़ लगाने के पूर्व अच्छी तरह सिंचाई कर लेते है। गड्ढे के बीच में पिन्डी के साथ पौधे के लगा देते हैं और चारों तरफ से अच्छी तरह से दबा देते है जिससे की जड़ जमीन के सम्पर्क में अच्छी तरह से आ जाये तथा हवा न रहने पाये। पौध रोपण करते समय इस बात का ध्यान रखते है कि ग्राफ्ट या कलिका जुड़ने का स्थान सतह

से ऊपर रहे। सबसे अच्छा तरीका यह होता है कि पौधा, पौधघर में जितनी गहराई पर लगा था, उसे उतने ही गहराई पर रोपित किया जाये। पौधा लगाने के तुरन्त बाद लकड़ी लगाकर, स्टेकिंग कर लेते है जिससे की पौधे तेज हवा से टूट न सके।

अध्याय 5

पौध पोषण

आरनान तथा स्टाउट (1939) ने पौधों के लिये आवश्यक पोषक तत्वों के निर्धारण करने के लिये निम्न आधार तय किये:–

1. वे तत्व आवश्यक तत्व कहलायेगें जिनकी कमी से पौधा अपने जीवन चक्र को पूर्ण नहीं कर पाता।
2. वे तत्व आवश्यक तत्व कहलायेगें जिनकी कमी को दूसरे तत्व को देकर पूरा नहीं किया जा सकता।
3. वे तत्व आवश्यक तत्व कहलायेगें जो पौधों के चयापचय में सीधे रूप से भाग लेते हैं।

उपरोक्त बिन्दुओं के आधार पर वर्तमान में 16 से 20 तत्व ऐसे हैं, जिनको पौधों की वृद्धि तथा विकास के लिये आवश्यक तत्व समझा जाता है। दूसरे वैज्ञानिक जैसे– निकोलस (1961) का यह मत है कि वे तत्व भी

आवश्यक तत्व कहलाते हैं जिनको दूसरे तत्व के स्थान पर देने से पौधों की तेजी से वृद्धि होती है। जैसे, कुछ हद तक पोटेशियम, सोडियम से प्रतिस्थापित हो सकता है, साथ ही वेनेडियम से मॉलिब्डेनम को कुछ हद तक विस्थापित किया जा सकता है। इस प्रकार निकोलस ने सोडियम तथा वेनेडियम को पौधों के लिए आवश्यक तत्व माना जबकि अरनान ने नहीं माना। उपरोक्त सीमाओं के आधार पर अरनान के 16 तत्वों को तथा निकोलस ने 20 तत्वों को आवश्यक तत्व के रूप में मान्यता प्रदान की। 3 अन्य पोषक तत्व निकिल (यूरिया बनने मे सहायक), कोबॉल्ट (नत्रजन के स्थीकरण में सहायक) तथा सिलिकॉन को भी कुछ वैज्ञानिक आवश्यक तत्व मानते हैं जबकि अन्य नहीं मानते।

उपरोक्त परिभाषा के अनुसार आवश्यक तत्वों को पौधों के पोषण के लिये वरदान माना गया, लेकिन उपरोक्त परिभाषा में लाभदायक तत्वों को स्थान नहीं मिल पाया। लाभदायक तत्व वो तत्व होते हैं जो दूसरे तत्वों के विषैले प्रभाव को कम करते हैं, या दूसरे आवश्यक तत्वों की आवश्यकता को कुछ विशिष्ट जगहों पर विस्थापित करते हैं। जैसे : स्फीति दाब को बनाये रखने में पोटैशियम की जगह पर कार्य करना। व्यवसायिक उत्पादन में यदि हम पौधों को लाभदायक तत्वों की आपूर्ति नहीं करते हैं तो पौधे अपनी सम्पूर्ण आनुवांशिक क्षमता के अनुरूप इन तत्वों का उत्पादन नहीं कर पाते और अपने जीवन को बचाने के लिये पौधे केवल अल्पमात्रा में ही इन आवश्यक तत्वों का उत्पादन करते हैं।

उपरोक्त तत्वों में से कुछ पोषक तत्वों की आवश्यकता ज्यादा मात्रा में होती है तथा कुछ की आवश्यकता अल्प मात्रा में होती है। इसके आधार पर पोषक तत्वों को मुख्य पोषक तत्व तथा गौण पोषक तत्वों के रूप में विभाजित किया गया है। मुख्य तथा गौण दोनों ही तत्व पौधों के लिये सामान्य महत्व के होते हैं। लेकिन इसकी मात्रा की विभिन्नता के कारण इनको मुख्य तथा गौण तत्व कहते हैं। कार्बन (CO_3^{-2}, HCO_3, CO_2), हाइड्रोजन (H^+, OH^-) तथा ऑक्सीजन (O_2, OH^-) की आपूर्ति पानी तथा वायु से होती है, इसलिये इन मुख्य तत्वों को कृत्रिम रूप से खेतों में डालने की

आवश्यकता नहीं होती है। इसके अतिरिक्त 6 मुख्य तत्वों नाइट्रोजन (NO_3^-, NH_4^+), फास्फोरस (HPO_4^{-}, H_2PO_4), पोटेशियम (K^+), कैल्शियम (Ca^{++}), मैग्नीशियम (Mg^{++}) तथा सल्फर (SO_4^{-}) की आवश्यकता पौधों को ज्यादा मात्रा में होती है, तथा फसल के व्यवसायिक उत्पादन के लिये इनको कृत्रिम रूप से खेतों में देने की आवश्यकता होती है।

उपरोक्त पोषक तत्वों के अतिरिक्त निम्नलिखित पोषक तत्व पौधों को कम मात्रा में देने की आवश्यकता होती है:– बोरॉन (H_3BO_3, $H_4BO_7^{-}$), क्लोरीन (Cl^-), कॉपर (Cu^+, Cu^{++}), ऑयरन (Fe^+, Fe^{++}), मैग्नीज (Mn^{++}, MnO_4), सोडियम (Na^+), जिंक (Zn^{++}), मॉलिब्डेनम ($HMoO_4^-$, MoO_4^-) तथा निकिल (Ni^-)। सिलिकॉन तथा कोबॉल्ट को लाभदायक तत्वों की श्रेणी में रखते हैं। लाभदायक तत्व सभी पौधों के लिये लाभदायक नहीं होते।

नत्रजन

पौधों के अन्दर विभिन्न महत्वपूर्ण पदार्थों का एक अभिन्न घटक होता है। नत्रजन कार्बन, हाइड्रोजन, ऑक्सीजन तथा सल्फर के साथ मिलकर जैविक तंत्र में अमीनों अम्ल का निर्माण करता है, जिससे अन्ततः प्रोटीन का निर्माण होता है। अमीनों अम्ल कोशिका द्रव्य के निर्माण में कोशिका विभाजन के समय सहायक होता है, जिससे पौधों की वृद्धि तथा विकास होता है। आवश्यक पोषक तत्वों में इसका महत्व सबसे ज्यादा इसलिए है क्योंकि ये पौधों के शुष्क भाग का 40 से 50 प्रतिशत की हिस्सेदारी रखता है। पौधों के सारे एन्जाइम प्रोटीन के बने होते हैं, और यह प्रोटीन का एक अभिन्न अंग है, इसलिए इसका महत्व और भी बढ़ जाता है। नत्रजन सारे एन्जाइमों की अभिक्रिया में सीधे भाग लेता है। यह क्लोरोफिल द्रव्य का अभिन्न अंग होता है, इसलिए ये प्रकाश संश्लेषण की क्रियाओं के लिये आवश्यक होता है। यह बहुत से विटामिनों का हिस्सा भी है। उपरोक्त सभी कारणों के कारण इसकी ज्यादा मात्रा पौधों के लिए आवश्यक होती है। जब कभी पौधें में नत्रजन की कमी होती है, तो क्लोरोफिल अणुओं का संश्लेषण रूक जाता है जिससे पत्तियाँ पीली पड़ने

लगती हैं। पत्तियों की वृद्धि तथा फूलों के लिए नत्रजन की आवश्यकता होती है। अतः इसकी कमी से पत्तियों की वृद्धि रूक जाती है या पौधों की पत्तियाँ बौनी पड़ जाती हैं तथा फूल नहीं खिलते। चूंकि पौधा इसकी कमी से कार्बोहाड्रेड का निर्माण नहीं कर पाता, अतः इसकी कमी से पौधों में बौनापन आ जाता है।

नत्रजन की प्रचुर मात्रा की उपलब्धता से साइटोकॉइनिन, ऑक्सिन तथा जिबरेलिक अम्ल के निर्माण के लिए उत्प्रेरक का कार्य करता है। अतः इसकी कमी से उपरोक्त हार्मोन के कमी के लक्षण भी प्रकट होने लगते हैं। पौधों के अन्दर नत्रजन का बहुत ही सरलता से आवागमन होता है। अतः इसकी कमी के लक्षण सर्वदा नीचे की पत्तियों पर सबसे पहले दिखायी पड़ते हैं। जबकि भूमि में इसका परिवहन रासायनिक प्रकार पर निर्भर करता है।

नत्रजन की कमी के प्रभाव

1. कोशिका विभाजन में नत्रजन की कमी के कारण पौधों की वृद्धि रूक जाती है।
2. सबसे पहले पुरानी पत्तियाँ हल्की पीली पड़ती हैं जो धीरे–धीरे गहरे पीले रंग की होती जाती हैं। यह लक्षण पत्तियों के अग्र भाग से प्रारम्भ होकर पीछे की तरफ बढ़ते जाते हैं। अत्यधिक कमी की अवस्था में पत्तियाँ सम्पूर्ण पीली होकर झड़ जाती हैं। बीजों में प्रोटीन की कमी हो जाती है, तथा फूल बहुत अल्प मात्रा में खिलते हैं।
3. परिपक्वता शीघ्र ही आ जाती है, तथा उत्पादन गुणात्मक तथा परिणात्मक रूप से कम हो जाता है।

पौधों को नत्रजन खाद के रूप में कार्बनिक तथा अकार्बनिक स्रोतों से दिया जाता है। इसके प्रमुख कार्बनिक स्रोत गोबर की खाद, कम्पोस्ट तथा हरे पौधों को सड़ा कर बनाया गया खाद होता है। यूरिया भी एक कार्बनिक पदार्थ है। जो कृत्रिम रूप से प्रयोगशाला में तैयार किया

जाता है तथा नत्रजन के स्रोतों के रूप में प्रमुखता से प्रयोग में लाया जाता है, इसलिये ये बात अच्छी तरह से समझ लेनी चाहिए कि यूरिया एक कार्बनिक उर्वरक है, ना कि कार्बनिक खाद। इसके अकार्बनिक स्रोत अमोनियम नाइट्रेट, कैल्शियम नाइट्रेट तथा कैल्शियम अमोनियम नाइट्रेट होते हैं। जो भी उर्वरक अमोनियम के रूप में नत्रजन के स्रोत के रूप में प्रयोग में लाये जाते हैं। वे मृदा कण पर जाकर चिपक जाते हैं तथा उनका तेजी से बहाव नहीं होता और इस तरह के उर्वरक अधिक जल चाहने वाली फसलों के लिए सर्वोत्तम होते हैं। क्योंकि इनका जल के साथ मिलकर बहाव नहीं होता है। ये नाइट्रेट के रूप में धीरे–धीरे परिवर्तित होकर पौधों को उपलब्ध होते रहते हैं। नाइट्रेट के रूप में दिये जाने वाले उर्वरक बहुत ही तीव्र गति से पौधों को उपलब्ध होते हैं, क्योंकि इनको परिवर्तन की आवश्यकता नहीं होती। नाइट्रेट नत्रजन का भूमि में जल बहाव से नुकसान बहुत तीव्र गति से होता है। यदि नत्रजन की अधिक मात्रा पौधों द्वारा अवशोषित की जाती है तो वह रिक्तिकाओं में संचित हो जाता है। नाइट्रोजन जो नाइट्रेट के रूप में कोशिकाओं में अवशोषित होता है, सबसे पहले नाइट्राइट आयन के रूप में कोशिका द्रव्य में परिवर्तित होता है। यह परिवर्तन नाइट्रेट रिडक्टेज एन्जाइम की उपस्थिति में उत्प्रेरित होता है। मोलिब्डेनम तथा लौह तत्व, नाइट्रेट रिडक्टेज एन्जाइम का हिस्सा होते हैं। इसलिये मोलिब्डेनम तथा लौहे की कमी में पौधे नत्रजन का अच्छी तरह उपभोग नहीं कर पाते। फिर नाइट्राइट आयन कोशिका द्रव्य से संचालित होकर क्लोरोप्लास्ट में जाते हैं। जहाँ नाइट्राइट रिडक्टेज के उत्प्रेरण में अमोनिया आयन मे परिवर्तित होता है। अमोनियम आयन पौधों के लिये विषैले होते है तथा बहुत जल्द ही नत्रजन के दूसरे उत्पाद में परिवर्तित हो जाते हैं। जो अन्ततः अमीनो अम्ल के निर्माण में सहायक होते हैं।

लगभग 20 अमीनो अम्ल, कोशिका द्रव्य के राइबोसोम्स में आनुवांशिक संकेतों के आधार पर विभिन्न प्रोटीनों का निर्माण करते हैं जिससे पौधे के संरचना का निर्धारण होता है।

नत्रजन की अत्यधिक मात्रा पोटेशियम तत्व की कमी के लिये जिम्मेदार होती है। अत्यधिक नत्रजन के प्रयोग से पौधे बहुत लम्बे होकर गिर जाते हैं। जड़े छोटी तथा गुच्छेदार हो जाती हैं।

फास्फोरस

फास्फोरस पौधों की वृद्धि के लिये सक्रिय तत्व हैं क्योंकि यह केन्द्रीय द्रव्य तथा केन्द्रक का अभिन्न अंग होता है। यह सजीव कोशिकाओं का आवश्यक भाग होता है, इसलिये इसकी कमी से वृद्धि बुरी तरह प्रभावित होती है। फास्फोरस तत्व बीजों में बसा अम्ल के संश्लेषण के लिये भी आवश्यक होता है। फास्फोरस के यौगिक श्वसन क्रिया को सुचारू रूप से संम्पादित करने के लिये आवश्यक होते हैं। नत्रजन के कौशलपूर्ण कार्य के लिए भी फास्फोरस की आवश्यकता होती है। इसी कारण से फास्फोरस की कमी के लक्षण नत्रजन की कमी के लक्षण से कुछ हद तक मिलते–जुलते होते हैं। फास्फोरस जड़ों के विकास तथा फलों की परिपक्वता के लिये विशेष रूप से उपयोगी होता है। यह आनुवांशिक तत्व जैसे– डीऑक्सीराइबो न्यूक्लिक अम्ल (DNA) तथा राइबो न्यूक्लिक अम्ल (RNA) का भाग होता है। DNA का प्रत्येक न्यूक्लियोटाइड एक फास्फेट समूह, डीआक्सीराइबोज शर्करा तथा चार में से एक नत्रजन यौगिक (एडेनीन, गुआनीन, साइटेसीन तथा थाइमीन) से मिलकर बनता है जबकि RNA में राइबोज शर्करा तथा यूरेसिल विद्यमान रहता है, जबकि थाइमीन अनुपस्थिति होता है। रासायनिक अभिकर्ता का ये न्यूक्लियोटाइड ऊर्जा संचय के रायायनिक अभिकर्ता के रूप में एक अन्य विशिष्ट कार्य को सम्पादित करता है और रसायनिक क्रियाओं में ऊर्जा के स्थानान्तरण में कार्य करता है। एडीनोसीन ट्राइफास्फेट तथा एडीनोसीन डाई फास्फेट इसी प्रकार की ऊर्जा धारण करने वाले यौगिक है। इस प्रकार लगभग कुल 50 फास्फोरस यौगिक पौधों के अन्दर अभिक्रियाओं में भाग लेते हैं।

फॉस्फोरस की कमी में पौधे छोटे हो जाते हैं, क्योंकि सन्तुलित मात्रा में श्वसन करके ऊर्जा पैदा नहीं कर पाते। ऐसे पौधे बहुधा सामान्य पौधों से ज्यादा हरे होते हैं, तथा एन्थोसाइनिक के ज्यादा संश्लेषण के

कारण लाल रंग के हो जाते हैं। इसकी कमी से पौधों के हारमोन्स का संतुलन बिगड़ जाता है। जिससे फूल देरी से निकलते हैं, तथा कम मात्रा में निकलते हैं। इसकी अधिकता से फलों में परिपक्वता जल्दी आ जाती है तथा जड़ का विकास सामान्य से ज्यादा होता है। चूँकि फॉस्फोरस की आवश्यकता प्रारम्भ में कोशिका विभाजन के समय होती है, इसलिये इसकी कमी के प्रारम्भिक लक्षण के रूप मे पौधे की वृद्धि रूक जाती है। पौधा दुर्बल हो जाता है। इसकी कमी से परिपक्वता देरी से आती है, फल तथा बीज का विकास ठीक से नहीं होता। फॉस्फोरस पौधों के अन्दर भली–भाँति चलायमान होता है, इसलिये इसकी कमी के लक्षण सर्वप्रथम पुरानी पत्तियों पर दिखाई पड़ते हैं। इसकी कमी के प्रारम्भिक लक्षण गहरे हरे या लाल रंग के रूप में पुरानी पत्तियों पर उभरते हैं। अत्यधिक कमी की अवस्था में बैंगनी रंग पत्तियों तथा तने पर दिखाई पड़ने लगते हैं।

कैल्शियम हाइड्रोजन फॉस्फेट के रूप में फॉस्फोरस को मृदा में प्रयोग किया जाता है। जो कि जल में घुलनशील तत्व है। यह पौधों की जड़ में फॉस्फेट आयन के रूप में प्रवेश करता है। इसकी कमी से नयी पत्तियाँ कमजोर हो जाती हैं तथा छोटी रह जाती हैं। फूल तथा फल कम खिलते है।

पौधों के अन्दर यह आसानी से एक स्थान से दूसरे स्थान तक जाता है। अतः इसकी कमी के लक्षण सर्वदा नीचे की पुरानी पत्तियों में आते हैं। जड़ों में इसकी कमी के लक्षण ज्यादा दिखाई देते हैं। अत्यधिक नमी की अवस्था में भी इस तत्व की कमी के लक्षण दिखाई देने लगते हैं। इसका मृदा में बहुत ही कम परिसंचरण होता है, इसलिये इसे जड़ों के पास देने की आवश्यकता होती है। पौधों में इसका संचय बीज तथा फल में होता है। यह पौधों को 6 से 7 मृदा pH पर सबसे सरलता से उपलब्ध होता है। यह अत्यधिक क्षारीय या अम्लीय मृदा में पौधों को उपलब्ध नहीं हो पाता। मृदा का तापमान गिरने पर फॉस्फोरस का अवशोषण गिरने लगता है, इसलिए इसकी कमी जाड़ों में तथा कम तापमान वाली जगहों पर ज्यादा दिखाई पड़ती है।

पोटैशियम

पोटैशियम पौधों के अन्दर बनने वाले किसी भी रसायनिक पदार्थ का हिस्सा नहीं होता। लेकिन यह तत्व अधिक मात्रा में पौधों के सभी भागों में विद्यमान होते है। यह पत्तियों तथा वृद्धि करने वाले बिन्दुओं पर विशेष रूप से ज्यादा मात्रा मे पाया जाता है। पौधों मे पाया जाने वाली पोटेशियम घुलनशील अवस्था में कोशिका द्रव्य तथा जीवद्रव्य में विद्यमान रहता है। यह पौधे के अवयव का हिस्सा न होते हुये भी पौधों के रासायनिक अभिक्रिया को नियन्त्रित करने का कार्य करता है। यह 50 से ज्यादा इन्जाइमों में क्रियाओं को उत्प्रेरित करता हैं। यह उत्प्रेरण का कार्य ताले तथा चाबी के तरह का होता है। जैसे स्टार्च सिन्थटेज इन्जाइम ग्लूकोज को स्टार्च में परिवर्तित करने मे तीव्रता लाता है। लेकिन यह इन्जाइम तभी कार्य कर पाता है जब उसके आकार को पोटैशियम आयन रूपान्तरित कर देता है। इसी तरह से यह आयन नाइट्रेट रिडक्टेज इन्जाइम को सक्रिय अवस्था में लाता है। जो नाइट्रेट को नाइट्राइट में प्रोटीन के संश्लेषण के समय परिवर्तित करता है। यह प्रकाश संश्लेषण के लिए आवश्यक होता है। अतः अमीनो अम्ल से प्रोटीन बनने की अभिक्रिया के लिए भी नितान्त आवश्यक होता है। पोटैशियम आयन पत्ती की कोशिका की वाह्य भित्ति को मोटापा प्रदान करता है जिससे पौधों में रोग प्रतिरोधकता बढ़ती है। यह विभिन्न हारमोन्स के मात्रा को नियन्त्रित करके पौधों में फूल खिलने तथा मुरझाने को नियन्त्रित करता है। इसका सबसे महत्वपूर्ण कार्य पौधों में जल के आवागमन (ओसमॉसिस) को नियन्त्रित करना होता है। कोशिकाओं के रिक्तिकाओं में घुलनशील पदार्थ होते हैं जिससे धनात्मक आयन के रूप में पोटैशियम की सबसे अधिक मात्रा होती है। जिसके परिणामस्वरूप जल का बहाव कोशिका भित्ति की झिल्ली के रास्ते अधिक सांद्रता वाली रिक्तिकाओं की तरफ शुरू हो जाता है जिससे दबाव उत्पन्न हो जाता है। इस दबाव को कोशिका भित्ति की मजबूती के कारण बनाये रखती है। इसके परिणामस्वरूप पौधों में अन्ततः कठोरता आ जाती है। ठीक इसी प्रकार की प्रक्रिया पौधों के दो अन्य कार्यों में सहयोगी होती है।

(अ) पत्तियों के बाह्य पृष्ठ पर छिद्र होते हैं जिसे स्टोमेटा कहते हैं। जिनके आकार को किनारे के गुलमा के समान की कवच कोशिकाओं के फूलने से बढाया जा सकता है। जब पत्तियों पर प्रकाश पड़ता है तब पोटैशियम आयन स्टोमेटा के चारों तरफ की कोशिकाओं से दो गुलमा के आकार की कवच कोशिकाओं में चला जाता है। तब जल कवच कोशिकाओं में सांद्रता बढ़ने के कारण अन्दर प्रवेश कर जाता है। जिसके परिणामस्वरूप जो दबाव उत्पन्न होता है उससे कवच कोशिकायें बाहर की तरफ झुक जाती हैं। जिससे पत्तियों के छिद्र खुल जाते हैं और ये खुले छिद्र कार्बन डाई आक्साइड को हवा से लेकर प्रकाश संश्लेषण के लिए क्लोरोप्लास्ट की पड़ोसी कोशिकाओं में पहुँचा देते हैं, साथ ही साथ प्रकाश संश्लेषण से उत्पन्न ऑक्सीजन भी इन्ही छिद्रों से बाहर निकलती है। रात्रि के समय पोटैशियम आयन कवच कोशिकाओं से बाहर निकल जाता है जिससे स्टोमेटा बन्द हो जाते हैं। एबसिसिक अम्ल नामक पादप हारमोन्स कोशिकाओं के बन्द होने में सहायक होते हैं।

(ब) जब अन्य पदार्थों के साथ पोटैशियम आयन केन्द्रीय रिक्तिकाओं में एकत्रित होता है, तब जल का अवशोषण प्रोत्साहित होता है। जिसके फलस्वरूप कोशिका का विस्तार होता है। इस प्रकार रिक्तिकायें फूलकर कोशिकाओं के 80–90 प्रतिशत आयतन को घेर लेती हैं। इस प्रकार कोशिका भित्ति में वृद्धि ऑक्सिन हारमोन्स के प्रभाव से और भी उत्प्रेरित होती है।

पोटैशियम आयन पौधों के अन्दर तेजी से परिसंचलित होता है जिसके कारण इसकी कमी के लक्षण सबसे पहले नीचे की पुरानी पत्तियों में दिखाई पड़ते हैं, और बाद में नयी पत्तियों को प्रभावित करते हैं। अत्यधिक कमी की अवस्था में वृद्धि करने वाले अन्य भाग प्रभावित होते हैं और डाई बैक के लक्षण दिखाई पड़ने लगते हैं।

पोटैशियम आयन का मृदा से अवशोषण चुनिन्दा तरीके से होता है, क्योंकि गैर आवश्यक तत्व जैसे सोडियम इत्यादि मृदा घोल में सामान्य रूप से विद्यमान होने के बावजूद भी अवशोषण पोटैशियम आयन का होता

है। पोटेशियम आवेश रहित रूप में सैप संवाहक वेसेल्स मे जल्दी से परिसंचलित होती है और सारे अंगों तक पहुँच जाता है जबकि दूसरे तत्वों को परिसंचलन के लिये आवेश की आवश्यकता होती है। पोटेशियम की कमी से प्रभावित पौधे कवक जनित रोगों से जल्दी ग्रसित हो जाते हैं क्योंकि इसकी कमी के कारण शर्करा तथा अमीनो अम्ल का ठीक प्रकार से उपभोग नहीं हो पाता और ये एकत्रित शर्करा, कवक को रोग उत्पन्न करने या आक्रमण करने के लिए उपयुक्त वातावरण तैयार करते है। पोटैशियम की अधिकता से मैग्नीशियम तथा कैल्शियम का अवशोषण तथा उपलब्धता प्रभावित होती है। पोटैशियम मृदा से अचलायमान होता है। इसकी कमी से पुरानी पत्तियाँ किनारे से मुरझाने लगती है, जो अन्दर की तरफ बढ़ाता चला जाता है और मध्यवीन को छोड़कर पूरी पत्ती मृत ऊतकों के कारण सूख जाती है।

पोटैशियम की आपूर्ति पोटैशियम सल्फेट के रूप में करते हैं। कई बार यह देखने में आता है कि पोटैशियम पौधों की ऊतकों में जितनी आवश्यकता होती है उससे कई गुना ज्यादा मात्रा में पौधों द्वारा अवशोषित किया जाता है जिसको लक्जरी अवशोषण के नाम से जाना जाता है और यह अनुपयोगी अवशोषण होता है।

कैल्शियम

कैल्शियम की मात्रा पत्तियों में सबसे ज्यादा पायी जाती है। बीज तथा फल में इसकी मात्रा तुलनात्मक रूप से कम होती है। यह कोशिका भित्ति के मध्य पटलिका जो मुख्यतः कैल्शियम पेक्टेट की बनी है, का मुख्य संघटक होता है। इसलिए ये मूल रूप से महत्व का होता है। क्योंकि मध्य पटलिका कोशिका के अन्दर विद्यमान कार्बनिक तथा अकार्बनिक लवणों को कोशिका से बाहर बहकर नहीं आने देता। यह कोशिका के अन्दर कार्बनिक अम्लों को उदासीन करने के लिए एक महत्वपूर्ण क्षार का काम करता है। यह विकास करते हुए बिन्दुओं के लिए (मेरीस्टेमेटिक ऊतकों) विशेषतः जड़ के अग्र भाग के लिये मुख्य महत्व का होता है। यह नत्रजन के अवशोषण में सहयोगी होता है।

वैसे तो कैल्शियम का ज्यादातर भाग पौधों के जल में घुलनशील होता है लेकिन यह आसानी से पुरानी पत्तियों से चलकर नये भागों तक नहीं जाता इसलिए इसकी कमी का लक्षण सर्वप्रथम नये ऊतकों पर दिखाई पड़ता है। क्योंकि नये ऊतकों में पुराने की तुलना में इसकी मात्रा बहुत कम होती है। यह कोशिका भित्ति का महत्वपूर्ण अवयव होने के कारण कोशिकाओं के सुगम्यता के लिये मुख्य रूप से जिम्मेदार होता है। यह कोशिकाओं की पारगम्यता तथा अखण्डता को बनाये रखता है तथा कोशिका विभाजन को प्रभावित करता है। यह प्रोटीन संश्लेषण तथा कार्बोहाइड्रेड के स्थानान्तरण में भाग लेने वाले विभिन्न इन्जाइमों की सक्रियता में सहयोग करता है। यह कार्बनिक अम्लों, सल्फेट तथा फॉस्फेट के साथ मिलकर यौगिक बनाता है। यह कार्बनिक अम्लों के विषैले प्रभाव को नष्ट करता है। इसकी कमी से जड़ का अग्र भाग तथा नयी पत्तियाँ पीली पड़ कर मर जाती हैं। इसकी कमी के कारण नयी पत्तियाँ एक दूसरे से चिपक कर फट जाती है, तथा खुलती नहीं है। पौधा इसकी कमी से दुर्बल हो जाता है। कलिकायें तथा फूल अपरिपक्व अवस्था में ही झड़ जाते है। इसकी कमी का लक्षण सबसे ज्यादा जड़ पर फिर फल तथा उसके बाद पत्तियों पर दिखायी पड़ता है।

कैल्शियम की कमी अम्लीय मृदा तथा अधिक वर्षा वाले क्षेत्रों तक सीमित होती है। ऊपर से नीचे की तरफ नयी पत्तियों का मुरझाना इसकी कमी का एक लक्षण होता है। पत्तियों का आकार बिगड़ जाता है। तना भी अग्र भाग से मरने लगता है। जड़ पर इसके लक्षण बुरी तरह से दिखाई पड़ते हैं तथा जड़ का अग्र भाग सर्वप्रथम मर जाता है।

कैल्शियम पौधों के अन्दर तथा मृदा में अचलायमान होता है। कभी–कभी कैल्शियम की कमी तथा मैग्नीशियम के अधिकता के लक्षणों मे भेद कर पाना आसानी से सम्भव नहीं होता। यह दूसरे पोषक तत्वों के अवशोषण को भी प्रभावित करता है। इसकी अधिकता से बोरॉन तथा मैग्नीशियम की कमी हो जाती है।

मैग्नीशियम

पौधों को मैग्नीशियम की आवश्यकता प्रकाश संश्लेषण, प्रोटीन तथा क्लोरोफिल के निर्माण के लिये होती है। यह क्लोरोप्लास्ट में पाये जाने वाले हरे रंग द्रव्य (क्लोरोफिल) का केन्द्रीय अणु होता है। यही रंग द्रव्य (क्लोरोफिल) प्रकाश संश्लेषण की जटिल प्रक्रिया का सम्पादन करने में सहयोग करता है। मैग्नीशियम आयन प्रकाश संश्लेषण के लिए आवश्यक एन्जाइमों के सक्रियता में भी सहयोग करता है। विशेषतः उन एन्जाइमों को जिसमें ATP एक ऊर्जा के स्रोत के रूप में प्रयोग में लाया जाता है। यह श्वसन के समय भी ATP को प्रयोग में लाकर अभिक्रिया करने वाले एन्जाइमों के सक्रियता के लिए आवश्यक होता है। इस अभिक्रिया में ग्लूकोज तथा ऑक्सिन अभिक्रिया करते हैं, जिससे ऊर्जा निकलती है जो निम्न कार्यों में प्रयोग की जाती है।

- ताप के रूप में दिन तथा रात के समय पौधों के जीवन को बनाये रखने मे सहयोगी होता है।
- जनीत ताप की ज्यादातर मात्रा पुनः ATP में संचित हो जाती है। कुछ मात्रा पौधों में महत्वपूर्ण अवयव जैसे क्लोरोफिल, अमीनो अम्ल तथा न्यूक्लियोटाइड के निर्माण में सहयोग प्रदान करता है।
- मैग्नीशियम, DNA तथा RNA निर्माण में भी महत्त्वपूर्ण भूमिका निभाता है। यह अमीनो आयनों को अमीनो अम्लों में परिवर्तित करने वाले एन्जाइम के सक्रियता के लिये आवश्यक होता है।
- मैग्नीशियम को पौधों के अन्दर फॉस्फोरस के वाहक के रूप में ज़ाना जाता है।

इसकी कमी के लक्षण अम्लीय बलुई मृदा में दिखाई पड़ते हैं। इसकी कमी को दूर करने के लिये मैग्नीशियम सल्फेट (इपसोम लवण) या डोलोमाइट (मैग्नीशियम कैल्शियम कॉर्बोनेट) का प्रयोग करना चाहिये।

यह पौधों के अन्दर स्वतंत्र रूप से चलायमान होता है अतः इसकी कमी के लक्षण पुरानी पत्तियों पर सबसे पहले दिखाई पड़ती हैं। पुरानी

पत्तियाँ अग्र भाग से पीली पड़ने लगती है जो धीरे–धीरे पीछे की तरफ बढ़ता जाता है। चूँकि पत्तियों की नसें हरी ही रहती है इसलिए इसकी पत्तियाँ चितकबरी पड़ जाती है।

अत्यधिक कमी की अवस्था में पत्तियाँ बैगनी रंग की हो जाती है क्योंकि फॉस्फोरस का संश्लेषण प्रभावित हो जाता है। नयी पत्तियाँ पीली पड़कर झड़ जाती है। पौधे का तना सख्त, दुर्बल तथा काष्ठीय हो जाता है। इसकी कमी के लक्षण नत्रजन के कमी के लक्षण से मिलते जुलते हैं, लेकिन अन्तर यह होता है कि नत्रजन की कमी से पुरानी पत्तियाँ चितकबरी नहीं पड़ती हैं। इस तत्व की कमी वर्षा वाले स्थानों पर कम कार्बनिक वाले बलुई मृदा में दिखाई पड़ती हैं। क्योंकि यह मृदा की सतह से बह जाता है। जिन मृदाओं की अभिक्रिया अम्लीय होती है तथा जहाँ पोटैशियम और कैल्शियम का प्रयोग होता है वहाँ मैग्नीशियम की कमी के लक्षण दिखाई पड़ते हैं। मैग्नीशियम की कमी सामान्यतः बहुत कम दिखाई पड़ती है। इस तत्व की अधिकता से पोटैशियम की कमी के लक्षण दिखाई पड़ते है क्योंकि ये पोटैशियम अवशोषण तथा उपभोग में हस्तक्षेप करता है।

जिंक

जिंक की आवश्यकता ट्रिप्टोफेन नामक अमीनो अम्ल के संश्लेषण के लिए होती है जो इन्डोल एसिटिक अम्ल के संश्लेषण के लिए आवश्यक होता है। जिंक पौधों के अन्दर बहुत से मटलो–एन्जाइम का एक भाग होता है इसलिए इसकी आवश्यकता उपापचय क्रियाओं के लिए भी पड़ती है। कार्बनिक एनहाइड्रेज एन्जाइम विशेषतौर से इसकी उपस्थिति से उत्प्रेरित होता है। यह RNA तथा प्रोटीन के संश्लेषण में भी अपनी भूमिका निभाता है। इसकी कमी से पत्तियों की नसों के बीच पीलापन पड़ने लगता है जो लौह तत्व की कमी के लक्षण से मिलता जुलता होता है। इसकी कमी से पत्तियों के आधार वाले भाग पर धारियाँ पड़ती है जबकि लौह तत्व की कमी से पत्ती के पूरी लम्बाई में नसों (वेन्स) को छोड़कर पीलापन पड़ता है।

यह तत्व पौधों में चलायमान नहीं होता इसलिये इसको फल लगते समय पत्तियों पर छिड़ककर आपूर्ति करते है। इसकी उपलब्धता अधिक मृदा pH पर कम होती है। कार्बनिक तत्वों की कमी वाले मृदा में इसकी कमी के लक्षण ज्यादा दिखाई देते हैं।

आयरन (लौह तत्व)

बहुत से उर्वरकों के मिश्रण मे यह गौड़ तत्व प्राकृतिक रूप से विद्यमान होता है। लेकिन जब तक मृदा pH 5 से कम नहीं होता, इसका अवशोषण पौधों द्वारा नहीं हो पाता, क्योंकि यह जल से अभिक्रिया करके अघुलनशील यौगिक में परिवर्तित हो जाता है। इसका प्रयोग चीलेटेड रूप में करना ज्यादा लाभदायक होता है। क्योंकि चीलेटेड लोहा जल में घुलनशील होता है। लेकिन पानी से इसका गुण धर्म प्रभावित नहीं होता। ऐसे लौह तत्व जड़ की सतह पर जाकर तुरन्त ही कुछ रासायनिक तत्व जैसे सिट्रिक अम्ल से जुड़ जाते हैं और सम्पूर्ण पौधों के अन्दर आसानी से परिसंचलित हो जाते हैं। पौधों के अन्दर आयरन से मुख्यतः इलेक्ट्रॉन के स्थानान्तरण के रूप में कार्य करता है। पौधों में बहुत से आयरन, सल्फर, प्रोटीन उपस्थित होते हैं जिसमें से फेरेडॉक्सीन का विशेष महत्व है। यह यौगिक (फेरेडॉक्सीन) प्रकाश संश्लेषण के समय नितान्त आवश्यक होता है। पौधों की बढ़ावार के समय आयरन प्रोट्रीन एन्जाइम के रूप में कार्य करता है। हेमप्रोट्रीन उदाहरण के लिए लिगनीन के निर्माण को उत्प्रेरित करता है। दूसरे हेमप्रोट्रीन श्वसन के समय अभिक्रियाओं को उत्प्रेरित करने का कार्य करते हैं। यह क्लोरोफिल के निर्माण में सहायक होता है। यह पौधों के अन्दर अचलायमान होता है। इसका परिसंचालन मैग्नीज की उपस्थिति पोटैशियम की कमी तथा तीव्र प्रकाश से प्रभावित होता है। अचलायमान होने के कारण इसकी कमी के लक्षण सर्वप्रथम नयी पत्तियों में दिखाई पड़ते हैं। नयी पत्तियाँ सफेद पड़ने लगती हैं, क्योंकि क्लोरोफिल का निर्माण रूक जाता है। इसकी कमी के लक्षण प्रायः क्षारीय या अत्यधिक चूने वाली मृदा में देखा जा सकता है। मृदा की अभिक्रिया को सन्तुलित करके कमी को ठीक किया जा सकता

है। फॉस्फोरस की अधिक मात्रा आयरन की कमी के लिए भी जिम्मेदार होती है। जाड़े के दिनो में इसकी कमी के लक्षण और तीव्र हो जाते हैं। इसकी कमी में तने की लम्बाई तो सामान्य होती है, लेकिन मोटाई कम हो जाती है। टहनियाँ मरने लगती हैं तथा पौधों से पत्तियाँ गिरने लगती हैं।

मैग्नीज

मैग्नीज पौधों को मैग्नीशियम सल्फेट के रूप में दिया जाता है। मैग्नीशियम आयन के रूप में जड़ों द्वारा अवशोषित होकर जाइलम के रास्ते वृद्धि करने वाली पत्तियों तक पहुँचता है। मैग्नीज का पौधों में लौह तत्व के समान ही क्लोरोफिल के निर्माण में सहयोग देने का कार्य होता है। प्रकाश सिस्टम द्वितीय के लिये यह तत्व आवश्यक होता है। जहाँ ये प्रकाश की उपस्थिति में जल के विघटन मे सहभागिता निभाता है। यह अभिक्रिया क्लोरोप्लास्ट में क्लोरोफिल की उपस्थिति में प्रकाश से प्रभावित होकर होती है तथा इसमें ऑक्सिन के अणु बाहर आते हैं। यह लौह तत्व की घुलनशीलता को प्रभावित करता है। जब पौधों में मैग्नीज की मात्रा अधिक होती है तो लौह तत्व अघुलनशील हो जाता है तथा उसकी कमी के लक्षण दिखाई देने लगते है। यह पाइरूवेट कार्बोऑक्सीलेज का एक महत्वपूर्ण घटक है। मैग्नीज इन्डोल एसिटिक एसीड ऑक्सीडेज को सक्रिय करता है जो इन्डोल ऐसिटिक अम्ल का ऑक्सीकरण करने में सहायक होता है।

मैग्नीज की कमी से क्लोरोफिल का निर्माण रूक जाता है। इसलिये सर्वप्रथम क्लोरोफिल के कमी के लक्षण दिखाई देते है। इसकी कमी से नयी पत्तियों की नसों के बीच से क्लोरोफिल के खत्म होने से पिलापन दिखाई पड़ता है। मटमैले हरे रंग की धारियाँ नयी पत्तियों की निचली सतह के आधार से दिखाई पड़ती हैं। यह धारियाँ अन्ततः पीली या संतरी पड़ जाती हैं। चूँकि इसका कार्य क्लोरोफिल के निर्माण में हिस्सा लेना होता है। अतः इसकी कमी से पौधों में शर्करा की कमी होने लगती है जो

अन्ततः अमीनो अम्ल और प्रोटीन के कमी में परिवर्तित हो जाता है। मैग्नीज की अधिकता से मैग्नीशियम तथा कैल्शियम के अवशोषण में अवरोध पहुँचता है।

मैग्नीज पौधों के अन्दर अचलायमान होता है, इसका मृदा में परिसंचालन मृदा अभिक्रिया के बढ़ने के साथ घटता है। जिन मृदाओं की अभिक्रिया 5.6 से 6.5 तक होती है तथा कार्बनिक तत्वों की अधिकता होती है और जिसमें जल निकास की कमी होती है। इन्हीं मृदाओं में मैग्नीज की कमी के लक्षण दिखाई पड़ते हैं। समुचित मात्रा में उपलब्ध मैग्नीज, कैल्शियम, मैग्नीशियम तथा फॉस्फोरस की उपलब्धता को बढ़ाता है।

सल्फर

सल्फेट आयन के रूप में पौधों को सल्फर की आवश्यकता होती है। यह प्रोटीन तथा क्लोरोफिल के निर्माण में सक्रिय योगदान करता है इसलिये इसकी कमी के लक्षण नत्रजन की कमी के लक्षण से मिलते जुलते होते हैं। क्लोरोप्लास्ट में ATP से ऊर्जा ग्रहण करके सल्फेट आयन सल्फाइड आयन मे फेरेडॉक्सिन एन्जाइम की सहायता से परिवर्तित होते हैं। अधिकांश सल्फाइड आयन तीव्रता से सल्फरयुक्त अमीनो अम्ल सिस्टीन तथा मेथियोनीन में परिवर्तित हो जाते हैं जो अन्ततः प्रोटीन निर्माण में सहयोगी होते हैं। इसकी कुछ मात्रा कोएन्जाइम 'ए' के निर्माण में भाग लेता है जो श्वसन के समय कार्बनडाईऑक्साइड के निर्माण में सहयोग करता है। उपरोक्त अभिक्रिया में सल्फरयुक्त विटामिन (थाइमीन) फॉस्फेट से युक्त होकर भाग लेता है। मेथियोनीन की कुछ मात्रा एस–डीनोसिल मेथियोनीन के रूप में रूपान्तरित होता है जो लेग्नीज तथा चमकीले रंग के यौगिक, एन्थोसाइनीन के निर्माण करता है। प्रकाश संश्लेषण के प्रकाशिक अभिक्रिया में दो आयरन सल्फरयुक्त प्रोटीन तथा फेरेडॉक्सीन भाग लेकर क्लोरोफिल मे प्रकाश के अवशोषण तथा ऑक्सीजन के निकास में सहयोग प्रदान करता है। इसकी कमी से सर्वप्रथम नयी पत्तियाँ पूर्ण रूप से पीली पड़ जाती है तथा पूरा पौधा बौना पड़ जाता है।

सल्फर का उपयोग मृदा की अभिक्रिया को कम करने के लिये किया जा सकता है। इसकी कमी पौधों में सामान्यतः नहीं दिखाई पड़ती।

बोरॉन

बोरॉन कोशिका भित्ति तथा कोशिका झिल्ली का महत्वपूर्ण घटक है, विशेषतौर में वृद्धि करने वाले अंग जैसे– जड़ तथा विभाज्योतक ऊतक। यह RNA के निर्माण के लिये आवश्यक एक क्षार का घटक होता है तथा कोशिका के क्रियाकलापों में सहयोग प्रदान करता है। यह जड़ की वृद्धि में सहयोगी होता है। यह पराग के अंकुरण तथा परागनली की वृद्धि के लिए आवश्यक होता है। लिगनीन के संश्लेषण में सहयोगी होता है। बीज तथा काशिका भित्ति के निर्माण के लिए आवश्यक होता है। पौधों के अन्दर शर्करा के परिसंचालन में सहयोगी होता है। समान्यतः इसकी कमी के लक्षण वृद्धि करने वाले अंगों पर तथा पत्तियों पर सबसे पहले दिखाई देता है। पौधा बौना पड़ जाता है, पत्तियाँ मोटी होकर सिकुड़ जाती हैं। ऐसी पत्तियों को 'ब्रीटल लीफ' कहते है। यह कैल्शियम की कमी के लक्षण को कुछ समय के लिये बाधित कर सकता है परन्तु उसके विकल्प के रूप में पूर्ण रूप से रोक नहीं सकता। क्योंकि ये पौधों के अन्दर कैल्शियम को घुलनशील बनाये रखने में सहयोगी होता है। यह पौधे के अन्दर अचलायमान होता है। सूखे के समय इसकी कमी के लक्षण ज्यादा दिखाई देते हैं। इसकी कमी में फूल कम खिलते हैं तथा बीज का निर्माण नहीं हो पाता। फल की गुणवत्ता भी बुरी तरह से प्रभावित होती है।

सोडीय बोरॉन के रूप में इसको पौधों को उपल्बध कराया जा सकता है।

मॉलिब्डेनम

उर्वरक के रूप में बहुत ही कम मात्रा में अमोनियम मॉलिब्लेड की आवश्यकता होती है। पौधों के शुष्क भाग के अध्ययन पर यह पता चलता है कि पौधों के 10 मिलीयन शुष्क भाग पर एक भाग होता है। यह पौधों

को मोलिब्डेट आयन के रूप में प्राप्त होता है। यह नाइट्रेट से अमोनिया में परिवर्तित करने वाले एन्जाइम का एक भाग होता है। इसकी अनुपस्थिति में प्रोटीन का संश्लेषण रूक जाता है जिससे वृद्धि रूक जाती है। बीज का ठीक से निर्माण नहीं हो पाता और नत्रजन की कमी के लक्षण दिखाई पड़ने लगते हैं। यह दो पौधों के अन्दर बनने वाले महत्वपूर्ण एन्जाइम नाइट्रेट रिडक्टेज तथा नाइट्रोजीनेज का महत्वपूर्ण घटक होता है जो नत्रजन संश्लेषण के लिए महत्वपूर्ण होते है। इसकी कमी से पुरानी तथा मध्य की पत्तियाँ सबसे पहले प्रभावित होती है। सम्पूर्ण पत्ती पीली पड़ने लगती है तथा पत्तियों के किनारे अन्दर की तरफ मुड़ जाते हैं। इसमें तथा नत्रजन की कमी के लक्षण में यह अन्तर होता है कि मॉलिब्डेनम की कमी से मरे हुई कोशिकाओं के धब्बे पत्तियों के किनारों पर नाइट्रेट के एकत्रीकरण के कारण पड़ते हैं, जबकि नत्रजन की कमी में ऐसा नहीं होता। इसकी कमी से पौधा बौना पड़ जाता है, फूल कम मात्रा में लगते हैं। पत्तियाँ पीली होकर अन्दर की तरफ मुड़ जाती हैं। यह पौधों में तथा मृदा में चलायमान होता है। कम मृदा अभिक्रिया पर इसकी उपलब्धता रूक जाती है। जबकि मृदा अभिक्रिया 6.0 से ऊपर होने पर इस तत्व की कमी के लक्षण प्रायः नहीं दिखाई पड़ते।

कॉपर

कॉपर सल्फेट के रूप में उर्वरकों में यह उपस्थित होता है और कॉपर आयन के रूप में जड़ों को उपलब्ध होता है। यह चीलेटेड रूप में भी उपलब्ध होता है। पौधों में विद्यमान कुल कॉपर का लगभग 50 प्रतिशत भाग क्लोरोप्लास्ट में उपस्थित होता है जहाँ यह अपना ज्यादातर कार्य संपादित करता है। यह इलेक्ट्रॉन के वाहक के रूप में कापर (II) तथा कापर (I) के रूप में रूपान्तरित होता है। यह क्लोरोप्लास्ट की झिल्ली मे फिनोलेज नामक कापरयुक्त एन्जाइम में उपस्थित होता है जो लिग्नीन के संश्लेषण के रूप में सहायक होता है। यही एन्जाइम भूरे रंग का संश्लेषण करता है जो कटे या घाव से बाहर निकलकर कवकनाशी का कार्य करता है। यह पौधों तथा मृदा में अचलायमान होता है। कार्बनिक मृदा से इसके

लक्षण अधिक दिखाई पड़ते है। बहुधा इसके लक्षण बलुई मृदा में भी दिखाई पड़ते हैं। अत्यधिक मृदा अभिक्रिया पर भी यह पौधों को अनुपलब्ध होता है। इसकी कमी से नयी पत्तियाँ बौनी पड़ जाती हैं क्योंकि प्रकाश संश्लेषण भली भाँति नहीं हो पाता। वृद्धि रूक जाती है। नयी पत्तियाँ टेड़ी–मेड़ी हो जाती है तथा अग्रविभाज्योतक की मृत्यु हो जाती है। कोशिका में लिग्नीन के संश्लेषण के रूक जाने से पत्तियाँ टेड़ी–मेड़ी होती हैं। वृद्धि करने वाले बिन्दु से बहुत सी कलिकायें एक साथ फूटने लगती हैं जिससे पौधा झाड़ी का रूप ले लेता है। नयी पत्तियाँ सफेद होकर अन्ततः झड़ जाती हैं और नये टहनियाँ ऊपर से नीचे की तरफ मरने लगती हैं जिसे डाईबैक कहते है। पराग कण जीवित नहीं रह पाते। इसकी अधिकता से लौह तत्वों का अवषोषण प्रभावित होता है।

क्लोरीन

क्लोराइड आयन पौधे के अन्दर धनात्मक आवेशों को संतुलित करने के कार्य को सम्पादित करता है। स्फीतता को बनाये रखकर परासरण को प्रभावित करता है। यह कोशिकाओं में जल की मात्रा को बढ़ाकर कार्बोहाइड्रेड के उपापचय को बढ़ाता है। जिससे पत्तियों में स्टार्च का एकत्रीकरण होता है। यह तीव्र घुलनशील अवस्था में पौधों में विद्यमान होता है। अमोनियम आयन से अमीनो अम्ल के बनने के उत्प्रेरक एस्परजीन सीन्थेटेज को सक्रीय करता है। इसकी आवश्यकता प्रकाश संश्लेषण के लिए भी होती है। इसकी कमी के लक्षण सर्वप्रथम नये पत्तियों पर पिलापन तथा मुरझाने के रूप में तथा जड़े स्टर्बी हो जाती है। कुछ पौधों की प्राकृतिक गंध मे कमी आ जाती है। इसकी कमी के लक्षण सामान्यतः नहीं पाये जाते।

सोडियम

यह आवश्यक पोषक तत्व नहीं है इसलिये इसके विशिष्ट कार्य भी पौधों में नहीं होते। यह कुछ हद तक पोटैशियम की कमी को सुधारता है तथा उसके साथ मिलकर कार्य करता है। लेकिन किसी भी परिस्थिति में

यह पोटैशियम के विकल्प के रूप में नहीं देखा जा सकता। यह पौधों के अन्दर जल सम्बन्धों को बनाये रखने में सहयोगी होता है तथा सूखे से लड़ने में पौधों को सहयोग प्रदान करता है। यह जल तथा आयनों के परिसंचालन में भाग लेता है।

नीकिल

यह इरीयेज नामक एन्जाइम के लिये आवश्यक होता है जो यूरिया को विघटित करके नत्रजन को सार्थक रूप में लाता है। लौह तत्वों के अवशोषण के लिये भी नीकिल की आवश्यकता होती है। नीकिल के कमी से पौधे जीवित बीज बनाने मे असमर्थ होते हैं।

कोबॉल्ट

यह नत्रजन के स्थिरीकरण में भाग लेता है। इसकी कमी से नत्रजन की कमी के लक्षण दिखाई पड़ने लगते है।

सिलिकॉन

यह पौधों के अन्दर कोशिका भित्ति के घटक के रूप में पाया जाता है। जब पौधों को घुलनशील सिलिकॉन प्राप्त कराया जाता है तब पौधे बलिष्ठ तथा मजबूत कोशिका भित्ति के हो जाते है। जिससे कीट इत्यादि के आक्रमण से प्रभावित नहीं होते। यह पौधों में अधिक तापमान तथा सूखे को सहने की क्षमता को बढ़ाता है। यह पत्तियों को खड़े रखने तथा तने को मजबूजी प्रदान करने में सहायक होता है। यह सारे पौधों के लिए आवश्यक नहीं होता लेकिन सबके लिये लाभकारी होता है।

पोषक तत्वों की उपलब्धता को प्रभावित करने वाले कारक

प्रत्येक पौधा पोषक तत्व के उपभोग के अनुसार विशिष्ट होता है तथा प्रत्येक पौधे का औसत कम तथा ज्यादा मात्रा का निर्धारण अलग–अलग होता है। एक तरफ तो जहाँ अत्यधिक अवशोषण के कारण वृद्धि ठीक

प्रकार से नहीं होती तो दूसरी तरफ कम अवशोषण मे कमी के लक्षण दृष्टीगोचर होते हैं। इसलिये समुचित मात्रा में तथा ठीक स्थान पर पोषक तत्वों को देना नितान्त आवश्यक होता है। जो पोषक तत्व मृदा घोल में कम हैं वही तत्व पौधें में वृद्धि को सबसे ज्यादा प्रभावित करेगा। इस सिद्धान्त को जेस्टस वान लीवेन के 'ला आफ मीनीमम' के नाम से जाना जाता है। इस नियम के अनुसार पौधे की उपज मृदा घोल में विद्यमान आवश्यक पोषक तत्वों के न्यूनतम मात्रा के अनुसार निर्धारित होती है। पौधों का पोषक तत्वों की उपलब्धता, मृदा अभिक्रिया (pH), हवा, मृदा तापमान, उपलब्ध आर्द्रता, अन्य तत्वों की अधिकता, मृदा कार्बन की तत्व तथा खनिज तत्वों की जटिल मात्रा पर निर्धारित होता है। मृदा जाँच करके ही सही तथ्यों के बारे में समझा जाता है। पोषक तत्वों की उपलब्धता को प्रभावित करने वाले प्रमुख कारक निम्न हैः

1. मृदा अभिकिया (pH)

किसी विलयन में विद्यमान हाइड्रोजन आयन के ऋणात्मक लघुगुणक को उस विलयन का pH कहते है। मृदा घोल तथा पौधों के रिक्तिकाओं का pH दोनों ही पोषक तत्वों के उपलब्धता को प्रभावित करते हैं। सामान्यतः जब मृदा pH 5.4 से 6.8 के बीच में होता है तो सबसे ज्यादा पोषक तत्वों की उपलब्धता होती है। बोरोन, कॉपर, लोहा, मैग्नीज तथा जिंक की उपलब्धता pH के 6.5 से अधिक होने पर बाधित होती है। कैल्शियम तथा मैग्नीशियम की उपलब्धता 5.4 pH से कम होने पर रूक जाती है। इसलिये सन्तुलित pH पोषक तत्वों की प्रचुर उपलब्धता के लिये नितान्त आवश्यक होते हैं।

2. ऋणात्मक आयन विनिमय की क्षमता (CEC)

पौधों को उगाये जाने वाले माध्यम मे जितना पोषक तत्व की मात्रा विनिमय के योग्य होता है वह उस माध्यम का ऋणात्मक आयन विनिमय की क्षमता के रूप में जाना जाता है।

3. मृदा संरचना

मृदा कणों के आकार, रासायनिक गुण धर्म जल तथा पोषक तत्वों के अवशोषण को प्रभावित करते हैं। जलोढ़ मिट्टी या चिकनी मिट्टी में जलधारण क्षमता ज्यादा होती है और पोषक तत्वों की मात्रा भी ज्यादा होती है जबकि बलुई मृदा मे पोषक तत्वों के जल द्वारा बहाव के कारण इनकी मात्रा कम होती है।

4. अवशोषण करने वाली जड़

जब पोषक तत्व अवशोषित करने वाली जड़ ठीक प्रकार से विकसित न हुई हो या कीटों के द्वारा नुकसान पहुँचा दी गयी हो तो पोषक तत्वों का अवशोषण प्रभावित होता है।

5. कार्य करने वाले उपकरण

यदि मृदा मे पोषक तत्वों को पहुँचाने वाले उपकरण द्वारा पोषक तत्व उचित स्थान पर अवस्थित नहीं किया गया तो भी पोषक तत्वों की उपलब्धता प्रभावित होगी।

6. जल सन्तुलन

पौधों को आवश्यकता से कम या ज्यादा जल की मात्रा देने से भी पोषक तत्वों की उपलब्धता प्रभावित होती है। ज्यादा सिंचाई करने से कुछ पोषक तत्व जल के साथ बह जाते हैं और पौधों को उपलब्ध नहीं हो पाते। जब अल्प सिंचाई की जाती है तो पोषक तत्व पौधों के जड़ों तक नहीं पहुँच पाते और पौधे उसका अवशोषण नहीं कर पाते।

7. घुलनशील लवण

मृदा घोल में पाये जाने वाले घुलनशील लवण, पोषक तत्व की उपलब्धता को प्रभावित करते हैं। इसको इलेक्ट्रिक संचालक (EC) से मापते है। जब मृदा घोल की EC बहुत कम होती है तब पौधों की वृद्धि रूक जाती है और पोषक तत्वों के कमी के लक्षण दिखाई देने लगते हैं।

8. खनिज एन्टागोनिज्म

जब एक तत्व को अधिक मात्रा मे दिया जाता है तो वह दूसरे तत्व के उपलब्धता को रोक देता है। इस गुण को खनिज तत्वों का एन्टोगोनिज्म प्रभाव के नाम से जाना जाता है।

9. वातावरणीय कारक

बहुत ज्यादा तापमान, आर्द्रता इत्यादि वातावरणीय कारक पोषक तत्वों की उपलब्धता को प्रभावित करते है।

10. रोग तथा व्याधियां

पीथीयम के द्वारा पैदा किये जाने वाले रोग, पौधों के जड़ से पोषक तत्वों को लेकर पौधे को पोषक तत्व रहित कर देते हैं और अन्त में पौधा मर जाता है। कवक से उत्पन्न होने वाले पत्तियों के रोग के कारण क्लोरोफिल समाप्त हो जाता है और पौधे प्रकाश संश्लेषण करके अपने भोजन का निर्माण नहीं कर पाते। इस प्रकार रोग तथा व्याधियों के कारण भी पोषक तत्वों की उपलब्धता प्रभावित होती है।

11. माइकोरइजा तथा पोषक तत्वों की उपलब्धता

पौधों की जड़ों तथा कुछ कवकों के बीच में एक दूसरे को लाभ पहुँचाने वाला सम्बन्ध होता है, जिसे माकोराइजा कहते हैं। माइकोराइजा वस्तुतः कवक के प्रभाव से पौधों की रूपान्तरित जड़ें होती हैं जो पौधों के लिये आवश्यक पोषक तत्वों का अवशोषण ज्यादा अच्छी तरह से करती हैं। इस सम्बन्ध से कवक को यह लाभ होता है कि उसे सहयोगी पौधे के द्वारा शर्करा उपलब्ध करायी जाती है और कवक अवशोषण में बड़े पौधे की मदद करता है। कवक के प्रभाव से जड़ों की सतह का क्षेत्रफल बढ़ जाता है जिससे फॉस्फेट तथा अन्य पोषक तत्वों का चयनित अवशोषण आसानी से हो जाता है तथा वह पौधों के तन्त्र तक पहुँचा दिया जाता है। कवक पौधों के जड़ों में वृद्धि के लिये वृद्धि रसायन का स्रावण करता है जिससे जड़ें ज्यादा वृद्धि करके शाखायें निकालती हैं। ये कवक

एन्टीबायोटिक भी पैदा करते हैं जिससे हानिकारक बैक्टीरिया तथा कावकों का प्रभाव रूक जाता है। लगभग सभी पौधों की प्रजातियाँ माइकोराइजा पैदा करती हैं। पौधों तथा कवकों के बीच एक दूसरे को फायदा पहुँचाने वाला यह सम्बन्ध सनातन काल में पौधों को वातावरण में अनुकूलन के लिये एक क्रान्तिकारी कदम था। जिससे पौधे धरती पर आये। पुरातत्विक खुदाई से प्राप्त पौधों की जड़ों में भी माइकोराइजल सम्बन्ध पाये गये हैं। माइकोराइजा बनाने वाले कवक खनिज तत्व का अवशोषण जड़ों की तुलना मे ज्यादा अच्छी प्रकार से करते हैं जिससे ध रती पर पैदा हुये प्रथम पौधे को अनुकूलन में सहायता मिली होगी, खासतौर पर ऐसे मृदा मे जहाँ पोषक तत्वों की कमी रही होगी। माइकोराइजा दो प्रकार के होते हैं वाह्य माइकोराइजा (इक्टोमाइकोराइजा) तथा अन्तः माइकोराइजा (इन्डोमाइकोराइजा)। वाह्य माइकोराइजा में कवक जड़ों के वाह्य सतह पर अपने कवक जाल के सहायता से एक घना जाल बनाता है तथा कुछ कवक तन्तु जड़ों की कोशिकाओं के कॉर्टेक्स की वाह्य कोशिका स्थान तक विकसित होता है। तन्तु जड़ की कोशिकाओं के अन्दर प्रवेश नहीं करता बल्कि वाह्य कोशिका स्थान पर जाल बनाकर पोषक तत्वों के अवशोषण को आसान बनाता है। सामान्य जड़ों के तुलना मे वाह्य माइकोराइजा वाली जड़ें मोटी, छोटी तथा ज्यादा शाखाओं वाली होती हैं। जिसमें जड़ों पर बाल (रूट हेयर) नहीं होते। पौधों के 10 प्रतिशत परिवार में वाह्य माइकोराइजल सम्बन्ध पाये जाते हैं।

अन्तः माइकोराइजा में पतले तन्तु बनते हैं जो जड़ से मृदा तक फैले रहते हैं। यह तन्तु जड़ के अन्दर कुछ जड़ कोशिकाओं को पचाकर करके प्रवेश कर जाते हैं और जड़ कोशिकाओं के इनवैजीनेशन (Invagination) से नलिकाओं का निर्माण करते है। कुछ कवक तन्तु इस इनवजीनेशन के अन्दर एक घना गाँठ के आकार की रचना बनाते है जिसे आरबुसकल (तइनेबसें) कहते है जो पोषक तत्वों के स्थानान्तरण का महत्वपूर्ण स्थान होता है। जो जड़े अन्तः माइकोराइजल सम्बन्ध रखते हैं वे बाहर से सामान्य दिखाई देती है तथा इनमें सतह पर बाल सामान्य रूप से पाये

जाते हैं। इस प्रकार का सम्बन्ध 85 प्रतिशत पौधों के परिवार की प्रजातियों में पाया जाता है। कृषि योग्य फसलों में भी इसी प्रकार का सम्बन्ध पाया जाता है।

जड़ें माइकोराइजा के रूप में रूपान्तरित तभी होती हैं जब उपयुक्त कवक के सम्पर्क में आती हैं। सामान्य प्राकृतिक वातावरण में ये कवक मृदा में विद्यमान रहते हैं तथा बीज के अंकुरण के तुरन्त बाद सम्पर्क में आकर अपना कार्य शुरू कर देते हैं। लेकिन जब पौधों को ऐसी मृदा में बोते हैं जिसमें कवक उपस्थित नहीं होता तो पौधों में पोषक तत्वों के कमी की लक्षण दिखने लगते हैं। जड़ों के आण्विक अध्ययन से यह ज्ञात होता है कि जड़ों में गाँठ बनने की प्रक्रिया तथा माइकोराइजल सम्बन्ध काफी हद तक एक दूसरे से मिलते जुलते हैं। नोड्रलीन जीन पौधों की प्रारम्भिक अवस्था में सक्रिय होकर जड़ों में गाँठे बनाता है जो इन्डोमाइकोराइजा के निर्माण के लिये जिम्मेदार जीन के समान ही होता है। इस जीन में म्यूटेशन होने से गाँठ का बनना तथा इन्डोमाकोराइजा का विकास दोनों रूक जाते हैं। इससे यह सिद्ध होता है कि इनके निर्माण के संकेत भेजने के रास्ते में कुछ समान यौगिक हिस्सा लेतें हैं। प्रायोगिक तौर पर दलहनी पौधों के जड़ों पर साइटोकाइनिन हारमोन्स के प्रयोग से प्रारम्भिक अवस्था में ही नोड्रलीन जीन सक्रिय हो जाता है यह सक्रियता कवक की अनुपस्थिति में भी होता हैं। सहजीवी कवक प्राकृतिक रूप से जड़ों में साइटोकाइनिन के सान्ध्रता को बढ़ाते हैं जिससे जड़ों में गाँठें बनती है। साइटोकाइनिन नोड्रलीन जीन को सक्रिय करने में सहयोग करता है जिससे जड़ों में गाँठे बनती हैं और अन्तः माइकोराइजा का भी विकास होता है।

12. जैव उर्वरक का प्रयोग

पौधों में पोषक तत्वों को देने के लिये प्रयोग किये जाने वाले उर्वरकों को जैव उर्वरक, हरी खाद, कम्पोस्ट इत्यादि वर्ग में विभाजित कर सकते हैं। जैव उर्वरक पाउडर/दाने/घोल के रूप में सूक्ष्म जीवाणुओं या एन्जाइम को धारण करते है। जब जैव उर्वरक को बीज पर प्रयोग करते

हैं तब न केवल पोषक तत्वों का अवशोषण बेहतर होता है बल्कि मृदा में लाभदायक जीवाणुओं की मात्रा बढ़ जाती है जिससे मृदा की गुणवत्ता अच्छी हो जाती है। यह मृदा उर्वरता, पोषक तत्वों के अवशोषण को प्रभावित करके बढ़ा देता है। रोग रोधक क्षमता तथा सूखे को सहने की पौधों की क्षमता को बढ़ा देता है। ठंड सहने की क्षमता भी इसके प्रयोग से बढ़ जाती है। जैव उर्वरक से लाभ को तीन वर्गों में विभाजित किया जा सकता है।

1. नत्रजन के स्थीतिकरण में सहयोग प्रदान करना
2. फॉस्फोरस, कैल्शियम तथा आयरन को घुलनशील बनाता है।
3. जड़ों द्वारा पोषक तत्वों के अवशोषण को प्रोत्साहित करता है जिससे पौधे की वृद्धि बढ़ जाती है।

जैसे उर्वरक के एक घटक के रूप में सहजीवी जीव जो *राइजोकटोनीया* प्रजाति BCRC930076 तथा BCRC930077 होता है। दूसरा घटक वृद्धि में सहयोग करने वाला कारक होता है। तथा तीसरा घटक वह माध्यम होता है जिसमें यह सभी अच्छी तरह से मिश्रित किये जाते हैं। जैव उर्वरकों का प्रयोग नर्सरी के विकास, अच्छी वृद्धि तथा अधिक उत्पादन के लिये किया जा सकता है। इसके प्रयोग से उद्यान उत्पादन में क्रान्ति लायी जा सकती है।

□□□

अध्याय 6

उद्यान के पौधों की कटाई–छँटाई

अधिक तथा गुणवत्ता पूर्ण उत्पादन के लिये फल वृक्षों की कटाई–छँटाई नितान्त आवश्यक होती है। इसकी आवश्यकता फल वृक्ष के पूरे जीवन काल में होती है। फल वृक्ष के अच्छे विकास के लिये प्रयोग होने वाला शब्द प्रूनिंग, साधारणतः पौधों के अनुपयुक्त भाग की कटाई–छँटाई के लिये प्रयोग किया जाता है। वयस्क पौधों के कटाई–छँटाई का तात्पर्य पौधें को फलत मे लाने के लिये किया जाने वाली टहनियों के कटाई–छँटाई तक सीमित होता है। यह सामान्यतः वृक्ष के वृद्धि को नियन्त्रित करके फलों की गुणवत्ता को बढ़ाता है। प्रूनिंग, वृक्ष को स्वस्थ बनाये रखने, अच्छी पैदावार तथा पुरूषोत्व को बनाये रखने के लिये आवश्यक होता है।

सधाई (ट्रेनिंग) का प्रारम्भ पौधे के रोपण से आरम्भ होता है और इसके लिये हल्की फुल्की कटाई छँटाई की भी आवश्यकता पड़ती है। इस प्रक्रिया में स्टेकिंग, तनों को फैलाना, टहनियों को झुकाना इत्यादि शामिल

होता है। सधाई का मुख्य उद्देश्य टहनियों का अच्छी तरह विकास तथा वृद्धि करना होता है।

कटाई छँटाई तथा सधाई से होने वाले लाभों को इस प्रकार से बाँटा जा सकता है:-

1. नये रोपित पौधों की संस्थापना में सहायक होता है।
2. अच्छी टहनियों के विकास के लिये आवश्यक होता है।
3. जल्दी पैदावार प्राप्त करने के लिये आवश्यक होता है।
4. वृक्षों के आकार तथा प्रकार के लिये आवश्यक होता है।
5. फल का आकार तथा गुणवत्ता मे वृद्धि के लिये आवश्यक होता है।
6. वृक्ष के सभी तरफ से फूल खिलने में सहायक होता है।
7. नये फूल खिलने वाली टहनियों के विकास तथा वृक्ष की पौरूषता के लिये आवश्यक होता है।
8. एकान्तर फलत की प्रवृति को घटाता है।
9. उद्यानिकी के दूसरे कार्य जैसे छिड़काव, विरलीकरण तथा तुड़ाई को सुविधाजनक बनाता है।
10. कुछ रोगों के प्रकोप तथा वृद्धि को रोकता है।

कटाई-छँटाई (प्रूनिंग)

पतझड़ करने वाले सारे फल वृक्षों मे कटाई-छँटाई का कार्य सुसुप्ता अवस्था में पतझड़ के समय जाड़ों में या गर्मियों मे करते हैं। कटाई-छँटाई करके पौधों को विपरित परिस्थितियों से सहनशीलता को बढ़ाता है। ऐसे नये पौधों में वृद्धि के समय भी थोड़ी-बहुत कटाई-छँटाई की आवश्यकता होती है जिससे आकार को सुनिश्चित किया जा सके तथा रोग ग्रसित क्षतिग्रस्त अंगों को निकाला जा सके। कटाई-छँटाई करने से पत्तियों की संख्या कम होती है तथा संचित खाद्य पदार्थ की मात्रा भी कम होती है जिसके परिणामस्वरूप यह पौधों को बौना बनाये रखने वाली प्रक्रिया है।

कटाई–छँटाई करने से शीर्षस्थ कलिका का एकाधिकार समाप्त हो जाता है और एकान्तर कलिकायों में प्रफुल्लित होकर टहनियों का विकास करती है। अतः वृक्ष के आकार को बदल देता है।

कटाई–छँटाई के प्रकार

उद्यान वृक्षों के लिये मुख्यतः तीन प्रकार के कटाई–छँटाई किये जाते हैं:

1. हेडींग बैक

इस विधि में एक वर्षीय आखिरी शाखाएं काट दिये जाते हैं।

2. थींनीग आवट

इस विधि में शाखाओं को पूर्ण रूप से निकाल देते हैं।

3. पार्श्विक शाखा को काटना

इस विधि में आखिरी शाखा को पर्श्विक रूप से काट दिया जाता है।

हेडींग बैक करने से वाले स्थान से नीचे की कलिकायें खिल कर शाखाओं को सख्त बनाती हैं तथा सहायक तने की वृद्धि को प्रोत्साहन मिलता है। हेडींग बैक सर्वदा कलिकाओं के 0.25 सेमी ऊपर से करना चाहिये।

थीनींग आवट वृक्षों के घनेपन को कम करने के लिये दुबले पतले कमजोर शाखाओं को हटा देते हैं। आरी से तीन चीरा लगा कर थीनींग आवट करने की विधि को फल वृक्षों के लिये प्रयोग मे लाया जाता है। इस विधि मे प्रथम चीरा शाखा के नीचे की तरफ से आधी शाखा काट देते हैं। दूसरा चीरा उसी शाखा पर पहले चीरे से थोड़ी दूरी पर ऊपर की तरफ से लगाते हैं। इससे शाखा अपने ही भार के कारण टूट जाती है। तीसरा चीरा मुख्य तने के नजदीक से बचे भाग को काट कर पूर्ण करते है।

पर्श्विक शाखाओं की कटाई छँटाई, सीधी वृद्धि, मजबूत शाखा, सघनता को कम करने तथा रोगग्रसित तथा अनुत्पादक शाखाओं को हटाने के लिए करते हैं। इस से वृक्ष का एक निश्चित आकार बनाये रखने मे सहयोग मिलता है। इस विधि द्वारा कटाई छँटाई करने से नयी शाखाओं को निकलने में सहायता नहीं मिलती बल्कि पूर्व से विद्यमान शाखाओं को अच्छी तरह मजबूती प्रदान करन में सहयोग मिलता है।

स्वच्छ तथा चिकनी कटाई छँटाई करने से कटे चोट का भराव जल्दी हो जाता है तथा रोग लगने की सम्भावना कम रह जाती है। कटाई छँटाई करने से पूर्व प्रयोग होने वाले उपकरण के बारे मे अच्छी तरह जाँच पड़ताल कर लेना चाहिये।

सधाई तथा सधाई की पद्धति

अच्छी तरह से सधाई के बिना फल वृक्षों में अच्छी फलत की प्राप्ति नहीं की जा सकती। सधाई की शुरूवात वृक्ष के पौध रोपण से शुरू करते हैं तथा उसके सम्पूर्ण जीवन काल तक करते रहते है। अच्छी तरह से सधाई करने से नये लगाये गये पौधों को पूर्ण रूप से विकसित होने में सहयोग मिलता है। रोपण के समय चूँकि जड़ कुछ मात्रा में नष्ट हो जाती है। अतः 1/3 से 1/2 भाग ऊपरी भाग की कटाई कर देना चाहिये जिससे की वृक्ष अच्छी तरह मजबूती से विकसीत हो सके। सधाई का प्रकार वश्क्ष के प्रकार पर निर्भर करता है।

1. ओपेन सेन्टर पद्वति

इस पद्वति में पौधों को मुख्य तने से काट देते हैं जिससे एकान्तर कलिकायें प्रफुल्लित होकर सह–शाखाओं का विकास करती हैं जिसके कारण वृक्ष का आकार झाड़ीनुमा हो जाता है। इस प्रकार की सधाई स्टोन फ्रूट जैसे आड़ू, नेकटेरीन, खुबानी तथा अलूचा के लिये सबसे उपयुक्त है। इस प्रकार के वृक्ष सतह से समान्यतः तीन से पाँच मुख्य शाखाओं के साथ बिना मुख्य तना के विकसित होता है।

इस विधि से रोपण के समय पौधे के मुख्य तने को सतह से 75 से 90 सेमी० ऊपर से काट देते हैं जिससे जड़ तथा तने के अनुपात को पुनः व्यवस्थित करने में सहायता मिलती है और सह शाखाओं का विकास अच्छी तरह हो जाता है। इस प्रकार की सह शाखाओं में से कुछ शाखाओं को मुख्य तने के रूप में चयनित कर लेते हैं। फिर इन चयनित शाखाओं की सधाई करके अच्छी फसल प्राप्त की जा सकती है। इस बात का ध्यान रखते हैं कि शाखाओं के कोण 45^0 पर हो,, जिससे शाखायें मजबूत बनी रहती है। सतह से निकलने वाली जड़ों को समय समय पर निकालते रहना चाहिये। कटे चोट पर कॉपर आक्सी क्लोराइड या बुझा हुआ चूना लगा देना चाहिये।

2. मोडीफाइड सेन्ट्रल लीडर पद्धति

इस प्रकार के सधाई किये वृक्षों में एक मुख्य तना तथा 4 से 6 शाखाओं को बनाये रखकर शेष शाखाओं को काट देते हैं। यह विधि ओपन सेन्ट्रल लीडर दोनों ही पद्धतियों के गुणों को धारण करता है। यह सामान्यतः एक साधारण विधि है जिससे अच्छे फ्रेम का विकास किया जा सकता है। सेब के पेड़ सामान्यतः इसी विधि से सधाई किये जाते है। इस सधाई की शुरूवात वृक्षारोपण के एक वर्ष बाद शुरू करते हैं क्योंकि इस समय वृक्ष लगभग 1.5 से 2.0 मीटर लम्बा होता है। ऐसे वृक्षों को रोपण के समय 80 से 90 सेमी० सतह के ऊपर से काट देते हैं। जिससे एकान्तर शाखाओं के विकास को बल मिलता है। काटे गये भाग के नीचे से दो या तीन अच्छी मजबूत शाखाओं को विकसित होने देते हैं। जब ये शाखायें 20 से 25 सेमी० लम्बी हो तो इनमें से एक शाखा को मुख्य शाखा के रूप में छोड़कर शेष को हटा देते हैं या फिर दोनों ही शाखाओं को मुख्य प्रतिस्पर्धा शाखा के रूप में विकसित होने देते हैं। फिर सतह से 50 सेमी० की ऊँचाई तक शेष सभी शाखाओं को हटा देते हैं। इसके बाद अच्छी तरह विकसीत 45^0 की कोणों वाली चार शाखाओं को इस प्रकार चयनित करते है कि इन शाखाओं का विकास वृक्ष के चारों तरफ हो तथा एक दूसरे से 15 से 20 सेमी० की दूरी पर व्यवस्थित हों। कुछ वृक्षों में तो केवल दो

सह शाखाओं को प्रथम वर्ष में चयनित करते हैं तथा शेष शाखाओं को तत्पश्चात चयनित करते हैं। इस प्रकार की सधाई से सभी अनचाही शाखाओं को जहाँ से निकलती हैं वहीं से पूर्ण रूप से निकाल देते हैं। साधारणतः जिन टहनियों तथा तनों के बीच का कोण (क्रोच एंगल) जितना ज्यादा होगा वो टहनी उतनी ही मजबूत होगी। इस प्रकार उर्ध्ववृद्धि वाली टहनियों के क्रोच एंगल कम होते हैं जिससे वह बहुत ही कमजोर होते हैं। वृक्षों के क्रोच एंगल को बढ़ाने के लिये स्प्रेडर का प्रयोग किया जाता है।

3. सेन्ट्रल लीडर पद्धति

इस प्रकार की पद्धति में मुख्य तने को छोड़कर शेष तने को सतह के ऊपर से काट देते हैं जिससे वृक्ष का उर्ध्व विकास होता है तथा क्षैतिज वृद्धि रूक जाती है। सामान्यतः फल वृक्षों के लिये यह पद्धति बहुत ज्यादा उपयोगी नहीं होती क्योंकि ऐसे फल वृक्षों मे फलत कम होती है तथा व्यवस्था में ज्यादा पैसा लगता है।

❑❑❑

अध्याय 7

उद्यान फसलों का पौधशाला प्रबन्धन

भारत में मौसम की विभिन्नता के कारण यहाँ पर विभिन्न प्रकार के उद्यान की फसलों का उत्पादन किया जाता है। प्रारम्भिक वर्षों में भी ये उद्यान फसलें हमारे भोज्य पदार्थों में मुख्य भूमिका निभाती थीं और आजकल तो ये फसलें विविधीकरण की महत्वपूर्ण घटक हैं। चूँकि आजकल हमारे खाने मे पौष्टिक पदार्थों की माँग बढ़ती जा रही है। इसलिए भी ऐसे पौधों का महत्व बढ़ता जा रहा है। उद्यान फसलों की पौधशाला ही पौध की उत्पादन मात्रा तथा प्रकार को निर्धारित करने वाली प्रारम्भिक इकाई हैं। यदि पौधे अच्छी पौधशाला से अच्छी तरह वैज्ञानिक तरीके से तैयार किये गये हैं तो फलत में जल्दी आयेगें तथा जल्द ही आय प्राप्त होने लगेगी। पौधशाला वह स्थान होता है जहाँ पौधों को सघन देख रेख में तब तक रखते हैं जब तक वह अपने बल पर बाहर की विषम परिस्थितियों को सहने योग्य ना हो जाये। आजकल पौधशाला प्रबन्धन एक व्यवसायिक रूप लेता जा रहा है क्योंकि फल वृक्षों की पौध, सब्जी

के पौध तथा सौन्दर्यीकरण पौधों को विक्रय कर अच्छी आमदनी प्राप्त की जा सकती है।

नर्सरी में प्रयोग होने वाले उपकरण

सामान्य पौधशाला/परम्परागत पौधशाला : फावड़ा, खुर्पी, हजारा, काटा, हो रोलर, टोकरी, पॉलीथीन, स्प्रेयर, डस्टर, टैग इत्यादि।

हाईटैक पौधशाला : प्लग ट्रे, छिद्रिक प्लास्टिक ट्रे, पीट पाट, पौधशाला स्टैंड, स्प्रींगलर, आवरण संरचना, मोटर माध्यम मिश्रण, रैकर, तापमान नियन्त्रक उपकरण, आर्द्रता नियन्त्रक उपकरण, हवा निकासी पंखा, डीबलर इत्यादि।

स्थान निर्धारण तथा पौधशाला अभिन्यास

पौधाशाला के स्थान निर्धारण तथा अभिन्यास के समय निम्न बातों पर ध्यान देना लाभप्रद होता है।

- नर्सरी ऐसे स्थान पर होनी चाहिए जहाँ जलभराव की समस्या न हों तथा जहाँ अच्छी तरह से जल निकासी की व्यवस्था की जा सके।
- नर्सरी ऊँचाई वाले स्थान पर होनी चाहिए।
- नर्सरी के लिये बलुई दोमट मृदा सर्वोत्तम होती है जिसका pH थोड़ा सा अम्लीय होना चाहिए है।
- पौधाशाला जल स्रोतों के नजदीक होनी चाहिए।
- पौधशाला घर के नजदीक होनी चाहिये जिससे अच्छी तरह देख रेख हो सके।
- पौधाशाला छायादार स्थान पर नहीं होनी चाहिए।
- पौधाशाला शेषक्षेत्र से अलग एक किनारे पर होनी चाहिए जिससे दूसरे कार्य प्रभावित न हो सकें।

- पौधाशाला का स्थान जंगली जानवरों तथा अत्यधिक रोगग्रसित पौधों से दूर होनी चाहिए।

उपयुक्त पौधशाला में उगायी जाने वाली फसल

अच्छी तरह स्वस्थ जमाव के लिये पौधों को नर्सरी में उगाने की आवश्यकता होती है। चूँकि उद्यान फसलों के बीज बहुत मूल्यवान होते है इसलिये इन्हें पौधशाला में उगाने की आवश्यकता पड़ती है।

सामान्यतः सब्जियों की पौध रोपण में सहिष्णुता के अनुसार तीन वर्गों में विभाजित किया जा सकता है। प्रथम प्रकार में चुकन्दर, ब्रोकली, पत्तागोभी, फूलगोभी, टमाटर आते हैं। ऐसी फसलें बड़े ही आसानी से एक स्थान से दूसरे स्थान पर उखाड़ कर रोपित की जा सकती हैं। दूसरे प्रकार की सब्जियों की वो फसलें होती हैं जैसे बैंगन, प्याज, मिर्च जो बहुत आसानी से जल का अवशोषण नहीं कर पाते, लेकिन रोपण के बाद जड़ें आसानी से निकलती है। तीसरे प्रकार की वे जड़ें होती हैं जो बहुत ही कठिनाई से रोपण को सहन कर पाती हैं जैसे कद्दू वर्गीय फसलें, मक्का, दहलनी फसलें इत्यादि। ऐसी फसलों की नर्सरी तैयार करते हैं तथा रोपण के समय विशेष सावधानी रखनी पड़ती है।

ज्यादातर फलवृक्ष तथा अन्य वृक्ष धीमी गति से वृद्धि करते हैं जिनके अच्छे जमाव तथा उत्तरजीविता के लिये पौधशाला में तैयार करना जरूरी होता है। ऐसे पौधों के वानस्पतिक प्रर्वधन के समय कलिकायन तथा ग्राफ्टिंग भी पौधशाला में आसानी से की जा सकती है। इसलिये ज्यादातर फल वृक्ष पौधशाला में तैयार किये जाते हैं। झाड़ियाँ तथा शाकीय अलंकृत पौधों को तेजी से प्रसारित करने के लिये पौधशाला में उगाने की आवश्यकता पड़ती है।

पौधशाला की आवश्यकता

पौधशाला में पौधों को उगाने से फसल का समय चक्र कम हो जाता है, पौधे एक समान होते हैं तथा कटाई एक समय में की जा सकती है।

पौधों के पौधरोपण करने से विरलीकरण की आवश्यकता मुख्य खेत में नहीं होती है। विषाणु रहित तथा बेमौसमी पौधे, पौधशाला में तैयार किये जा सकते हैं।

- निश्चित भू क्षेत्रफल में पौधों को प्रबन्धित करना तुलनात्मक रूप से आसान रहता है।
- कम लागत लगाकर जल्दी तथा आसानी से रोग तथा कीटों का नियन्त्रण किया जा सकता है।
- पौधों की अच्छी वृद्धि तथा विकास के लिये उपयुक्त वातावरण उपलब्ध होने के कारण जल्द कम लागत लगाकर अधिक पौधे तैयार किये जा सकते हैं।
- प्रतिकूल वातावरण के समय भी पौधघर में पौधों को तैयार किया जा सकता है।
- शुरूवाती अवस्था में निवेश का बेहतर प्रयोग होता है।
- मूल्यवान बीजों जैसे हाइब्रीड सब्जियों, अंलकृत एकवर्षीय फूलों, फल वृक्षों को पौधशाला में उगाकर उत्तरजीविता को बढ़ाया जा सकता है।
- पौधशाला में तैयार पौधों द्वारा पूर्व में रोपित खेतों में खाली जगह को पुनः रोपित किया जा सकता है।

पौधशाला के लिये खेत की तैयारी

पौधाशाला में बीज तैयार करना, फसलों के उगाने की दिशा मे एक महत्वपूर्ण कार्य होता है क्योंकि पौधों का खेत में प्रदर्शन काफी हद तक पौधशाला में दिये गये पोषक तत्वों तथा वातावरण पर निर्भर करता है। इसलिये पौधशाला की मृदा को अच्छी तरह भुरभुरा कर लेना चाहिए। रोग ग्रसित पौधों के अवशेष जो बीमारी तथा कीट के फैलने के कारण होते हैं उन्हें जला देना चाहिये। अच्छी तरह से सही गोबर की खाद 40–50 किग्रा० प्रति 10 वर्ग मीटर की दर से खुब अच्छी तरह से मिला देना चाहिए।

(अ) मृदा उपचार

चूँकि मृदा, पोषक तत्वों के साथ–साथ मृदा जनित रोगों तथा कीटाणुओं के प्रकोप का मुख्य कारण होता है। अतः अच्छी तरह बीजोपचार सफल पौधशाला प्रबन्धन का प्रथम नितान्त आवश्यक कार्य होता है। पीथीयम, राइजोकटोनिया, फाइटोफ्थोरो कवक द्वारा होने वाले पौधशाला के रोग मुख्यतः मृदा जनित होते हैं और इनका प्रकोप अधिक आर्द्रता वाले पौधघरों में ज्यादा होता है। घोंघे, कटुवा कीट, दीमक तथा कुटकी (माइट) कीटों का घर भी मृदा ही होता है अतः इनको नष्ट करने के लिये भी मृदा उपचार की आवश्यकता होती है।

मृदा उपचार के विभिन्न प्रकार होते हैं जिनमें अति उदभासिन करना, रसायनिक उपचार तथा जैविक उपचार प्रमुख हैं।

मृदा सोलराइजेशन (अति उदभासित), 25 से 100 मिमी० मोटी पारदर्शी पॉलीथीन के द्वारा गर्म तथा शुष्क मौसम में किया जा सकता है। इसके लिये मृदा को सबसे पहले गीला कर देते हैं क्योंकि पलवार डालने के बाद इससे गुप्त उष्मा निकलकर मृदा में निवास करने वाले रोगाणु, जीवाणुओं तथा खरपतवार के बीजाणुओं को नष्ट कर देती हैं।

बीज शैय्या का रसायनिक उपचार फॉर्मलीन (1:100, फॉर्मलीन:जल) के द्वारा पाँच लीटर प्रति मीटर की दर से करते हैं। उपचारित क्षेत्र को पॉलीथीन से 7–8 दिन तक के लिये ढक देते हैं। इसके बाद के 7–10 दिन तक के लिये उस क्षेत्र को खुला छोड़ देते हैं जिससे कि फॉर्मलीन गैस मृदा से बाहर निकल जाय और उसके बाद बीज को बोते हैं।

उपरोक्त के अतिरिक्त बीज शैय्या तथा बीजों को कुछ कवक नाशी रसायन जैसे सेरेसान या बॉवीस्टीन से 2 ग्राम प्रति लीटर की दर से रोपण के पूर्व उपचारित कर लेना चाहिये।

कीटों के नियन्त्रण के लिये क्लोरोपाइरीफास या सेवीन धुल पाउडर से 20–25 ग्रम प्रति वर्ग मीटर की दर से मृदा को उपचारित कर लेना चाहिये।

वर्तमान में बहुत सारे जैव अभिकर्ता जैसे ट्राइकोडरमा, स्यूडोमोनास तथा बैसीलस प्रतिपादन मृदा तथा बीजोपचार के लिये बाजार में उपलब्ध है जो नुकसान देह कीटाणुओं का विरोध कर बीजों के जमाव को प्रोत्साहित करते हैं। कुछ वानस्पतिक उत्पाद जैसे नीम की खली, करंज की खली इत्यादि का प्रयोग भी मृदा उपचार के लिये किया जा सकता है।

(ब) बीज शैय्या तैयार करना

बीज की बुआई से पूर्व बीज शैय्या को बराबर तथा हल्का सख्त बना लेते हैं। लगभग 15–20 सेमी0 ऊँची तथा अधिकतम एक मीटर चौड़ी बीज शैय्या, बीज की बुआई के लिये उपयुक्त होती है। बीज शैय्या की लम्बाई बोये जाने वाले परिक्षेत्र के आधार पर निर्धारित की जाती है। लेकिन 5 से 6 मीटर से ज्यादा लम्बा नहीं रखना चाहिये। दो बीज शैय्या के बीच में 30–45 सेमी0 चौड़ा निकास जो अच्छी तरह से मुख्य निकास से जुड़ा हो निश्चित बनाना चाहिये जिससे अतिरिक्त पानी की निकासी की जा सके। इसी निकास के रास्ते को कृषि कार्य के लिये बीज शैय्या के बीच में आने जाने के लिये उपयोग में लाया जाता है। साथ ही साथ यही निकास नली बीजाणु तथा रोगाणुओं को एक बीज शैय्या से दूसरे बीज शैय्या तक फैलने से रोकने में भौतिक रूकावट का काम करते हैं। आज कल तो मृदा रहित माध्यम, प्लग ट्रे तकनीकी का प्रयोग करके रोगाणुओं तथा कीटाणुओं के आक्रमण को कम किया जा सकता है।

पौधशाला उत्पादन में निवेश प्रबन्धन

जड़ निकालने वाला माध्यम, बीज या पौध तैयार करने वाले भाग नर्सरी निवेश के महत्वपूर्ण घटक हैं। जड़ निकलने वाला माध्यम ऐसा होना चाहिये जो बीज अंकुरण के लिये आवश्यक भौतिक तथा रसायनिक विशेषताओं से युक्त हो। माध्यम स्थिर तथा स्थूल हो जिससे की पैाधों को अच्छी तरह से धारण कर सके। माध्यम हानिकारक कीटाणु तथा जीवाणुओं से रहित होना चाहिये। सामान्यतः बालू, कोको पीट, परलाइट,

वरमीकुलाइट, पत्ती की खाद, मॉस घास, लकड़ी का बुरादा तथा लकड़ी की छाल माध्यम के रूप में बहुतायत से प्रयोग में लाया जाता है।

बीज पौधशाला का दूसरा महत्वपूर्ण घटक है जो अन्ततः उत्पादन को प्रभावित करता है। बीज प्रमाणित या जनक होना चाहिये तथा उन्नतशील होना चाहिये क्योंकि अच्छे बीज अच्छे उत्पादन की आनुवांशिकी के वाहक होते हैं जिससे गुणवत्ता युक्त अधिक उत्पादन प्राप्त कर सकते हैं। वस्तुतः बीज के आनुवांशिकी गुणों तथा वातावरणीय प्रभावों के प्रतिफल से ही उत्पादन निर्धारित होता है यहाँ तक की रोग प्रतिरोधता भी बीजों के आनुवांशिकीय से निर्धारित होता है। इसलिये बीजों का चुनाव कृषक का एक महत्वपूर्ण निर्णय होता है। कुल उत्पादन लागत का 5 से 10 प्रतिशत लागत बीज के खरीदने में लगता है। लेकिन उत्पादन को ये सबसे ज्यादा प्रभावित करता है। उपरोक्त दोनों निवेश प्रयोगशाला प्रबन्धन के बहुत ही महत्वपूर्ण घटक है। अतः बड़ी ही सावधानी से चुनाव करना चाहिए।

पौधशाला में जल प्रबन्धन

पौधशाला प्रबन्धन में जल प्रबन्धन बहुत ही महत्वपूर्ण कारक है। छोटे पौधे तुलनात्मक रूप से ज्यादा जल की खपत करते हैं। जल की सतह से बहाव को कम करने से पोषक तत्वों का रिसाव कम किया जा सकता है। पौधशाला के लिये सूक्ष्म पौधों के ऊपर से तथा नाड़ी स्पन्दन सिंचाई की विधियाँ प्रमुखता से प्रयोग में लायी जाती हैं। सूक्ष्म सिंचाई विधि में जल की सूक्ष्म मात्रा को केवल पौधों के जड़ क्षेत्र में दिया जाता है। जिससे जड़ों का सघन विकास प्रोत्साहित होता है और वृक्षों की उत्तरजीविता को बल मिलता है। गमले में उगाये जाने वाले पौधों के लिये टपकन विधि का प्रयोग करना सम्भव नहीं होता क्योंकि गहरी कतार बिछाना सम्भव नहीं हो पाता। अन्य सिंचाई की विधियों की तुलना में टपकन विधि से सिंचाई करने से 60 से 70 प्रतिशत जल का बचाव होता है। ओवरहेड सिंचाई बड़े क्षेत्रों को जल देने में प्रयोग मे लाते है। इसको लगाने में सबसे कम शुरूवाती लागत आती है। लेकिन इस विधि से जल देने से जल का

वितरण समान नहीं होता जिससे पौधों की वृद्धि प्रभावित होती है और रोग ग्रसित होने की सम्भावना बढ़ जाती है।

नाड़ी स्पन्दन सिंचाई (प्लस एरीगेशन) गमलों में लगे पौधों के लिये सबसे ज्यादा फलोत्पादक होता है। पारम्परिक सिंचाई में अधिक जल की मात्रा को लम्बे अन्तराल के बाद पौधों के ऊपर से छिड़कते है। नाड़ी स्पन्दन सिचाई में जल 4–5 बार 15 मिनट के लिये 30 से 60 के अन्तराल पर पौधों को देते है। जिससे 30 प्रतिशत तक जल की बचत होती है और गमलों से जल बहाव को कम किया जा सकता है। यह गमलों के लिये प्रयोग में लाये जाने वाली सबसे उपयुक्त विधि है।

पौधाशाला में पोषण प्रबन्धन

पौधशाला के मृदा का परिक्षण समय–समय पर कराते रहना चाहिये जिससे परिणाम के आधार पर पोषक तत्वों की मात्रा निर्धारित करनी चाहिये। साधारणतः सामान्य उर्वरक जैसे यूरिया, म्यूरेट ऑफ पोटाश तथा डाई अमोनियम फॉस्फेट का प्रयोग किया जाता है। उर्वरकों को सामान्यतः दो भाग़ों मे बाँट कर प्रयोग करते है प्रथम भाग जिसको आधारीय प्रयोग (बेसल एप्लीकेशन) कहते हैं, बोते समय करते हैं जिसके 10 दिन के बाद पौधों पर शेष आधे भाग को छिटककर प्रयोग करते हैं, या फिर दूसरे भाग को पत्तियों पर 0.5 से 2 प्रतिशत की सान्ध्रता वाले घोल जब निकालना हो उसके तुरन्त पहले उर्वरकों के प्रयोग से जड़ का विकास प्रोत्साहित होता है जो पौधरोपण के लिये नकारात्मक कारक माना जाता है अतः खाद का प्रयोग तुरन्त पहले नहीं करना चाहिये। गोबर की खाद, कम्पोस्ट, पत्तियों की खाद, खली इत्यादि पौधशाला में प्रमुखता से प्रयोग में लाये जाने वाले कार्बनिक खाद होते हैं। खाद तथा उर्वरकों का समुचित तथा सन्तुलित प्रयोग पौधशाला के पौधों के सन्तुलित वृद्धि के लिये नितान्त आवश्यक होता है।

खरपतवार प्रबन्धन

अवांक्षित पौधों को पौधशाला से निकलना नितान्त आवश्यक होता है। क्योंकि यह उपयोगी पौधों से पोषक तत्वों के लिये जल, प्रकाश तथा CO_2

के लिये संर्घष करते हैं जिससे पौधे दुबले–पतले रह जाते है। इसके आलावा कुछ खरपतवार रोग तथा कीटों के बीजाणुओं को फैलाने के लिये स्रोत का कार्य करते हैं। इसलिये इनका नियन्त्रण नितान्त ही आवश्यक होता है। खरपरवार प्रबन्धन सर्वदा समन्यवक तरीके से यांत्रिक, कर्षण तथा रसायनिक विधियों को प्रयोग में लाकर करना चाहिये। पौधशाला की बीज शैय्या तथा गमलों में लगे पौधों के बीच से खरपतवार नियन्त्रण के लिये निम्न विधियों का प्रयोग करते हैं:–

- पौधशाला की तैयारी के समय खरपतवार रहित बीज शैय्या तैयार करना चाहिये।
- पौधशाला के चारों तरफ की परिधि जैसे फेन्स तथा विन्ड ब्रेक के खरपतरवार को नियन्त्रित करना चाहिये।
- अच्छी तरह सड़ी हुई खाद का प्रयोग करना चाहिये जिससे खरपतवारों के बीज जीवित अवस्था में न हो।
- सिंचाई द्वारा खरपतवारों के बीजों का प्रसारण नहीं होने देना चाहिये।
- खरपतवार युक्त खेतों की तरफ से जल बहाव को नहीं होने देना चाहिये।
- बीज के साथ होने वाला खरपतवारों के प्रसारण को रोकना चाहिये।
- खरपतवार नियन्त्रक रसायन प्रयोग के बाद उथली कर्षण क्रिया करनी चाहिये।

प्रवर्धन की विधियां

पौधों में प्रवर्धन मुख्यतः दो प्रकार से होता है – लिंगीय प्रवर्धन तथा वानस्पतिक प्रवर्धन

लिंगीय प्रर्वधन

लिंगीय प्रवर्धन पौधों को प्रसारित करने की वह विधि है जिसमें बीज द्वारा पौध प्रसारित होता है और बीज नर तथा मादा युग्मकों के मिलने के बाद बनता है। इस विधि के लाभ तथा हानि निम्न है–

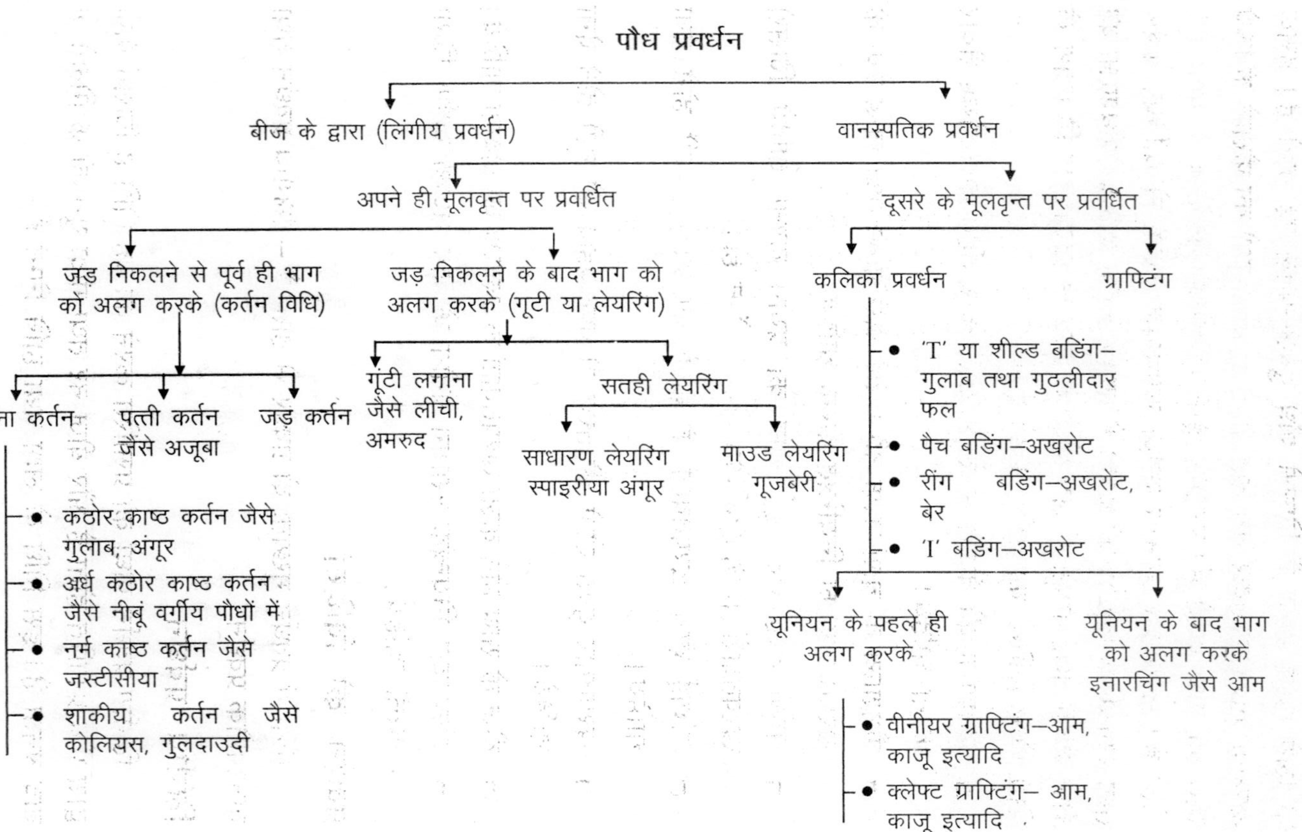
पौध प्रवर्धन
बीज के द्वारा (लिंगीय प्रवर्धन)
वानस्पतिक प्रवर्धन
अपने ही मूलवृन्त पर प्रवर्धित
दूसरे के मूलवृन्त पर प्रवर्धित
जड़ निकलने से पूर्व ही भाग को अलग करके (कर्तन विधि)
जड़ निकलने के बाद भाग को अलग करके (गूटी या लेयरिंग)
कलिका प्रवर्धन
ग्राफ्टिंग
तना कर्तन
पत्ती कर्तन जैसे अजूबा
जड़ कर्तन
गूंटी लगाना जैसे लीची, अमरुद
सतही लेयरिंग
साधारण लेयरिंग स्पाइरीया अंगूर
माउड लेयरिंग गूजबेरी
कठोर काष्ठ कर्तन जैसे गुलाब, अंगूर
अर्ध कठोर काष्ठ कर्तन जैसे नीबू वर्गीय पौधों में
नर्म काष्ठ कर्तन जैसे जस्टीसीया
शाकीय कर्तन जैसे कोलियस, गुलदाउदी
'T' या शील्ड बडिंग– गुलाब तथा गुठलीदार फल
पैच बडिंग–अखरोट
रींग बडिंग–अखरोट, बेर
'I' बडिंग–अखरोट
यूनियन के पहले ही अलग करके
यूनियन के बाद भाग को अलग करके इनारचिंग जैसे आम
वीनीयर ग्राफ्टिंग–आम, काजू इत्यादि
क्लेफ्ट ग्राफ्टिंग– आम, काजू इत्यादि

लाभ

1. बीज द्वारा प्रवर्धित पौधे अधिक स्वस्थ तथा ज्यादा समय तक जीवित रहते हैं।
2. प्रवर्धन की यह विधि सबसे सस्ती तथा आसान होती है।
3. कुछ पौधे जैसे पपीता तथा फाल्सा जिनको वानस्पतिक विधि से नहीं प्रवर्धित किया जा सकता है।
4. नयी प्रजातियों का विकास केवल इसी विधि से किया जा सकता है।
5. मूलवृन्तों को सामान्यतः इसी विधि से प्रसारित करते हैं।
6. बीज को लम्बे समय तक कम खर्च पर संरक्षित किया जा सकता है।

हानि

1. ऐसे फल वृक्षों के फलत में आने में ज्यादा समय लगता है।
2. चूंकि ये पौधे नर तथा मादा युग्मकों के मिलने से बनते हैं इसलिये इनकी उत्पादन क्षमता, बढ़वार तथा फल की गुणवत्ता में समानता नहीं होती है।
3. बीजू पौधे अधिक लम्बे तथा अधिक बढ़वार वाले होते हैं।
4. इस प्रकार के प्रवर्धित पौधे कभी भी मूल पौधे के जैसे नहीं होते।

❑❑❑

अध्याय 8

प्रवर्धन में प्रायोगिकी

तना कर्तन द्वारा पौध प्रसारण करना

आवश्यक सामग्री : चाकू, कैंची, जड़ निकालने में सहायक माध्यम गमला इत्यादि।

तना कर्तन के प्रकार

तना कर्तन चार प्रकार का होता है:– सख्त तना कर्तन, अर्धसख्त तना कर्तन, मुलायम तना कर्तन तथा शाकीय तना कर्तन

1. सख्त काष्ठ तना कर्तन (हार्डउड कटिंग) : इस प्रकार का कर्तन पिछले मौसम के बढ़वार या उससे भी पहले के बढ़ावार से लेते है। सामान्यतः कर्तन की लम्बाई 20–25 सेमी० तथा व्यास 0.6 से 2.5 सेमी० पौधों के प्रजातियों के हिसाब से रखते हैं। जमीन में नीचे की तरफ लगाने वाले भाग पर सीधी कट, गांठ के ठीक नीचे तथा ऊपर

वाला सिरा तिरक्षे गांठ के 1 से 2.5 सेमी० ऊपर से करते हैं। कर्तन लगाने का सर्वोत्तम समय वर्षा ऋतु होती है। कर्तन लगाते समय 2/3 भाग जड़ निकलने वाले माध्यम में धंसा देते हैं तथा हवा में ऊपर 1/3 भाग ही होता है। कर्तन लगाने के तुरन्त बाद अच्छी तरह सिंचाई कर देते हैं।

2. अर्ध सख्त काष्ठ तना कर्तन : इस प्रकार का कर्तन अर्ध पके तने से तैयार किया जाता है। कर्तन की लम्बाई 15 से 20 सेमी० रखी जाती है। इस प्रकार का कर्तन सुबह के समय जब कोशिकायें पानी से भरी होती है, लेना चाहिये तथा कर्तन को सर्वदा अर्धछाया वाले स्थान पर लगाना चाहिये तथा वातावरण की आर्द्रता कृत्रिम रुप से अधिक बनाकर रखनी चाहिए। अच्छे परिणाम के लिए इन्डोल ब्यूटाइरिक अम्ल 1000 से 5000 पी०पी०एम का लगाते समय प्रयोग में लाया जाता है।

3. मुलायम काष्ठ तना कर्तन : इस प्रकार का कर्तन काष्ठीय तना के शीर्षस्थ मुलायम तथा रसीले बहुवर्षीय पौधों से तैयार किया जाता है। कर्तन की लम्बाई 10 से 15 सेमी० तथा ऊपरी भाग पर कुछ पत्तियों को प्रकाश संश्लेषण करने के लिए छोड़ देते हैं।

   पर्णपाती पौधों में मुलायम काष्ठ कर्तन सूसुप्त अवस्था में तथा सदाबहार पौधों में बसन्त ऋतु तथा वर्षा ऋतु में लेते हैं। इस प्रकार के कर्तन को पॉलीहाउस में कृत्रिम वातावरण में अच्छी तरह से जड़ निकालने के लिए कर्तन को 500 से 1000 पी०पी०एम० इन्डोल ब्यूटाइरीक अम्ल से उपचारित करते हैं।

4. शाकीय कर्तन : इस प्रकार की कर्तन शाकीय पौधों के ऊपरी भाग में नर्म तथा मुलायम भाग द्वारा ली जाती है। इसकी लम्बाई 8.00 से 12.00 सेमी० तक होती है तथा इसके ऊपरी भाग में पत्तियाँ लगी होती है। अच्छी जड़ निकालने के लिए 500 पी०पी०एम० इन्डोल ब्यूटाइरीक अम्ल का उपचार करते हैं।

निरीक्षण किये जाने वाले गुण

क्रम संख्या	नाम तथा पौधे का प्रकार कर्तन का प्रकार	रोपित कर्तन की संख्या	स्प्राउटिंग में लगे दिन	कर्तन को लगाने की तिथि जड़ निकले कर्तन की संख्या	जड़ निकले कर्तन का प्रतिशत	जड़ की औसत लम्बाई
1.	शाकीय कर्तन					
2.	मुलायम काष्ठ तना कर्तन					
3.	अर्ध शख्त काष्ठ तना कर्तन					
4.	सख्त काष्ठ तना कर्तन					

जड़ के कर्तन द्वारा पौध का प्रसारण

सामग्री : चाकू, जड़ निकालने का माध्यम, जड़ एवं कुटला

इस विधि में जड़ के एक भाग को काट कर लगाते हैं जिससे तने को विकसित कर लेते हैं। जड़ की लम्बाई 5 से 7.5 सेमी० होती है। जड़ कर्तन लेने का सर्वोत्तम समय बसन्त ऋतु में होता है जब नये पौधों की जड़े पूरी तरह विकसित होती है तथा उसमें ज्यादा मात्रा में खाद्य पदार्थ एकत्रित रहता है।

जड़ कर्तन लगाते समय ध्रुवता का ध्यान रखना बहुत ही आवश्यक होता है। जो भाग जड़ तथा तने के मिलन स्थान (क्राउन) पर होता है उसे ऊपर की तरफ रखते है क्योंकि तने के भाग यही से निकलते हैं। जड़ कर्तन लगाने के तुरन्त बाद अच्छी तरह से सिंचाई कर लेते हैं।

निरीक्षण किये जाने वाले गुण

क्रम संख्या	नाम/पौध का प्रकार लगाये गये जड़ कर्तन की संख्या	जीवित बचे जड़ कर्तन की संख्या	पौध की जड़ लगाने की तिथि स्प्राउटिंग के लिए आवश्यक दिन	स्प्राउटिंग का प्रतिशत

कलिका (बडिंग) के द्वारा पौध का प्रवर्धन करना

सामग्री : बडिंग चाकू, बाँधने के लिए पदार्थ, पेट्रीडिश, मूलवृन्त तथा शांकुर

विधि

बडिंग, ग्राफ्टिंग का ही एक प्रकार है जिसमें शांकुर के रुप में अकेली कलिका प्रयोग में लायी जाती है और इस कलिका को वांछित मूलवृन्त में दो गांठों के बीच में बडिंग चाकू के सहायता से लगा देते है जिससे यह कलिका मूलवृन्त के कैम्बियम ऊत्तक के सम्पर्क में आ जाता है।

बडिंग के प्रकार

बडिंग के निम्नलिखित प्रकार होते हैं

1. शील्ड या टी बडिंग
2. पैंच बडिंग
3. आई बडिंग
4. रींग बडिंग

1. शील्ड या 'टी' बडिंग द्वारा पौध का प्रवर्धन

इस प्रकार की बडिंग 6–25 मी०ली० व्यास के मूलवृन्त पर शील्ड आकार की कलिका चढ़ाकर करते हैं। इस प्रकार के बडिंग में मूलवृन्त पर 'T' के आकार का कट लगाकर शील्ड के आकार के कलिका को चढ़ाकर करते हैं ऐसा करने के लिए सबसे पहले बडिंग चाकू के सहायता 2.5 सेमी० उर्ध्व कट लगाते है तथा उसके ऊपर समकोण पर क्षैतिज कट लगाते हैं। इस बात की सावधानी रखते है कि कट लगाते समय मूलवृन्त का काष्ठीय भाग क्षतिग्रस्त न हो।

वांछित शांकुर कलिका का चयन वर्तमान समय के बढ़वार पर सुसुप्तता की अवस्था में करते हैं। शील्ड आकार की कलिका पत्तियों के

कोण के 1 सेमी० ऊपर तथा 1 सेमी० नीचे तिरछा काट लगाकर प्राप्त कर लेते हैं। इस प्रकार से प्राप्त कलिका को 'T' आकार के मूलवृन्त पर लगे काट में सावधानीपूर्वक लगा देते हैं और इसके बाद पालीथीन के पट्‌टी से इस प्रकार बांधते हैं कि कलिका के पत्ती का तना दिखाई देता रहे। जब कलिका वृद्धि करने लगे तब पॉलीथीन पट्‌टी को खोलकर, मूलवृन्त के ऊपर के भाग को कलिका के तुरन्त ऊपर से काटकर हटा देना चाहिये। यह कार्य करने का सर्वोत्तम समय वह होता है जिसमें पौधा बढ़ावार करता हो तथा छिलका आसानी से अलग हो सके।

निरीक्षण

क्रम संख्या	बडिंग किये गये पौधों की संख्या	स्प्राउटिंग कलिका की संख्या	स्प्राउटिंग में लगे दिनों की संख्या	स्प्राउटिंग का प्रतिभात

2. पैंच बडिंग द्वारा पौधों का प्रवर्धन

आवश्यक सामग्री – बडिंग चाकू, बांधने की सामग्री, पेट्रीप्लेट, मूलवृन्त तथा शांकुर

विधि – पैच बडिंग करने के लिए एक आयताकार पैंच में कलिका को शांकुर से निकाल लेते हैं तथा उसी तरह के पैंच को मुलवृन्त से निकालकर कलिकायुक्त पैंच उसके स्थन पर लगा देते हैं।

पैंच बडिंग करने के लिए एक से डेढ़ साल पुराने मूलवृन्त जिसकी व्यास 1.0 से 2.5 सेमी० तक हो, का चयन करते हैं। इस मूलवृन्त पर सतह से 15 सेमी० ऊपर 2 से 3.5 सेमी० का समानान्तर कट 2.5 सेमी० की दूरी पर छाल में लगाते हैं इस समानान्तर कट को उर्ध्वकट लगाकर एक दूसरे से जोड़ देते हैं। इसी तरह शांकुर से पैंच जिसमें एक कली होती है निकाल लेते हैं और मूलवृन्त पर लगा देते हैं। इसके बाद पॉलीथीन से अच्छी तरह बांध देते है। जब कलिका बढ़ावार शुरु करने लगे तब मूलवृन्त

के कलिका के ऊपर के भाग को काट कर हटा देते हैं। ऐसे मौसम में जब छाल आसानी से निकाली जा सके तब पैंच बडिंग करना सर्वोत्तम रहता है।

निरीक्षण

क्रम संख्या	बडेड मूलवृन्त की संख्या	स्प्राउटिंग बड की संख्या	स्प्राउटिंग में लगे दिनों की संख्या	स्प्राउटिंग का प्रतिभात

3. आई बडिंग के द्वारा पौधों का प्रसारण

आवश्यक सामग्री : बडिंग चाकू, पॉलीथीन बाँधने के लिए, पेट्रीप्लेट, मूलवृन्त तथा शांकुर इत्यादि।

विधि

दो समानान्तर 3.5 सेमी० का कट 2.5 सेमी० के दूरी की सतह से 15 सेमी० के ऊपर छाल पर लगा देते है ये समानान्तर कट एक उर्ध्व कट के द्वारा बीच में जोड़ देते हैं। चाकू को तिरक्षा डालकर खोल देते हैं।

ठीक उपरोक्त आकार की कलिका का चुनाव शांकुर पर कर लेते है और आँख के आकार के मूलवृन्त के चिरे में डालकर पालीथीन से बांध देते हैं और जब बढ़वार शुरु हो जाये तब कलिका के ऊपर का भाग काट कर हटा देते हैं। आई बडिंग ऐसे मूलवृन्तों पर करते हैं जिसके छिलके शांकुर के छिलके से मोटे होते हैं।

निरीक्षण

क्रम संख्या	बडेड मूलवृन्त की संख्या	स्प्राउटेड कलिकाओं की संख्या	स्प्राउटिंग बड का प्रतिशत	स्प्राउटिंग में लगने वाले दिनों की संख्या

4. रिंग बडिंग द्वारा पौधों का प्रवर्धन

आवश्यक सामग्री : बडिंग चाकू, बाँधने की सामग्री, पेट्रीप्लेट, मूलवृन्त तथा शांकुर।

विधि : इस प्रकार की बडिंग 2 से 2.5 सेमी० व्यास वाले मूलवृन्त पर ही उपयोगी होता है। शांकुर जो 1 से 1) साल पुराने स्वस्थ मूलवृन्त का चुनाव कर लेते हैं। मूलवृन्त को सतह से 10–15 सेमी० ऊपर से काट देते है और छाल का एक रिंग 2.5 से 3.5 सेमी० लम्बा ऊपर से निकाल देते है।

मूलवृन्त के समान मोटाई का शांकुर चयनित कर लिया जाता है और 2.5 से 3.5 सेमी० लम्बा कलिकायुक्त रिंग निकालकर मूलवृन्त में लगा देते हैं और पॉलीथीन से अच्छी तरह कलिका का मुँह छोड़कर, बांध देते हैं। इसके लिए सर्वोत्तम समय वह समय होता है जब पौधा बढ़वार कर रहा हो।

निरीक्षण

क्रम संख्या	बडेड मूलवृन्त की संख्या	स्प्राउटेड कलिकाओं की संख्या	स्प्राउटिंग का प्रतिशत	स्प्राउटिंग में लगने वाले दिनों की संख्या

लेयरिंग के द्वारा पौधों का प्रसारण करना

आवश्यक सामग्री – खुर्पी, ग्राफ्टिंग चाकू तथा कटिंग माध्यम।

परिभाषा

लेयरिंग प्रसारण की वह विधि है जिसमें तने में जड़, मातृ वृक्ष से लगे होने की अवस्था में ही निकाला जाता है। इस विधि में तने से जड़ निकालने के लिए तने की छाल को एक रिंग के खांचे के रुप में निकाल देते है जिससे खाद्य पदार्थों का ऊपर से नीचे का आवागमन रुक

जाता है और जड़ निकलने में सहायक ऑक्सिन इत्यादि कटे हुये भाग पर एकत्रित होने लगते है जो अन्ततः जड़ निकलने में सहायक होते हैं। जड़ निकलने के बाद तने को मातृ वृक्ष में अलग कर नये जगह पर लगा देते हैं।

लेयरिंग दो प्रकार का होता है–

1. साधारण लेयरिंग : नीचे की लचीली टहनी को इसके लिए चयनित करते हैं। इस टहनी पर ऊपर से 20–25 सेमी० छोड़कर एक छाल निकालकर रिंग बना देते हैं और इस रिंग वाले स्थान को जमीन मे धंसा देते हैं और उस पर पानी डालकर आर्द्रता बनाये रखते हैं। इस कार्य के लिए सर्वोत्तम समय बसन्त ऋतु तथा वर्षा ऋतु होता है।
2. माउंड लेयरिंग : इस विधि में मातृ वृक्ष को 50 सेमी० की दूरी पर 1 से 2 मीटर की कतार में प्रजातियों के अनुसार लगाकर 5 से 7.5 सेमी सतह के ऊपर से सुसुप्त अवस्था के समय में काट देते हैं जिससे बसन्त ऋतु आने पर नये कल्ले निकलने लगते हैं जब ये नये कल्ले 10–15 सेमी० के हो जायें तब उसके ऊपर गोबर की खादयुक्त मिट्टी चढ़ा देते हैं और इस प्रकार चढ़ाई गई मिट्टी पर जल छिड़क कर आर्द्रता बनाये रखते हैं और अगले शरद ऋतु के शुरुआत मे मातृ वृक्ष से अलग करके नये जगह पर रोपित कर देते हैं। मातृ वृक्ष से इस प्रकार 15–20 साल तक पौधे प्राप्त करने का कार्य किया जा सकता है।

निरीक्षण

क्रम संख्या	लेयरिंग का प्रकार	लेयरिंग तने की संख्या	जड़ निकले लेयर्स की संख्या	जड़ निकले लेयर्स का प्रतिशत	औसत जड़ की लम्बाई

ग्राफ्टिंग के द्वारा पौध का प्रसारण

ग्राफ्टिंग दो जीवित पौधों के उत्तकों को आपस में जोड़ने की वह कला है जिसमें दो पौधों के भाग आपस में मिलकर एक पौधे के रुप में बढ़वार करने लगते हैं। ग्राफ्टिंग निम्नलिखित तीन प्रकार की होती है –

1. इनारचिंग
2. वीनीयर ग्राफ्टिंग
3. क्लेफ्ट ग्राफ्टिंग

1. इनारचिंग के द्वारा पौधों का प्रसारण

इनारचिंग दो पौधों के भाग को जोड़ने की वह कला है जिसके द्वारा जोड़ने में कठिन पौधों के भाग को जोड़ा जाता हैं

आवश्यक सामग्री : चाकू, सिकेटीयर, बाँधने के लिए आवश्यक सामग्री।

प्रक्रिया

शांकुर तथा मूलवृन्त एक समान मोटाई का होना चाहिये। दोनों पर तिरक्षा 2.5 से 5.0 सेमी० लम्बा चिरा इस प्रकार लगाते है कि दोनों के कैम्बीयम उत्तक एक दूसरे पर चढ़ सके। इस प्रकार लगे कट को दाब कर एक दूसरे से बांध देते हैं और जब दोनों आपस में जुड़ जायें तब शांकुर के नीचे का तथा मूलवृन्त के ऊपर का हिस्सा काट कर निकाल देते हैं।

निरीक्षण

क्रम संख्या	बनाये गये ग्राफ्ट की संख्या	जीवित बचे ग्राफ्ट की संख्या	जीवित ग्राफ्ट का प्रतिशत	शांकूर के अंकुरित होने में दिनों की संख्या

2. वीनीयर ग्राफ्टिंग द्वारा पौध का प्रवर्धन

आवश्यक सामग्री– ग्राफ्टिंग चाकू, बांधने की रस्सी, सिकेटीयर

प्रक्रिया

इस ग्राफ्टिंग में सबसे ऊपर का भाग 10–15 सेमी० लम्बा पेन्सिल की मोटाई के बराबर का तना शांकुर के रुप में प्रयोग किया जाता है। ऐसे टहनी में स्वस्थ कलिका लगी होनी चाहिये जिससे एक पखवारे में स्प्राउटिंग होने वाली हो। इस प्रकार चयनित शांकुर के नीचे के सिरे पर तिरक्षा कट लगाते है जिसकी लम्बाई पांच सेमी० के बराबर होती है और दूसरी तरफ भी ठीक इसी प्रकार का कट लगाते हैं।

मूलवृन्त पर 'V' के आकार का कट लगाकर उपरोक्त शांकुर को उसमें लगाकर पालीथीन से अच्छी तरह बांध देते हैं। जब दोनों भाग आपस में जुड़ जाये तो मूलवृन्त को ऊपर से काट कर हटा देते हैं।

निरीक्षण

क्रम संख्या	बनाये गये ग्राफ्ट की संख्या	जीवित बचे ग्राफ्ट की संख्या	जीवित बचे ग्राफ्ट का प्रतिशत	स्प्राउटिंग में लगे दिनों की संख्या

3. क्लेफ्ट ग्राफ्टिंग द्वारा पौध का प्रसारण

आवश्यक सामग्री– ग्राफ्टिंग चाकू, बांधने की सामग्री, चाकू तथा सिकेटीयर।

प्रक्रिया

यह ग्राफ्टिंग बड़े पौधों में टापवर्कीग के लिये सबसे ज्यादा प्रयोग में लायी जाती है। लेकिन इसको छोटे पौधों पर भी किया जा सकता है।

सबसे पहले मूलवृन्त जिसका व्यास 1.5 से 5.00 सेमी० हो क्षैतिज रुप से काट देते हैं। इस कटे मूलवृन्त में 3 से 5 सेमी० गहरी चिरा चाकू के सहायता से बीचोंबीच में बनाते हैं। इस चिरे को खोले रहते हैं तथा शांकुर के नीचले सिरे पर 3 से 5 सेमी० दोनों तरफ से तिरक्षा कट लगा कर मूलवृन्त में अच्छी तरह फसां कर रस्सी से बांध देते हैं। अगर रिक्त स्थान दिखे तो उसमें मोम भर देते हैं।

निरीक्षण

क्रम संख्या	ग्राफ्टेड पौधों की संख्या	जीवित बचे ग्राफ्ट की संख्या	जीवित बचे ग्राफ्ट का प्रतिशत	स्प्राउटिंग में लगे दिनों की संख्या

पौधशाला तैयार करने में प्रयोगिकी

बहुत से फल वश्क्षों में, पहले बीज को पौधशाला में उगाकर एक निश्चित समय के बाद जब पौधा एक निश्चित ऊँचाई का हो जाता है तो उसे बाग लगाने वाले खेत में लगा देते हैं। पौधशाला एक ऐसा स्थान होता है जहां पौधों का सघन ध्यान रखा जा सकता है तथा आर्द्रता, तापमान इत्यादि का समुचित प्रबन्धन किया जाता है।

बीज शैय्या तैयार करना

बीज शैय्या ऐसे जगह तैयार करते हैं जहां की मृदा उपजाऊ हो, भुरभुरी हो तथा जिसमें ह्यूमस की पर्याप्त मात्रा विद्यमान हो। मृदा की निचली सतह सख्त नहीं होनी चाहिये तथा हवा और पानी की समुचित व्यवस्था भी होनी चाहिये। जल निकास की समुचित प्रबन्ध होना चाहिये।

सामान्यतः बीज शैय्या तैयार करने के लिए सबसे पहले एक गहरी जुताई करके ढेलों को फोड़ कर भुरभुरा कर लेना चाहिये और सतह को

समतल कर लेना चाहिये। इस बात का सर्वदा ध्यान रखना चाहिये कि यदि खेत में नमी ज्यादा हो तो जुताई न करें अन्यथा मृदा संरचना बुरी तरह प्रभावित होती है। इसके बाद कार्बनिक खाद जैसे गोबर की सड़ी खाद, पत्ती की सड़ी खाद 1 से 2 सेमी० ऊपरी सतह पर बिछा देते हैं जिससे बीज के अंकुरण में सहायता मिलती है। बीज शैय्या की चौड़ाई 1 से 1.25 मीटर तक ही रखते हैं जिससे निराई–गुड़ाई में आसानी रहती है। लम्बाई आवश्यकतानुसार रखते हैं।

बीज की बुआई तथा पौध तैयार

पौध सघनता प्रजातियों पर निर्भर करता है साथ ही बुआई के प्रकार पर निर्भर करता है जैसे यदि सब्जी की पौधशाला है तो सघनता ज्यादा रखते हैं, जबकि फल के पौधशाला में सघनता कम रखते हैं।

बीज दर का निर्धारण निम्नलिखित सूत्र के अनुसार किया जा सकता है।

$$\text{बीज दर} = \frac{\text{वांछित पौधों की संख्या}}{\text{नमूने में बीज के जमाव योग्य होने की मात्रा} \times \text{बीज से बने पौधे के जीवित रहने की दर} \times \text{बीज संख्या (एक निश्चित मात्रा में बीजों की संख्या)}}$$

पौधशाला में बीज की गहराई बीज के आकार तथा मृदा के प्रकार पर निर्भर करता है। सामान्यतः बीज के व्यास के तीन गुने गहराई पर बीज की बुआई की जाती है उसके बाद हल्के भुरभुरे मृदा से ढक देते हैं। पौध, पौधशाला में एक से दो माह तक रहते हैं उसके बाद उसे वांछित स्थान पर रोपित कर देते हैं।

□□□

अध्याय 9

गमलों का भराव, गमलों का पुनः भराव, गमलों को खाली करना तथा गमलों का रख–रखाव

आवश्यक सामग्री

गमले, पत्थर के टुकड़े, खुर्पी, हजारा, गमले में भरने वाली मृदा।

उद्यान विज्ञान में गमले विभिन्न क्रियाओं जैसे पौध प्रवर्धन, अलंकृत पौध रोपण, एकवर्षीय फूल उगाने इत्यादि में प्रयोग होता है तथा गमलों में पौधों को उगाने की क्रिया को 'पॉट कल्चर' कहते हैं। पॉट कल्चर में गमलों को भरना, खाली करना तथा पुनः भरना, बहुत ही महत्वपूर्ण क्रियायें होती है। गमलों में पौध उगाने तथा एक गमले से दूसरे गमले में स्थानान्तरण का सर्वोत्तम समय जुलाई –अगस्त का माह होता है तथा उसके बाद बसन्त ऋतु होता है।

गमलों का भरना (फिलींग करना)

पाट कल्चर में गमलों को भरना बहुत ही महत्वपूर्ण क्रिया होती है। पौध के उम्र तथा बढ़वार के प्रकार के आधार पर ही गमलों का चयन

करते हैं। गमलों को भरने से पहले, पत्थर के टुकड़े को जल निकास के रास्ते पर रख देते हैं। उसके बाद पत्थर के छोटे–छोटे टुकड़े रख देते हैं और फिर 5 से 10 सेमी० तक पत्ती जो सूखी हो रख देते हैं। उसके ऊपर 1.25 से 2.50 सेमी० का एक परत बालू की डाल देते हैं। ऐसा करने से जल निकास अच्छी तरह होता है तथा मिट्टी नहीं बह पाती है। उसके बाद वांछित गमला मिश्रण भर कर दबा देते हैं और गमले के रीम तक भरकर, 2–3 सेमी० ऊपर खाली छोड़ देते हैं।

गमलों में पौध लगाना (पोटींग)

गमलों को भरने के बाद पौधे या कटिंग को गमले में लगा देते हैं। इसके लिए गमले के बीच से मिट्टी निकालकर, बीच में पौध लगाकर जड़ को अच्छी तरह से फैलाते हुए गमला मिश्रण को ऊपर से भरकर अच्छी तरह दबा देते हैं। इस बात की सावधानी रखते हैं कि गमले में पौधे की गहराई ज्यादा न हो। इसके बाद सिंचाई कर देते हैं।

गमलों का पुनः भराव या सिफ्टिंग करना

जब पौधा बहुत दिनों तक एक गमले में लगाये रखते है तब उसकी जड़े गमले के दिवार में छू जाती हैं तथा बढ़वार के लिए आवश्यक खाद्य पदार्थ अवशोषित करने में असमर्थ होती है इस अवस्था को पाट बाउंड की अवस्था कहते हैं। इसके लिए एक निश्चित समय के बाद गमलों के पुनः भराव की जरुरत होती हैं। सिफ्टिंग के समय थोड़ा बड़ा गमला प्रयोग करते हैं। गमले से पौध बाहर निकालने के लिए, गमले को दाहिने हाथ में पकड़कर ऊपर के हिस्से को नीचे करके तिरक्षा करके धीरे–धीरे ठोकते हैं जिससे गमले से पौधा पिन्ड के साथ बाहर निकल आता है। पौधे का पुनः भराव करने के पहले छोटे–छोटे जड़ों को काट देते हैं तथा जड़ों की संख्या भी कम कर देते हैं। दूसरे गमले में रोपण के तुरन्त बाद सिंचाई कर देते हैं।

गमला मिश्रण

1. जड़ निकालने के लिए प्रयुक्त मिश्रण – बालू: दोमट : पत्ती की सड़ी खाद, 2 : 1 : 1 के अनुपात में।
2. फल पौधों के लिए – बालू: दोमट : पत्ती खादः गोबर खाद, 1 : 2 : 1 : 1 के अनुपात में।
3. बीज की बुआई के लिए – बालू: दोमट : पत्ती खादः चारकोल, 1 : 1 : 3।
4. कटिंग लगाने के लिए – बालू: दोमट : पत्ती खाद, 1 : 1 : 1।
5. नागफनी के लिए – बालू: दोमट : पत्ती खादः चूना पत्थरः चारकोल, 1 : 2 : 5 : 1 : 1।
6. गुलदाउदी के लिए– बालू: दोमट : पत्ती खादः गोबर की खाद, 1 : 3 : 1 : 1।

□□□

अध्याय 10

पौधों के वृद्धि नियामक

कोई भी कार्बनिक पदार्थ या पदार्थ मिश्रण जो पौधों के विकास की क्रिया दर को बढ़ाकर या घटाकर पौधे के विकास को नियंत्रित करता है, तथा जो पौधों के सामान्य व्यवहार मे फेरबदल करता है, पौधों के हारमोन्स कहलाते हैं। हारमोन्स पोषक तत्वों, भूमि सुधारकों तथा पौधों के इनाकुलेन्ट के अतिरिक्त होते हैं। इनकी आवश्यकता पौधों को बहुत ही कम मात्रा में होती है। ये हारमोन्स पौधों में एक जगह उत्पादित किये जाते हैं तथा ये वहाँ से दूर दूसरे भाग में जाकर पौधों की वृद्धि को नियंत्रित करते हैं। लेकिन साथ ही साथ जहाँ उत्पादित होते हैं वहाँ भी थोड़ा बहुत अपना प्रभाव डालते हैं।

सामान्यतः वृद्धि नियामक शब्द का प्रयोग कृत्रिम रूप से उत्पादित पौधों के हारमोन्स के लिये किया जाता है। लेकिन इस विषय में यह स्पष्ट रुप से समझ लेना चाहिये कि हारमोन्स वृद्धि नियामक होते हैं, लेकिन सभी वृद्धि नियामक हारमोन्स नहीं होते।

पौधों के वृद्धि नियामको को पाँच वर्गो मे विभाजित किया जाता है। ऑक्सिन, साइटोकॉइनिन, जिबरेलीन, इथॉइलीन, एबसीसिक अम्ल तथा इसके अलावा नये वृद्धि नियामक जैसे ब्रैसीनोस्टेराइड तथा सैलीसाइलेट या सैलीसाइलिक अम्ल को भी नियामक का दर्जा प्राप्त है।

ऑक्सिन तथा साइटोकॉइनिन पौधों के चयापचय को नियंत्रित करके वृद्धि को सन्तुलित करते हैं। जबकि जिब्बरेलिक अम्ल, इथाइलिन तथा ब्रैसीनोस्टेराइड्स अम्ल विपरित परिस्थितियों में पौधों द्वारा जीवन रक्षा के लिये उत्पादित किये जाते हैं, इसलिये ऑक्सिन तथा साइटोकॉइनीन को वृद्धि हारमोन्स तथा शेष को तनाव हारमोन्स के रूप मे जाना जाता है। तनाव हारमोन्स विपरीत परिस्थितियों में पौधों के भोज्य पदार्थों को मुख्य अंगों तक पहुँचाने में सहायक होते हैं। एबसीसिक अम्ल तथा सैलीसिलिक अम्ल को सदमे का हारमोन्स कहते हैं। क्योंकि ये पौधों को विपरीत परिस्थितियों में सदमे से उबारने तथा फिर से सामान्य जीवन शुरू करने में सहायक होते हैं।

फ्लोरिजीन एक परिकल्पित हारमोन होते हैं जिसको फूल खिलने में सहायक रूप में माना जाता है, परन्तु इस तत्व के स्थायीत्व के बारे में अभी भी पूरी तरह से पता नहीं लगाया जा सका है।

सभी ज्ञात वृद्धि नियामकों की बहुत ही व्यापक तथा जटिल क्रिया होती हैं। प्रत्येक नियामक अपने विशिष्ट क्रियाओं के लिये जाने जाते हैं। प्रायः पादप हारमोन्स वाह्य संकेत तथा कोशिकाओं की कार्यिकी अभिक्रियाओं के बीच की कड़ी के रूप में कार्य करते हैं। एक तरफ तो ये वृद्धि मे पूरक का कार्य करते हैं, तो दूसरी तरफ वृद्धि को रोकने में सहायक होते हैं। पौधों की वृद्धि तथा विकास आनुवांशिक तथा पर्यायवरणीय कारकों से प्रभावित होते हैं। पौधों के अभिग्राहक संकेत तथा अभिक्रिया वातावर्णीय कारकों जैसे : प्रकाश संश्लेषण, तापमान, वायुमण्डलीय दाब तथा आर्द्रता से प्रभावित होते हैं। वृद्धि नियामक वातावरणीय कारकों के प्रभाव को कम करने में सहायक होते हैं।

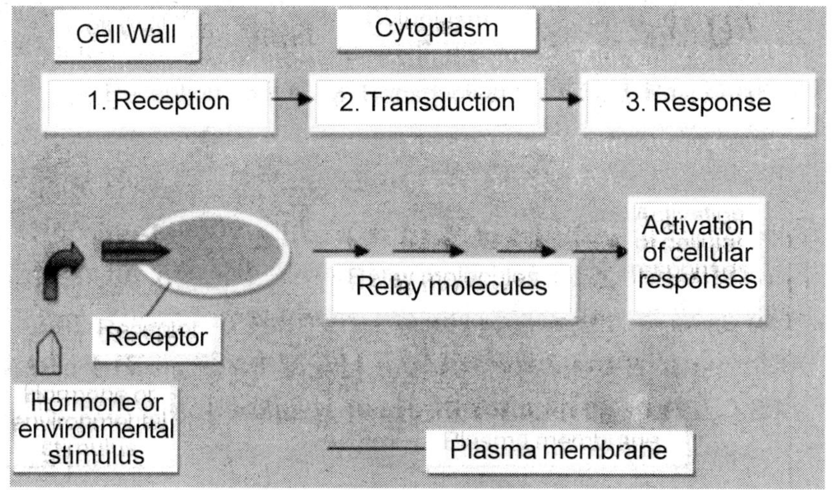

चित्र : संकेत ट्रान्सडक्सन के मार्ग

संवहन बंडलों के भीतर का परिवहन वेग वाषपोत्सर्जन पर निर्भर करता है तथा वाषपोत्सर्जन, जल आपूर्ति, तापमान और प्रजातियों के विशिष्ट गुणों पर निर्भर करता है। रासायनिक संकेतों के लिये सिग्नल ट्रांसडक्सन के मार्ग का काफी महत्व है। इस रास्ते में वातावरवरणीय कारक तथा वृद्धि नियामक दोनों संकेत उत्प्रेरक का कार्य करते हैं।

इस प्रकार के मार्ग प्रायः प्रतिलेखन के कारकों का निर्माण करते हैं। जिससे एन्जाइम का संशलेषण होता है, जो कोशिकाओं में रासायनिक अभिक्रियाओं को उत्प्रेरित करता है।

ऑक्सिन

इस हार्मोन्स को 1926 में फ्रिटस बेस्ट ने ऑक्सिन का नाम दिया। इन्डोल ऐसिटिक एसीड एक प्राकृतिक रूप से पाया जाने वाला ऑक्सिन है, जो इन्डोल या ट्रिप्टोफेन अमीनो अम्ल से संश्लेषित होता है। कृत्रिम ऑक्सिनों की संख्या भी बहुत ज्यादा है। ऑक्सिन 10^{-3} तथा 10^{-8} मोलर सान्ध्रता में पौधों की वृद्धि में सहायक होता है। पौधों में ऑक्सिन का

संश्लेषण शिखर की कलिकाओं में, नयी पत्तियों में, बीज तथा फल में होता है। ऑक्सिन सर्वदा तने में नीचे की तरफ पैरेनकाइमा कोशिकाओं में जड़ की तरफ ध्रुवीय परिवहन ऋणात्मक आवेश के कारण प्रोट्रान पम्प से होता है। इस क्रिया में ATP की आवश्यकता होती है। ऑक्सिन कोशिकाओं मे IAAH के रूप में निष्क्रिय रूप से या IAA के रूप में सक्रिय रूप से प्रवेश करता है। IAAH कोशिकाद्रव्य में विघटित हो जाता है तथा विशिष्ट ऑक्सिन परिवहन प्रोट्रीन की आवश्यकता आधारीय कोशिकाओं में ऑक्सिन को कोशिका भित्ति के अन्तर तथा दूसरे कोशिकाओं में ले जाने में पड़ती है। ऑक्सिन की अंतिम मंजील जड़ ऊतक होते हैं।

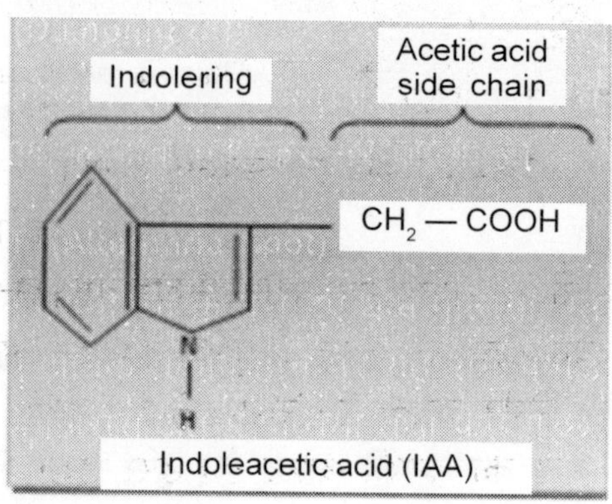

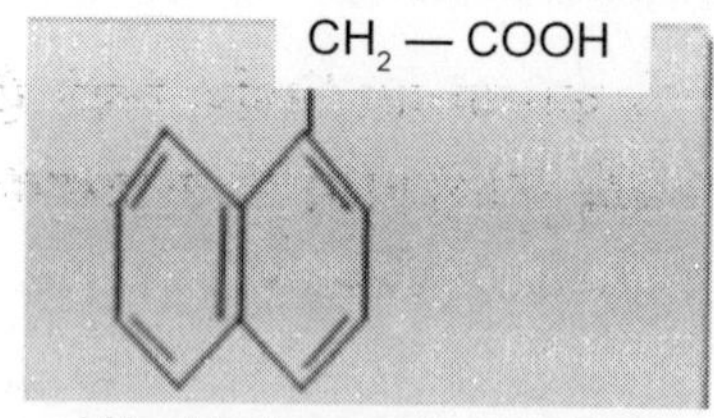

l-Naphthaleneacetic acid (NAA)

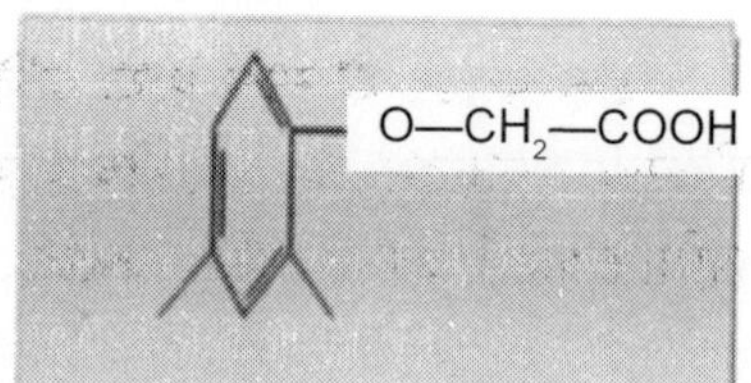

2,4-Dichlorophenoxyacetic acid (2,4-D)

चित्र : ऑक्सिन की रसायनिक संरचना

ऑक्सिन के कार्य

- बाजार में उपलब्ध जड़ निकालने वाले हारमोन्स मे ऑक्सिन की ही मात्रा होती हैं। ऑक्सिन के कारण कोशिकायें बढ़वार लेती हैं,

प्रोट्रीन पम्प हाइड्रोजन आयन की सान्ध्रता को कोशिकाओं में बढ़ा देता है, जो कोशिकाओं के बढ़ावार को उत्प्रेरित करता है तथा प्रोट्रीन हाइड्रोजन बन्ध को तोड़कर सेल्यूलोज के जोड़ों को तोड़ देता है, जो भित्ति की बढ़ावार में सहायक होता है। फलतः कोशिकायें जल का अवशोषण कर लेती हैं।

- ऑक्सिन पौधों के अनुवर्ती प्रतिक्रया में भाग लेता है। ऑक्सिन सर्वदा प्रकाश से दूर को प्रवास करता है, जिसके कारण छायादार भागों मे अधिक ऑक्सिन जमा होने के कारण ज्यादा वृद्धि हो जाती है, और पौधा प्रकाश की तरफ झुक जाता है।
- ऑक्सिन पौधों में द्वितीयक वृद्धि को प्रोत्साहित करता है। ये कैम्बियम कोशिकाओं के विभाजन को उत्प्रेरित करता है, जिससे द्वितीयक जाइलम में अन्तरविभाजन को बढ़ावा मिलता है।
- चोट लगे हुये ऊतकों के मरमत्त में सहायक होता है।
- ऑक्सिन का संश्लेषण शीर्षष्थ कलिका में होता है। इसके प्रभाव के कारण नीचे की कलिकायें अंकुरित नहीं हो पाती इसको एपीकल डोमिनेक्स कहते है। ऑक्सिन का प्रभाव जैसे–जैसे नीचे की कलिकाओं की तरफ कम होता जाता है।
- जब ऑक्सिन की सान्ध्रता बढ़ जाती है इथाइलीन का संश्लेषण प्रोत्साहित होता है।
- ऑक्सिन फूलों के खिलने में सहायक होता है।
- ऑक्सिन की कमी से पत्तियों का झड़ना बढ़ जाता है।
- फल के विकास के लिये बीज द्वारा उत्पादित ऑक्सिन की आवश्यकता पड़ती है।
- कृत्रिम ऑक्सिन खरपतवार के रूप में प्रयोग में लाये जाते हैं। जैसे: 2,4–D तथा 2,4–5T

साइटोकाइनिन

साइटोकाइनिन, डीएनए अणु समूह के फिनायल यूरिया के उत्पाद एडीनिन से विकसित हारमोन्स है। सर्वप्रथम 1913 में साइटोकाइनिन को रासायनिक तौर पर परिस्कृत किया गया। परिस्कृत रसायन एक शक्तिशाली वृद्धि को प्रोत्साहित करने वाला वृद्धि नियामक के रूप में ऊतक संवर्धन में प्रयोग में लाया जाता है। स्कूल तथा करोल मीलर ने बहुत वर्षों तक शोध के उपरान्त इस वृद्धि कारक पदार्थ की खोज की। काइनेटीन से सम्बन्धित अन्य तत्वों को सइटोकाइनिन नाम से जाना जाता है। इस समूह के तत्व कोशिकाओं के विभाजन में सहायक होते हैं। प्राकृतिक साइटोकाइनिन को 1963 में मक्के से निकाला गया अतः इसका नाम जीयाटीन दिया गया।

साइटोकाइनिन सक्रिय रूप से विभाजित होने वाले ऊतकों, बीजों, फल, पत्तियों तथा जड़ में पाया जाता है। जड़ के अग्र भाग में साइटोकाइनिन का सबसे ज्यादा संश्लेषण होता है तथा इसका परिवहन जाइलम के द्वारा शेष भागों तक होता है, लेकिन स्थानीय साइटोकाइनिन जो पौधों में उत्पादित होता है, कलिकाओं के सुसुप्तता को तोड़ने के काम में आता है।

साइटोकाइनिन के कार्य

- साइटोकाइनिन कोशिकाओं के विभाजन को प्रोत्साहित करता है।
- साइटोकाइनिन के प्रभाव को ऊतक संवर्धन में अध्ययन किया जा सकता है। समान्यतः साइटोकाइनिन ऑक्सिन के साथ मिलकर कोशिकाओं के बढ़वार में सहायक होता है। जब ऊतक संर्वधन करते समय संवर्धन माध्यम में ऑक्सिन को डालते हैं, तब कोशिकायें बढ़ती तो हैं परन्तु कोशिका विभाजन नहीं होता। जब काइनेटिन तथा IAA दोनों को संवर्धन माध्यम में डालते हैं तब कोशिका विभाजन तीव्र गति से होता है, तथा बहुत सारी छोटी–छोटी कोशिकाओं का निर्माण होता है। साइटोकाइनिन तथा ऑक्सिन का

अनुपात ऊतक संर्वधन में विशेष महत्व होता है। साइटोकाइनिन तथा ऑक्सिन के अनुपात से ऊतक संवर्धन में जड़ तथा तना निकालने में सहायता मिलती है। जब साइटोकाइनिन की मात्रा ऑक्सिन की तुलना में ज्यादा होती है, तब कैलस से तने को निकालने में प्रोत्साहन मिलता है, जबकि ऑक्सिन की मात्रा ज्यादा होने पर जड़ निकलती है।

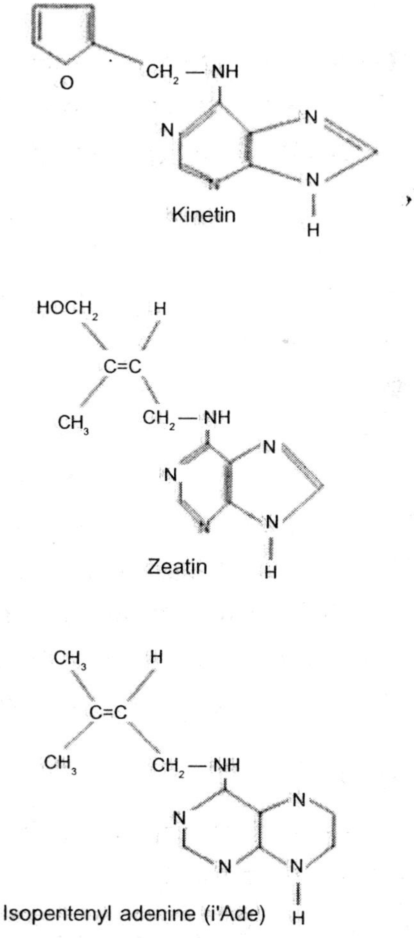
O
CH₂ — NH
N
N
N
N
H
Kinetin
HOCH₂
H
C=C
CH₃
CH₂ — NH
N
N
N
N
H
Zeatin
CH₃
H
C=C
CH₃
CH₂ — NH
N
N
N
N
H
Isopentenyl adenine (i'Ade)

चित्रः साइटोकाइनिन का रसायनिक सूत्र

- एकान्तर कलिकाओं की वृद्धि को साइटोकाइनिन शीर्षष्थ कलिका के प्रभाव को निरस्त कर प्रोत्साहित करता है। इस प्रकार से पौधे अपनी जड़ तथा तने के अनुपात को सन्तुलित रखते हैं। शीर्षष्थ कलिकाओं में पैदा होने वाला ऑक्सिन एकान्तर कलिकाओं के अंकुरण को रोकता है, तथा संष्लेशित साइटोकाइनिन जाइलम द्वारा एकान्तर कलिकाओं तक पहुँच कर उसके अंकुरण को प्रोत्साहित करता है।

- साइटोकाइनिन RNA तथा प्रोटीन के संश्लेषण को प्रोत्साहित करता है, जिससे पत्तियों के क्लोरोफिल का विघटन देरी से होता है, और पत्तियाँ देर में झड़ती हैं। यह सुसुप्तता को रोकता है।

जिबरेलिन

इवीटी कुरोसावा ने धान में फुलिश सीडलिंग नामक बिमारी के अध्ययन के समय यह पाया गया कि *जिब्बरेला फुजीकोराई* नामक कवक पौधे को असमान्य रूप से वृद्धि को प्रोत्साहित करता है, जिससे पौधा अन्ततः गिर जाता है। यह कवक जो पौधों के वृद्धि को प्रोत्साहित करने वाला रसायन बनाता है। उसको जिबरेलिन नाम दिया गया बाद में पौधों के बीजों से विभिन्न प्रकार के जिबरेलिन को निकाला गया। अब 160 तक से ज्यादा जिबरेलिक अम्ल, मेवालीनिक नामक कार्बनिक अम्ल से निकाले जा चुके हैं। पौधों में जिबरेलिन का संश्लेषण जड़ तथा पत्तियों में होता है, परन्तु इसकी सबसे अधिक मात्रा बीजों में पायी जाती है। जिबरेलिन का प्रभाव ज्यादातर ऑक्सिन के आनुपातिक सामंजस्य से ही होता है।

जिबरेलिन के कार्य

- जिबरेलिन ऑक्सिन से मिलकर तने की काशिकाओं की वृद्धि तथा विभाजन को प्रोत्साहित करता है।

- यह जड़, पत्तियों तथा तने की वृद्धि को प्रोत्साहित करके पौधों की वृद्धि में सहायक होता है।

- द्विवर्षीय पौधों में फूल निकालने में सहायक होते हैं।
- आनुवांशिक बौनापन को समाप्त करता है।
- जब बीज जल का अवशोषण कर लेता है, तब जिबरेलिन बीज के जमाव के लिए संकेत देता है।

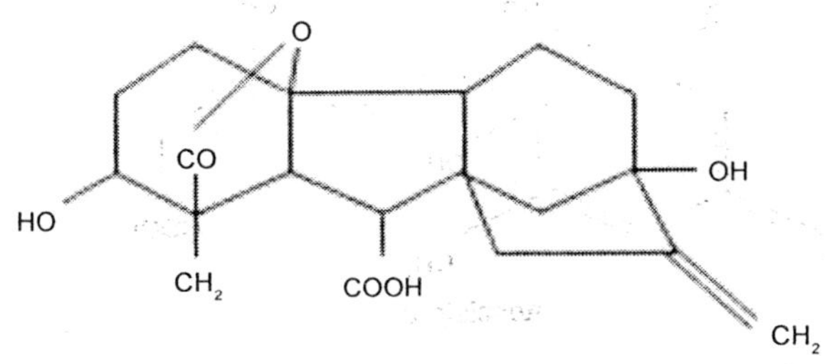

चित्रः जिबरेलिन का रासायनिक सूत्र

- जिबरेलिन के प्रयोग से बीजों के जमाव पर पड़ने वाले वातावरणीय प्रभावों को कम किया जाता है। यह RNA को इन्जाइम संश्लेषित करने के लिए प्रोत्साहित करता है जो संचित खाद्य पदार्थों को शर्करा में परिवर्तित करता है। जिससे अंकुरित होने वाले बीज श्वसन क्रिया द्वारा ऊर्जा पैदा करने में प्रयोग में लायी जाती हैं।
- जिबरेलिन पौधों में फूल खिलने के लिए आवश्यक लम्बे दिन की आवश्यकता को समाप्त करता है। साथ ही साथ फूल खिलने के लिये आवश्यक कम तापमान की आवश्यकता को भी समाप्त करता है।
- बीजों में जिबरेलिक अम्ल के प्रभाव को एबसीसिक अम्ल समाप्त करता है।

एबसीसिक अम्ल

एबसीसिक अम्ल वह हारमोन्स होता है जो प्रतिकूल वातावरण में पौधों के वृद्धि को रोकता है, जिससे पौधे प्रतिकूल वातावरण से बचाव कर

सकें। यह हारमोन्स वृद्धि में सहायक हारमोन्स के विपरीत दिशा में काम करता है। यह अम्ल भी मेवालोनिक नामक कार्बनिक अम्ल से संश्लेषित होता है, तथा इसको पत्तियों में झड़ने के समय एबसीसन परत बनाने में सहायक समझा जाता है, इसलिए इसका नाम एबसीसिक अम्ल पड़ा।

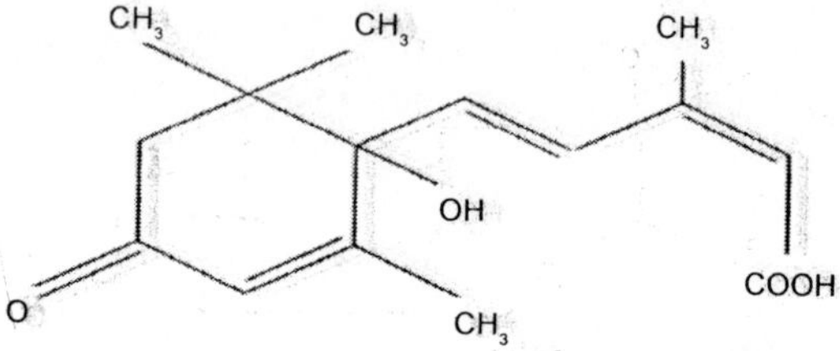

Abscisic acid

चित्र: एबसीसिक अम्ल की रसायनिक संरचना

एबसीसिक अम्ल के कार्य

- बीजों की तन्द्रावस्था को बढ़ाता है। जब बीज परिपक्व होता है, तब इसकी मात्रा सबसे ज्यादा होती है। जिससे उपापचय क्रियाओं में कमी आती है, तथा सूखे को सहने के लिए आवश्यक प्रोटीन के निर्माण में सहायक होता है। जब वातावरणीय प्रभावों से ABA का विघटन होता है, तब बीज जमाव के लिये प्रोत्साहित होता है। रेगिस्तान में उगने वाले कुछ पौधों के बीज तो अच्छी तरह जमाव के लिये धोने की आवश्यकता होती है जिससे ABA धुल जाता है और जमाव प्रोत्साहित होता है। वास्तव में बीज का अंकुरण जिबरेलिन तथा ABA के अनुपातिक मात्रा से प्रोत्साहित होता है। जब बीजों में परिपक्वता के समय ABA की मात्रा कम होती है, तो ऐसे बीज फल में ही अंकुरित हो जाते हैं।

- जाड़ों में इसके प्रभाव से कलिकाओं में शल्क का निर्माण होता है, जिसे सुसुप्तता में जाने की तैयारी माना जा सकता है। ABA हारमोन्स के उत्पादों को डॉरमीन कहते हैं, और इसका प्रयोग

पौधशाला से पौधों को उखाड़ कर ले जाते समय छिड़काव करने से सुसुप्ततावस्था में परिवहन के समय आसानी रहती है। इस सुसुप्तता को जिबरेलिन के छिड़काव से बदला जा सकता है।

- ABA को तनाव हारमोन्स कहते हैं। जल अभाव के संकट में ABA पोटैशियम आयन को गार्ड कोशिकाओं से बाहर निकाल कर रन्ध्रों को बन्द करता है। इस क्रिया के लिए संकेत ट्रांसडक्सन के रास्ते में कैल्शियम द्वितीयक संदेशवाहक का कार्य करता है। ऐसे समय में ABA जड़ में संश्लेषित होकर जड़ कोशिकाओं में व्याप्त जलाभाव की खोज करता है। जिसके बाद ऊपर की तरफ पत्तियों तक जाकर स्टोमेटा को बन्द करने में सहायक होता है।

इथाइलिन

पौधों में विद्यमान एक मात्र हारमोन है, जो कि गैस के रूप में पाया जाता है। यह पौधों के विभिन्न अंगों मे पाया जाता है, लेकिन फलों में इसकी मात्रा सबसे ज्यादा होती है। फलों की परिपक्वता पत्तियों के झड़ने तथा बढ़ा होने में इथाइलीन अणु संकेत भेजने के रास्ते में संकेतक का कार्य करते हैं। जिससे ऊतकों में वृद्धि तथा विकास होता है। इथाइलिन का संश्लेषण मेथीओनिन नामक अमीनो अम्ल से होता है। ऑक्सिन की अधिक मात्रा इसके निर्माण के मध्य में एक एन्जाइम को टोनोप्लास्ट में निर्माण को प्रोत्साहित करता है, जो मध्य के उत्पाद को इथाइलिन में परिवर्तित करता है। हवा में विद्यमान विषैला पदार्थ इथाइलिन संश्लेषण के मध्य के उत्पाद SAM के उत्पादन को बढ़ा देते है। इसका उत्पादन चोट लगे ऊतकों में भी होता है। वैसे तो चोट लगे ऊतकों में इसके प्रभाव को ठीक से नहीं जाना जाता, लेकिन यह सम्भवतः चोट ठीक करने में सहायक होता है।

इथाइलिन के कार्य

- इथाइलिन मध्य भित्ति के विघटन के रसायनिक अभिक्रिया में संकेतक का कार्य करता है, जिससे फल मुलायम हो जाता है और

जल्दी पक जाता है। यह संचित भोज्य पदार्थों को शर्करा में रूपान्तरित कर देता है। कुछ फलों के पकते समय श्वसन क्रिया तेजी से बढ़ जाती है। जिससे ऑक्सीजन की ज्यादा मात्रा की आवश्यकता होती है। इस प्रकार के फलों को क्लाइमेक्ट्रीक फल कहते हैं। यह इथाइलिन के कारण होता है।

- इथाइलिन कुकरविटेशी कुल के पौधों में मादा फूलों की संख्या को बढ़ाने में सहायक होता है। जबकि जिबरेलिन नर पुष्पों की संख्या को बढ़ाते हैं।

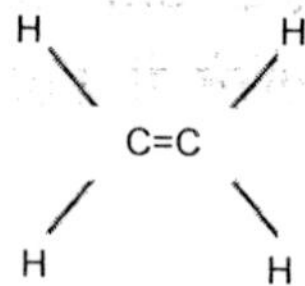

चित्रः इथाइलिन की रासायनिक संरचना

- इथाइलिन यांत्रिक तनाव को कम करके बीजों के जमाव में सहायक होता है। जब बढ़ते हुए तने के शीर्ष भाग पर कोई सख्त पदार्थ आ जाता है, तब पौधे के उस स्थान पर इथाइलीन का संश्लेषण होता है। जो काशिका भित्ति के फैलाव को रोककर उसको मजबूती प्रदान करता है, और तना तिरछा होकर उस यांत्रिकी रूकावट से आगे बढ़ जाता है। तने का अग्र भाग फिर कुछ समय बाद उस यांत्रिक रूकावट को धक्का देता है यदि रूकावट फिर भी नहीं भेदा जाता तो इथाइलिन तने को मोटा करने के दूसरे चक्र को शुरू कर देता है, और जब रूकावट हट जाती है तब तना अपने उर्ध्वगामी वृद्धि को फिर से प्राप्त कर लेता है। इस प्रकार की प्रतिक्रिया को तीसरी प्रतिक्रिया या ट्रीपल रेसपान्स (तने की वृद्धि को रोकना, तने को मोटा करना तथा तने की वृद्धि को परिवर्तित करके क्षैतीज करना) कहते हैं।

- इथाइलिन, स्कलेरेनकाइमा, जाइलम वेसल्स तथा ट्रैकीडस के कोशिकाओं के सुनियोजित मृत्यु की शुरूआत करता है, जिसको

एपोप्टाइसिस कहते हैं। इस मश्त्यु में कोशिकाओं के बचे पदार्थ काशिका द्रव्य में चले जाते हैं।

- इथाइलिन पत्तियों फूलों तथा फलों के झड़ने में सीधा भाग लेता है। इथाइलिन झड़ने वाले स्थान की कोशिकाओं में विघटन को प्रोत्साहित करता है। पत्तियों में ऑक्सिन की घटती मात्रा से इथाइलिन के संश्लेषण का संकेत मिलता है। इथाइलिन तथा ऑक्सिन की पारस्परिक क्रिया को पत्तियों को झाड़ने के लिये व्यवसायिक रूप में प्रयोग में लाया जाता है। कार्बन डाई ऑक्साइड की अत्यधिक मात्रा इथाइलिन के संश्लेषण को रोक देती है। अतः गोदामों में फलों को पकने से रोकने के लिए कार्बन डाई ऑक्साइड की मात्रा को गोदामों में बढ़ाया जा सकता है।

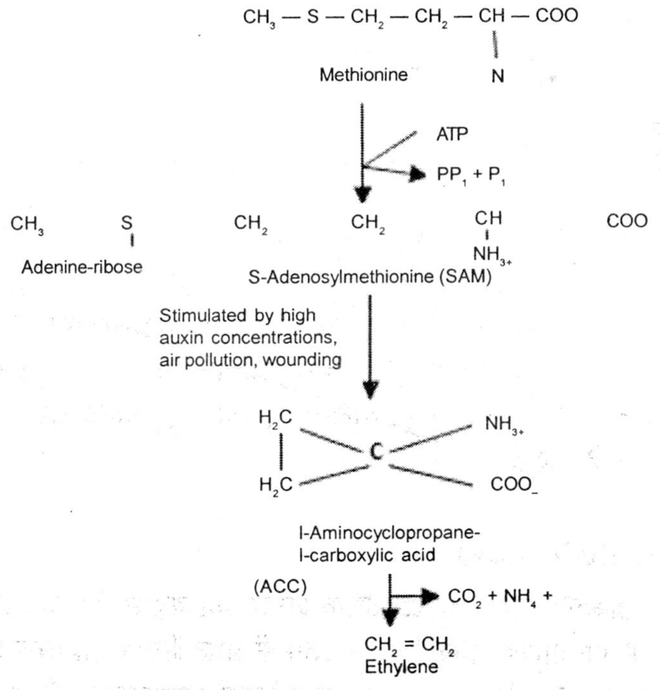

चित्रः इथाइलिन के संश्लेषण का चक्र

ब्रैसीनोलाइड्स

यह एक सरसों कुल के परागकणों में पाया जाने वाला स्टेरोअड होता है। यह रासायनिक संरचना में जन्तुओं में पाये जाने वाले स्टेरावाइड हार्मोन्स के समान होता है और इसके जीन्स पर कोड होते हैं जो इसके संश्लेषण के लिये जिम्मेदार होते हैं।

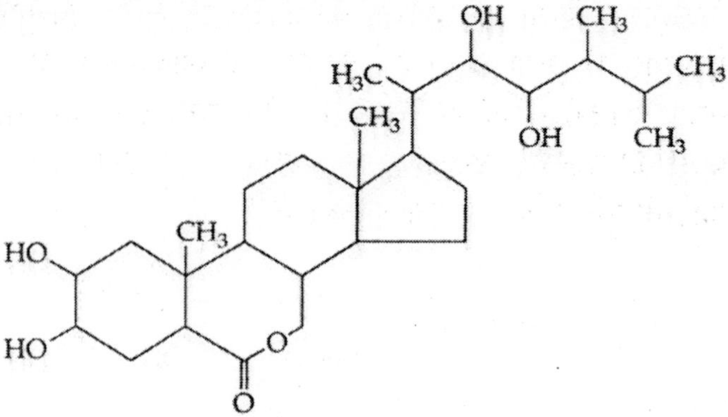

चित्रः ब्रैसीनोलाइड का रासायनिक संरचना

इस हारमोन्स के कार्य दूसरे हारमोन्स के कार्यों से मिलते जुलते हैं और कई जगहों पर पूरक का कार्य करते हैं। यह कोशिकाओं के विभाजन तथा वृद्धि के लिए संकेतक का कार्य करते हैं। यह पत्तियों के झड़ने को रोक सकता है। इसकी अनुपस्थिति में पौधे बौने रह जाते हैं। इसका प्रभाव ऑक्सिन तथा जिबरेलिन से मिलता जुलता है इसलिये इसका अध्ययन काफी कठिन है।

सैलिसिलिक अम्ल

यह अम्ल पौधों की प्रतिरोधक क्षमता को बढ़ाते हैं। यह पॉपलर की छाल से फिनोलिक एक्सट्रैक्ट के रूप में प्राप्त किया जा सकता है। यह लम्बे समय से दर्दनाशक के रूप में प्रयोग में लाया जाता है। अब इसका व्यवसायिक उत्पादन एस्प्रिन के रूप में होता है।

चित्रः सैलिसिलिक अम्ल की रासायनिक संरचना

ऑलीगोसैकरीन (ऑलीगोसैकराइड्स)

यह कोशिका भित्ति में पाया जाने वाला एक छोटे श्रृंखला वाला शर्करा है, जो प्रतिरोधक कार्यों मे सहयोग प्रदान करता है।

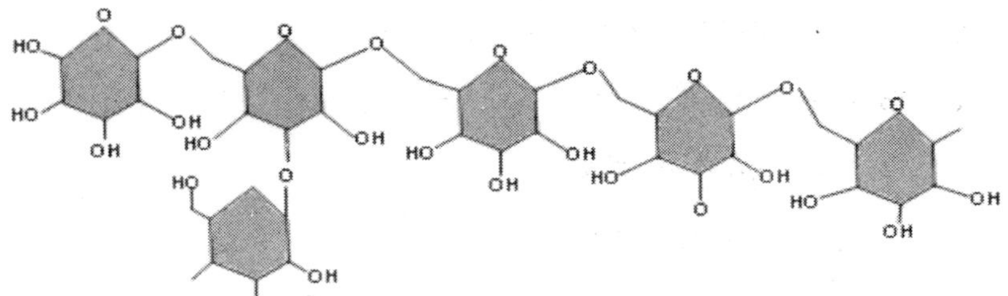

चित्रः ऑलीगोसैकरीन की रासायनिक संरचना

सिस्टेमीन

यह एक छोटे पेप्पटाइड होते हैं जो घाव लगे ऊतकों में पाये जाते हैं। ये प्रतिरक्षा में घाव को भरने में संकेत देने में सहायक होते हैं।

जसमोनेट्स

ये वसीय अम्ल के उत्पाद होते हैं। ऐसा प्रतीत होता है कि ये बीज के जमाव में भाग लेते हैं, जड़ निकलने में सहायक होते हैं तथा प्रोटीन के संचय मे भाग लेते हैं। यह घाव के स्थान पर विषैले पदार्थ का उत्पादन करते हैं, जिससे आक्रमण करने वाला शत्रु पौधे को ना खा सके।

जैव नियामकों की पहचान घोल तैयार करना तथा उनका प्रयोग

जैव नियामक कार्बनिक पदार्थ होते हैं जो बहुत ही कम मात्रा में पौधों पर प्रयोग करने पर पौधे कार्यिकी को रुपान्तरित करते हैं इस प्रकार

के रसायन पौधों पर बहुत ही विशिष्ट प्रकार के प्रभाव डालते हैं। उद्यान विज्ञान में इस प्रकार के रसायन निम्न प्रयोग में लाये जाते हैं –

1. कर्तन विधि से पौध प्रर्वधन करते समय जड़ निकालने के लिये।
2. तुड़ाई से पूर्व फलों के झड़ने से रोकने के लिये।
3. फल धारण बढ़ाने के लिए तथा बिना बीज का फल प्राप्त करने के लिए।
4. कलिकाओं के अंकुरण को रोकने के लिए
5. पौधों में सूसुप्त अवस्था लाने के लिए
6. फूल आने को नियन्त्रित करने के लिए
7. पतझड़ करवाने के लिए
8. पतझड़ रोकने के लिए
9. जब बहुत ज्यादा फल धारण वृक्ष कर लेता है तब फल की गुणवत्ता बनाये रखने के लिए कुछ फलों को झाड़ने के लिए।
10. चयनात्मक ढंग से खरपतवार नियन्त्रण के लिए

मोटे तौर पर जैव नियामकों में निम्नलिखित पांच वर्गो में विभाजित किया गया है

जैव नियामकों का प्रयोगः

जैव नियामकों का प्रयोग निम्नलिखित प्रकार से किया जा सकता है।

1. आक्सिन

उद्यान विज्ञान में कृत्रिम आक्सिन के निम्नलिखित प्रयोग है।

i. पौध प्रवर्धन

जिन पौधों के कर्तन में जड़ निकलने में कठिनाई होती है उसमें ज्यादा मात्रा में तथा जल्दी जड़ निकालने के लिए कृत्रिम आक्सिन, इन्डोल ब्यूटाइरीक अम्ल, नेफ्थलीन एसीटीक एसिड का प्रयोग करते हैं।

बीजों को आक्सिन के घोल में डुबाने से अंकुरण जल्दी तथा ज्यादा मात्रा में होता है।

ii. फूल खिलने में सहायक के रुप में

कुछ पौधों में आक्सिन फूल खिलाने में सहायक होता है जैसे अन्नानास में इसके प्रयोग से फूल खिलते हैं।

iii. लिंग निर्धारण

द्विलिंगी उभयी पौधों में मादा पुष्पों की संख्या बढ़ाने में सहायक होता है।

iv. फल झड़न रोकने के लिए

आक्सिन, 2,4–D या नेफ्थलीन एसीटीक एसिड 10 से 20 पी पी एम का छिड़काव करने से फल झड़न को रोकने में सहायता मिलती है।

v. खरपतवार नियन्त्रण

आक्सिन जैसे डालापन, 2, 4–D इत्यादि चुने हुये खरपतवारों के नियन्त्रण में प्रयोग किये जाते हैं।

2. जिबरेलिन (GA)

जिबरेलिन से बीजोपचार करने पर उपज में वृद्धि होती है। 30–100 पी०पी०एम० घोल को अंगूर में छिड़कने से बेरी के आकार में तुलनात्मक रुप में वश्द्धि होती है। नींबूवर्गीय पौधों में 10 पी०पी०एम० जिबरेलिन का जुलाई के माह में छिड़काव करने पर फल झड़न की समस्या से निजात मिलती है। आलू के बीज को 5 पी०पी०एम० जिबरेलिन के घोल में डुबोकर बोने से जमाव में बढ़ावार होती है और उपज में वृद्धि होती है। नर्सरी में एक प्रतिशत यूरिया का प्रत्येक माह में छिड़काव के साथ–साथ 150 पी०पी०एम० जिबरेलिन का सितम्बर तथा अक्टूबर में छिड़काव करने से पौधों की बढ़ावार में वृद्धि होती है।

3. साइटोकाइनिन

साइटोकाइनिन, जिबरेलिन तथा आक्सिन के उपस्थिति में कार्य करता है। 250 पी०पी०एम० जिबरेलिन तथा बेन्जाइल ऐडेनीन के साथ 10 पी०पी०एम० नेफ्थलीन एसीटीक एसिड, आम के फल में गुठली को छोटा करने में सहायक होता है।

4. इथाइलीन

कृत्रिम इथाइलीन के रुप में इथेल तथा इथोफोन का प्रयोग किया जाता है जो पौधों पर छिड़कने के बाद विघटित होकर इथाइलिन पैदा करते हैं। इसके प्रयोग से फूल आने को रोका जा सकता है तथा इसके प्रयोग से फूलों में नर लिंग का निर्धारण रुक जाता है। केले के फल को धुंयें से उपचारित करने से फल को पकाने में तथा पीला रंग प्राप्त करने में सहायता मिलती है। इस प्रक्रिया में सहायक तत्व इथाइलिन ही होता है।

□□□

अध्याय 11

पश्च उत्पादन प्रबन्धन एवं मूल्य संवर्धन

उद्यानिकी फसलों के उत्पाद बहुत ही जल्दी नाशवान होते हैं। एक आँकलन के अनुसार 35–40 प्रतिशत का फल तथा सब्जियों में नुकसान अच्छी प्रकार से पश्च उत्पादन प्रबन्धन न करने के कारण होता है। जिसको अगर रूपये में परिवर्तित करें तो लगभग रू० 40,000.00 करोड़ की हानि प्रति वर्ष उठानी पड़ती है। इसी प्रकार से फूलों का उत्पादन के बाद प्रति वर्ष रू० 100 करोड़ का नुकसान इसी करण से होता है। अपने देश में फल तथा सब्जी की जो हानि उत्पादन के बाद होता है वह संयुक्त राज्य ब्रिटेन के वार्षिक उपभोग के समतुल्य होता है। यह हानि न केवल करोड़ों रूपये का होता है बल्कि उत्पादन के लिये लगने वाले श्रम, ऊर्जा तथा निवेश की भी हानि होती है। अतः पश्च उत्पादन प्रबन्धन का उद्यानिकी फसलों के लिए खासा महत्व है।

जलवायु में होने वाले परिवर्तन खासतौर से तापमान के बढ़ोत्तरी से भी उद्यानिकी फसलों के पश्च उत्पादन तथा संभरण बहुत ही बुरी तरह से

प्रभावित होता है। और यह बात सच है कि जलवायु में परिवर्तन तथा मानव द्वारा उस परिवर्तन के मद्देनजर उद्यानिकी फसलों के उत्पादन में परिवर्तन ठीक चूहे–बिल्ली के दौड़ की तरह कभी भी खत्म न होने वाला है और केवल पश्च उत्पादन प्रबन्धन करके ही हम उत्पाद के गुणवत्ता को बनाये रख सकते हैं।

एक आंकलन के अनुसार 2009 में लगभग 10.50 करोड़ भूखे तथा कुपोषण से ग्रसित लोगों की संख्या अब लगभग 1.02 अरब हो गयी है। यह आंकड़े बताते हैं कि विश्व की कुल जनसंख्या का छठा हिस्सा भुखा तथा कुपोषण से ग्रसित है। इन भूखे लोगों तक सन्तुलित आहार पहुँचाने में पश्च उत्पादन प्रबन्धन का विशेष महत्व है।

अगर विकसित तथा विकासशील देशों में होने वाले पश्च उत्पादन नुकसान पर नजर डालें तो ज्ञात होता है कि विकासशील देशों में यह नुकसान उत्पाद का उपभोगकर्ता तक पहुँचने से पहले होता है जबकि विकसीत देशों में यह नुकसान उपभोगकर्ता तक पहुँचने के बाद होता है। चूँकि गरीबी और भूखमरी का चोली दामन का सम्बन्ध होता है। अतः पश्च उत्पादन प्रबन्धन तथा गुणवत्ता संवर्धन के द्वारा इन पर लगाम लगाया जा सकता है।

विश्व में लगभग 80,000 पौधों का आर्थिक महत्व अभी तक ज्ञात हो सका है। जिसमें 30,000 पौधे खाने योग्य प्राकृतिक रूप से है। उपरोक्त में से 7000 पौधों को एक समय या दूसरे समय में खेती की जाती है। लेकिन केवल 158 पौधे ही प्रमुखता में भोज्य पदार्थों के रूप में प्रयोग में लाये जाते हैं और उसमें से भी 30 फसलों द्वारा 90 प्रतिशत खाद्य पदार्थ, 10 फसलें 75 प्रतिशत विश्व खाद्य पदार्थ उपलब्ध कराती है। विश्व में 60 प्रतिशत से ज्यादा जनसंख्या कुल प्रोटीन तथा ऊर्जा केवल तीन फसलों– धान, गेहूँ और मक्का द्वारा उपलब्ध कराया जाता है। केवल तीन फसलों पर आधारित विश्व खाद्य सुरक्षा बदलते वर्तमान परिदृश्य में बहुत ही घातक है। इसलिए बेहतर फसल विविधता के रूप में भी उद्यान की फसलों का उत्पादन ही एक विकल्प है।

उद्यान फसलों का पश्च उत्पादन भंडारण समय अनेकों पूर्व–कटाई, कटाई तथा कटाई के बाद के कारकों से प्रभावित होता है। क्योंकि उद्यान की फसलों का प्रत्येक पश्च उत्पादन कदम अनेकों जैव रसायनिक, दैहिक, हारमोन्स तथा संरचना परिवर्तन से प्रभावित हाता है जोकि वातावरणीय कारकों, जैविक तथा अजैविक तनावों से उत्पन्न होते हैं।

□□□

अध्याय 12

औद्यानिकी फसलों में एकीकृत नाशीजीव प्रबंधन

अधिक उपज देने वाली किस्मों के आने से तथा उन्नत फसल प्रबन्धन के तरीकों को अपनाने से एक ओर जहाँ पैदावार में वृद्धि हुई है, वहीं साथ ही साथ कृषि परिस्थितिकी तन्त्र में भौतिक, रासायनिक, जैविक एवं सस्य परिवर्तनों के कारण फसलों में तरह–तरह के कीड़ों एवं बीमारीयों के प्रकोप में भी वृद्धि हुई है, जिसके कारण नई–नई किस्मों के इस्तेमाल के बावजूद भी किसानों को वांछित उत्पादन एवं लाभ प्राप्त नहीं हो रहा है। जिसके मुख्य कारण कीड़े, बीमारीयां तथा खरपतवार हैं। कीड़ों तथा बीमारीयों की रोकथाम के लिए पिछले लगभग 50 वर्षों से रासायनिक दवाइयों (पेस्टीसाईड) को मुख्य हथियार के रूप में इस्तेमाल किया जाता रहा है। औद्यानिक फसलों की उत्पादकता एवं गुणवत्ता में विभिन्न कीटों/रोगों द्वारा होने वाली क्षति को नियंत्रित करने हेतु किसानों द्वारा मुख्य रूप से जहरीले रसायनों का अविवेकपूर्ण रूप से प्रयोग किया जा रहा है जिसके परिणामस्वरूप गौण कीटों का प्रमुख नाशक कीटों में

परिवर्तन, कीटों में कीटनाशियों की बढ़ती प्रतिरोधकता, पर्यावरण एवं खाद्य श्रृंखला का प्रदूषण, उद्यान में उपस्थित प्राकृतिक शत्रु कीटों का विनाश इत्यादि प्रमुख समस्यायें उत्पन्न हो रही हैं। अतः कीट/रोग नियंत्रण हेतु ऐसे सुनियोजित प्रबन्ध कार्यक्रम अपनाने की आवश्यकता है जो पर्यावरण एवं मानव स्वास्थ्य की दृष्टि से सुरक्षित और क्षति को नियन्त्रित करने में सक्षम हो। जिसके परिणाम स्वरुप एकीकृत नाशीजीव प्रबंधन की अवधारणा प्रस्तुत की गयी।

एकीकृत नाशीजीव प्रबंधन के अन्तर्गत उद्यान के चुनाव से लेकर फसल की कटाई तथा तुड़ाई तक की सभी क्रियाओं का इस प्रकार समावेश किया जाता है जिससे कीटों/व्याधियों के द्वारा फसल को होने वाली हानि को नियंत्रित किया जा सके। इस विधि में नाशीजीवों के नियंत्रण हेतु सस्य क्रियाओं, यांत्रिक विधियों, जैविक नियंत्रण, वानस्पतिक उत्पादों एवं नाशीजीव रसायनों की संस्तुति दी जाती है। दूसरे शब्दों में नाशीजीव नियंत्रण की सभी विधियों का एकीकृत रूप से उपयोग करके नाशीजीवों की संख्या को आर्थिक क्षति स्तर के नीचे बनाये रखने को एकीकृत नाशीजीव प्रबंधन कहते हैं।

एकीकृत नाशीजीव प्रबंधन का महत्व

- पर्यावरण का प्राकृतिक संतुलन बनाये रखने के लिए।
- नाशी रसायनों से होने वाले पर्यावरण प्रदूषण को रोकने के लिए।
- कीटों में कीटनाशकों के प्रति बढ़ती प्रतिरोधात्मक क्षमता को रोकने के लिए।
- कीटनाशकों के अन्धाधुंध प्रयोग से मित्र कीटों का विनाश एवं नये हानिकारक कीटों का उद्‌गम रोकने के लिए।
- कीटनाशकों से बढ़ती दुर्घटनाओं एवं स्वास्थ्य समस्याओं को रोकने के लिए।
- मित्र कीटों के संरक्षण के लिए।

- कीटनाशकों का खाद्य पदार्थों, चारा और पानी आदि में बढ़ते अवशेषों को रोकने के लिए।
- कृषकों में मित्र कीटों के प्रति जागरूकता बढ़ाने के लिए।
- कीटनाशकों के अविवेक पूर्ण प्रयोग को हतोत्साहित करने के लिए।
- उत्पादन लागत कम करने के लिए।
- विषरहित एवं उत्पादन स्तर बनाये रखने के लिए।
- अधिक गुणवत्ता एवं विषरहित खाद्य पदार्थ उत्पन्न करने के लिए।

आधारभूत सिद्धान्त

1. फसल के पारिस्थितिकीय तंत्र पर विचार (Consideration on ecosystem of the crop) जैविक एवं अजैविक कारकों के आपसी संबंधों की जानकारी। फसल पारिस्थितिकीय तंत्र में नाशीजीवों के उतार–चढ़ाव पर विचार।
2. कीट निगरानी (Pest monitoring)

   नाशीजीवों का नियमित ऑकलन करना, जिससे उसका पूर्वानुमान लगाया जा सके। फसलों को बोने से लेकर काटने तक साप्ताहिक निगरानी कर मित्र व शत्रु कीट के बारे में जानकारी रखना।
3. आर्थिक क्षति स्तर का प्रयोग (Utilization of ETL)

   कीट नियंत्रण में आर्थिक क्षति स्तर का बहुत महत्व है इसी के आधार पर कीटनाशकों का प्रयोग निर्भर करता है। समयानुसार आई०पी०एम० के तरीकों को अपनाकर नाशीजीवों को उनके आर्थिक क्षति स्तर के नीचे रखना।
4. कीटनाशकों का कम से कम तथा आवश्यकतानुसार प्रयोग (Application of minimum selective pesticides)

कीटनाशकों को केवल जरूरी होने पर अपरिहार्य परिस्थतियों में अन्तिम कारक के रूप में प्रयोग की संस्तुति की गयी है। रासायनिक कीटनाशकों, फफूँदी नाशकों इत्यादि को उचित मात्रा में उसी समय प्रयोग

करें, जब कीटों/रोगों के द्वारा पहुंचाई गई क्षति आर्थिक क्षति स्तर को पार कर रही हो।

आई०पी०एम० से लाभ

- इस विधि में परिस्थतिक तंत्र और पर्यावरण की सुरक्षा होती है।
- कीटनाशक एवं अन्य विषैले रसायनों से जल, वायु तथा भूमि की रक्षा होती है एवं मनुष्य में होने वाले दुष्प्रभाव को कम करती हैं।
- कीड़ों एवं बीमारियों में प्रतिरोधक एवं प्रजनन क्षमता को कम करती है लाभदायक कीटों तथा मित्र जीवों की सुरक्षा करती है।
- उत्पादन लागत कम करके विष रहित खाद्य पदार्थ उत्पादन हेतु।
- किसानों द्वारा ग्रामीण परिस्थिति में आसानी से अपनाई जाती है।
- किसानों के व्यवहार एवं खेती की पद्धतियों में बदलाव लाता है।
- कृषकों में मित्र कीटों के प्रति जागरूकता बढ़ाने के लिए।
- आई०पी०एम० तकनीक कृषकों को कृषि के लिये सही निर्णय लेने की क्षमता प्रदान करती है।
- निर्यात को बढ़ावा मिलता है।
- वन्य जीवों की सुरक्षा करती है।

एकीकृत नाशीजीव प्रबन्धन के मुख्य घटक व विधियॉ

आर्थिक क्षति स्तर

आर्थिक क्षति स्तर नाशीजीव को नियंत्रित करने सम्बन्धित क्रियाओं जैसे कि नाशी रसायनों का छिड़काव करना आदि से होने वाले प्रभाव के बारे में सोचकर निर्णय लेना है। इसमें यह ध्यान रखना है कि यदि नाशी रसायनों का प्रयोग न करें तो उपज का नुकसान ज्यादा होगा, या छिड़काव करने की लागत ज्यादा होगी, या कीटनाशकों के छिड़काव से प्राकृतिक शत्रुओं की संख्या के स्तर या पौधों के स्वास्थ्य पर कोई प्रभाव

पड़ेगा। आर्थिक प्रभाव सीमा (Economic thresh hold level-ETL) वह सीमा है जिस पर कीटों की जनसंख्या के बढ़ने से उतना आर्थिक नुकसान होगा जितना की उनके नियंत्रण पर खर्च करना। आर्थिक क्षति स्तर, निर्णय लेने की प्रक्रिया में मार्ग दर्शन करता है क्योंकि इसके द्वारा किसान यह निर्णय ले सकता है कि उसे भविष्य में क्या करना चाहिए कि कीड़े या बीमारी आर्थिक क्षति स्तर तक न पहुँचे।

आर्थिक क्षति स्तर, फसल एवं उसकी प्रजाति को पैदा करने का स्थान तथा किसानों के स्वयं के परिवेश पर निर्भर करती है। जितना ज्यादा नियंत्रण पर खर्च होगा उतना ही कम लाभ होगा। यह भी देखा गया कि आर्थिक क्षति स्तर कभी–कभी पर्यावरण को ध्यान में रखकर नहीं सोचा जाता। इसलिए यदि हम पर्यावरण की क्षति स्तर को ध्यान में रखकर आर्थिक क्षति स्तर को सोचे तो कीड़े एवं बीमारियों के प्रबंधन में केवल उन्हीं कीटनाशकों और रसायनों का प्रयोग करें जो कि पर्यावरण को क्षति न पहुँचाते हों। वास्तव में 90 प्रतिशत या उससे अधिक कीटनाशक रसायन उन कीड़ों को नष्ट नहीं कर पाते जिनके लिए उनका प्रयोग होता है बल्कि वे विभिन्न तरीकों से वातावरण या खाद्य श्रृंखला में प्रवेश कर मानव को ही नुकसान पहुँचाते हैं।

एकीकृत नाशीजीव प्रबन्धन की विधियाँ

1. प्रतिरोधी प्रजातियों का प्रयोग।
2. सस्य क्रियायें।
3. यांत्रिक विधियाँ।
4. जैविक विधियाँ।
5. रासायनिक नियंत्रण।

1. प्रतिरोधी प्रजातियों का प्रयोग

विभिन्न परिस्थितियों, परजीवियों तथा संक्रमियों के प्रति प्राकृतिक अवरोधिता का विकास पौधों तथा जीवधारियों के अनुकूल है। फसलों की

अवरोधी प्राजातियों का उपयोग आई०पी०एम० का प्रमुख अंग है। प्रत्येक फसल के प्रमुख कीट रोगों के प्रति अवरोधी जातियों की एवं रोग सहन करने वाली प्रजातियों का ज्ञान कराया जाना और जहॉ तक सम्भव हो इन्हीं प्रजातियों के बीजों की खेती, प्रदर्शन वाले क्षेत्र में कराया जाना, इस कार्यक्रम की सफलता हेतु आवश्यक है।

2. सस्य क्रियाएं (कर्षण क्रियाएं)

बुवाई के पूर्व क्या करें?

- ग्रीष्म कालीन गहरी जुताई करें।
- खेतों में पिछली फसल के ठूँठ (अवशेष) और खरपतवारों को नष्ट करें।
- फफूँदीनाशकों से बीजशोधन कर बुवाई करें।
- मिट्टी से पैदा होने वाले रोग नियंत्रण हेतु खेतों में नीम की खली एवं पलेवा के साथ निम्बिसिडीन का प्रयोग करें।
- भूमिगत कीटों एव निमेटोड्स के नियंत्रण हेतु खेतों में नीम की खली एवं पलेवा के साथ निम्बिसिडिन का प्रयोग।
- प्रतिरोधी एवं सहनशील प्रजातियों की बुवाई करें।
- समय पर बुवाई करें।
- पौधे के बीच में उचित दूरी रखें।

बुवाई के बाद क्या करें ?

- उर्वरकों का संतुलित प्रयोग।
- पानी का समुचित प्रबन्ध।
- खरपतवारों के उन्मूलन का समुचित प्रबंध।
- नाशीजीवों की निगरानी के लिए प्रकाश प्रपंच, पीले चिपचिपे ट्रेप तथा फेरोमॉन ट्रेप का प्रयोग।

- फसल के नाशीजीव एवं उनके प्राकृतिक शत्रुओं पर लगातार निगरानी रखना।
- मित्र कीटों की सुरक्षा करना।
- मित्र कीटों की पर्याप्त संख्या बनाये रखने के लिये बाहर उजालाकर, अंड एवं लार्वल परजीवी तथा परभक्षियों को छोड़ना।
- अंड समूह एवं सूंड़ियों को एकत्रित कर नष्ट करना ।
- नाशीजीव एवं मित्र कीटों के अनुपात 2:1 के बारें में सतर्कता बरतना।
- नाशीजीवों के अंडे एवं सूड़ियों की अवस्थाओं को कम करने के लिये बी०टी० या एन०पी०वी० का प्रयोग।
- ई०टी०एल० के आधार पर अंतिम उपाय के रूप में आवश्यकतानुसार नाशी रसायनों का सूझबूझ भरा प्रयोग।

3. यांत्रिक विधियॉ

- खेतों से अण्डों व सूड़ियों को एकत्र करके नष्ट करना।
- कीट/रोग ग्रसित पौधों को नष्ट करना।
- लाइट ट्रेप खेतों में लगाकर कीटों को नष्ट करना।
- खरपतवारों को हाथ से व निराई–गुड़ाई करके नष्ट करना।
- चूहों के बिलों का नष्ट करने के लिये पानी भरना।
- परभक्षी चिड़ियों को आकर्षित करने के लिये बर्डपर्चर का प्रयोग करना।

4. जैविक विधियॉ

इस विधि में नाशीजीवों का नियंत्रण दूसरे जीवों के प्रयोग के द्वारा किया जाता है जिन्हें जैविक नियंत्रक कहते हैं। जैविक नियंत्रक तीन प्रकार के होते हैं:–

क. परजीवी

इस विधि में नाशीजीवों की रोकथाम के लिए इस प्रकार के जीवों का प्रयोग करते हैं जो अपना जीवन तथा पोषण एक ही नाशीजीव से लेते हैं तथा इन परजीवियों का आकार नाशीजीवियों के बराबर या छोटा होता है। जैसे:

अंड परजीवी

1. *ट्राइकोग्रामा चिलोनिस*
2. *ट्राइकोग्रामा जेपोनिकम*
3. *टेलीनोमस* प्रजाति
4. *टेट्रास्टिकस* प्रजाति
5. *ओइनोसर्टस पाइरिली*

प्रमुख अण्ड परीजीवी *ट्राईकोग्रामा*

यह गहरे रंग के छोटे कीड़े अण्ड परजीवी होते है। मादा ततैया, पोषक अण्डे में अपने अण्डे देती है और बाद में पोषक अण्डे के हिस्सों को चूसकर उन्हे मार देती है। अन्त में ये उनसे जिन्दा व्यस्क कीड़ों के रूप में निकलते है। अण्डे से व्यस्क कीड़ा बनने की अवस्था में 10–14 दिन लगते है। *ट्राइकोग्रामा* छोटा ततैया कीट है जो 'लेपीडोप्टेरा' कुल के लगभग 200 प्रकार के नुकसानदेह कीड़ों के अण्डों को खाकर जीवित रहता है। यह अण्ड परजीवी गन्ना, कपास, धान, सूरजमुखी, फसलों और सब्जियों में हानिकारक तना बेधक, फल बेधक व पत्ती मोड़क कीड़ों का जैविक विधि द्वारा नाश करता है। मादा *ट्राइकोग्रामा* ततैया फसलों को हानि पहुंचाने वाले कीड़ों के अण्डों में अपने अण्डे देती हैं। बाद में इन अण्डों के हिस्सों को खा जाती हैं। अन्त में इन अण्डों से वयस्क *ट्राइकोग्रामा* ततैया निकलता है। एक *ट्राइकोग्रामा* 100 अण्डों को मार देता है।

ट्राइकोग्रामा की पूर्ति कार्ड के रूप में होती है जिसमें संकलित अण्डे चिपके होते हैं। खेतों में जैसे ही नुकसानदेह कीड़ों के अण्डे दिखाई दें तुरन्त ही कार्ड को छोटे–छोटे टुकड़ों में फाड़कर खेत के विभिन्न भागों में बीचों–बीच पत्तियों की निचली सतह पर या जोड़ पर लगा दें।

सूंडी या इल्ली परजीवी / सूंड़ी प्यूपी परजीवी : ये परजीवी 'लेपीडोप्टेरा' कुल के सूंड़ियों को ग्रसित करते हैं। ये परजीवी अपने अण्डे सूड़ियों के शरीर में दे देते हैं तद्पुरान्त परजीवी के लार्वा सूड़ियों को अन्दर से खाकर मार देते हैं। उदाहरणः–

1. *अपेनटेलिस* प्रजाति
2. *स्ट्रमिओपसिस* इन्फेरान्स
3. *कोटासिया फ्लेविपिस*
4. *स्टेनोब्रेकोन नाइसीविली*
5. *आइसोटिमा जावेन्सिस*
6. *इपीरीकानिया मेलानोल्यूका*
7. *ब्रेकोन* प्रजाति
8. *एफिडियस* प्रजाति
9. *जैन्थोपिम्पला* प्रजाति
10. *केम्पोलेटिस* प्रजाति

ख. परभक्षी

ये जैविक नियंत्रक नाशीजीवों का भक्षण करते हैं। इनका आकार प्रायः नाशीजीवों से बड़ा होता है तथा ये अपने पूरे जीवन काल में एक से ज्यादा नाशीजीवों का भक्षण करते हैं। उदाहरणः–

- मकड़ियॉ (स्पाइडर्स)
- लेडी बर्ड बीटल (कोक्सनिलिड)
- केराविड बीटल

- *काइसोपर्ला कारनिया*
- सिरफिड फ्लाई
- डेमसेल फ्लाई
- चिऊरा मक्खी (ड्रेगन फ्लाई)
- टेकनिड मक्खी (टेकनिड फ्लाई)
- मेडोग्रासहोपर
- मिरिड बग
- वाटर बग
- परभक्षी चिड़ियॉ (कौवा, कबूतर, मैना, बगुला, तीतर)

ग. रोगकारक या पैथोजन्स

ये जैविक नियंत्रक नाशीजीवों में रोग उत्पन्न करके नाशीजीवों को नष्ट कर देते हैं। उदाहरणः–

फफॅूदी

ब्यूवेरिया बेसियाना, ट्राइकोडरमा, मेटारिजियम एनिसीपोली, वर्टीसिलियम लेस्नी, आर्थोबोट्रिस कोनाइडस, आर्थोबोट्रिस ओलिगोस्पोरा, पेसिलोमाईसिस लिलासियस, कम्बेट (*ट्राइकोडरमा हारजियेनम, ट्राइकोडरमा लिग्नोरम, ग्लायोक्लेड्यिम वाइरेन्स* व *वेसिलस सबटेलिस* का मिश्रण)

ट्राइकोडरमाः यह घुलनशील पाउडर है जो एक जैविक फफॅूदीनाशक है। इसका प्रयोग बीजोपचार, भूमि उपचार तथा खड़ी फसलों पर छिड़काव के लिये किया जाता है। इससे कपास, चना, मटर, मसूर, मूँग, अरहर, सोयाबीन, उर्द, मूँगफली, तिल, सूर्यमुखी के विनाशकारी फफॅूदीजनित रोग जैसे उकठा, जड़ गलन तना विगलन आदि की रोकथाम होती है। साथ ही पौधों के पुष्पन में सहायक होता है। इसे जैविक खादों के साथ उपयोग में लाया जा सकता है। ट्राइकोडरमा के कवक तन्तु फसलों के नुकसानदेह ''फफॅूद'' के कवक तंतुओं को लपेटकर या सीधे अन्दर घुसकर उसका रस चूसकर जीवन समाप्त कर देते हैं।

बैक्टीरिया

1. बी0टी0 (*वैसिलस थ्यूरिनजियेन्सिस*)

यह एक ऐसा वैक्टीरियल पेस्टीसाइड है जो विभिन्न प्रकार के बोरर्स (छेदकर के खाने वाले) तथा काट कुतर कर खाने वाले कीटों की भोजन नली में पहुंचकर उनकी जैविक क्रियाओं को बन्दकर देता है। इस प्रकार कीट मर जाते है।

2. *बैसिलस सीरियस*

यह बैक्टीरिया वातावरण में पर्याप्त मात्रा में पाया जाता है तथा कई प्रकार की सूड़ियों को नियंत्रित करता है।

वायरस

न्यूक्लीयर पॉली हाईड्रोसिस वायरस–*हेलिकोवर्पा आर्मीजेरा* (एन०पी०वी०–*एच०ए०*), एन०पी०वी० *स्पोडोप्टेरा लिटूरा*, ग्रेनूलोसस वायरस, न्यूक्लियर पालीहाईड्रोसिस वायरस (एन०पी०वी०)

हरी सूँड़ी (*हेलिकोवर्पा*) जो वायरस ग्रसित होती हैं को पीसकर घोल तैयार किया जाता है। यह जैविक रसायन है जो कपास, चना, मटर, अरहर, सोयाबीन आदि दलहनी फसलों में लगने वाले हेलिकोवर्पा नामक सूंड़ियों को प्रभावी ढंग से नियंत्रण करता है। सूंड़ी जब पौधे की पत्ती या फलों को खाती है, विषाणु उसकी आँत में प्रवेश कर जाता है तथा उनके शरीर की क्रियाओं को बाधित कर देता है और सूंड़ियां मर जाती हैं।

वायोसाइडस

नीम उत्पाद–निमोली, नीम आयल, निम्बिसिडीन इत्यादि।

नीम की निंबोली से टमाटर फल छेदक का नियंत्रण

नीम की पकी निबोंली को पानी में डुबोकर एक रात के लिए रख देते हैं उसके बाद भीगी हुई निंबोली को पानी के अन्दर ही किसी लकड़ी के

डन्डे से चलाते है। ऐसा करने से निंबोली का छिलका और पल्प (गूदा) अलग हो जाता है तथा बीज नीचे बैठ जाते है। बीजों को पानी से निकाल कर छाया या हल्की धूप में सुखा लेते है। सूखें हुए बीजों को हाथ की चक्की या खरल में पीस कर बारीक पाउडर बना लेते हैं। 2 किग्रा. पाउडर को 5 लीटर में भिगोकर रख देते हैं। 12 घण्टे बाद इसको लकड़ी से चलाकर मिला देते है। इसको सूती कपड़े से छान लेते है, छानने के बाद जो घोल नीचे निकलता है उसमें 100 लीटर पानी मिलाकर एक एकड़ फसल पर छिड़काव कर देते हैं। इस नीम कीट नाशक के प्रयोग से माहूं व सफेद मक्खी का भी नियंत्रण हो जाता है।

5. रासायनिक नियंत्रण

आई०पी०एम० पद्धति में रासायनिक नियंत्रण अन्तिम उपाय के रूप में अपनाया जाता है। रासायनिक नियंत्रण को आवश्यकतानुसार, उचित मात्रा एवं समय पर सुरक्षित प्रयोग करें। आवश्यकतानुसार से तात्पर्य है जब नियंत्रण के अन्य साधनों से वांछित परिणाम न मिले व कीट संख्या आर्थिक हानि स्तर से ऊपर हो तथा प्राकृतिक जैविक कारकों का अनुपात असंतुलित हो तभी नाशी रसायनों का प्रयोग किया जाये। कीटनाशक, फफूँदीनाशक, खरपतवारनाशक एवं अन्य रसायनों का प्रयोग अन्तिम उपाय के रूप में आर्थिक प्रभाव सीमा–स्तर होने पर ही करें। उचित मात्रा एवं समय पर कीटनाशकों का छिड़काव/बुरकाव करने से अच्छे परिणाम मिलते है। कीटनाशकों का सीमित क्षेत्रों में प्रयोग के साथ–साथ जीवों एवं पर्यावरण के लिये अपेक्षाकृत कम हानिकारक का ही प्रयोग करें।

□□□

अध्याय 13

सब्जियों के प्रमुख कीट तथा रोग और उनका प्रबंधन

गोभी वर्गीय सब्जियां

प्रमुख कीट

1. हीरक पृष्ठ कीट (Diamond Back Moth)

यह कीट पूरे वर्ष पाया जाता है तथा इस कीट के व्यस्क के पीठ पर हीरे के जैसे धब्बे होते हैं। इस कीट की सुड़ियां पारदर्शी होती हैं तथा इन्हीं के द्वारा गोभी को क्षति पहुंचाई जाती है। छोटी सुड़ियां पत्तियों में सुरंग बनाती है तथा बड़ी सुड़ियां पत्तियों पर बाहर से छेद करके खाती है। जिससे पत्तियां छिदी हुई दिखाई देती हैं। जिससे गोभी का बाजार मूल्य गिर जाता है।

2. गोभी की तितली (Cabbage Butterfly)

व्यस्क तितली पीले या क्रीम रंग की होती है। इसके अग्र पंख पर एक काला धब्बा होता है। मादा पीले रंग के अण्डे गुच्छे में पत्तियों के

ऊपरी या नीचले भाग पर देती है। प्रारंभ में अण्डों से सुड़ियां निकलने के बाद गुच्छे में ही पत्तियों के क्लोरोफिल को खुरच कर खाते हैं। बड़े होने पर ये सुड़ियां पूरे खेत में फैल जाती हैं तथा पत्तियां पर खाते है। ज्यादा प्रकोप होने पर ये कीट सारी पत्तियों को खा जाते हैं जिससे पौधे में सिर्फ डंठल ही शेष बचता है।

3. गोभी का माहूं (Aphids)

इस कीट के शिशु तथा प्रौढ़ दोनों ही हानि पहुँचाते हैं। दोनों ही के चुभाने तथा चुसने वाले मुखाँग होते हैं। ये कीट पौधे के सभी भागों से रस चुसते हैं। इनका सबसे अधिक प्रकोप पत्तियों तथा पुष्प पर होता है। इनके प्रकोप से गोभी का विकास रुक जाता है तथा पौधे पीले पड़कर सूखने लगते हैं।

4. सरसों की आरा मक्खी (Sawfly)

इस कीट की सूंड़ी (गिडार) अवस्था में ही हानि पहुंचाती हैं। सूड़ियां काले रंग की होती हैं तथा पत्तियों पर छेद करके खाती हैं। दिन के समय में यह मिट्टी में छिपे रहते हैं तथा रात में बाहर निकल कर पौधों को नुकसान पहुंचाते हैं।

5. चितकबरा कीट (Painted Bug)

इस कीट की शिशु तथा व्यस्क दोनों ही पौधे से रस चुसकर नुकसान पहुंचाते हैं। रस चूसने के कारण पौधे पीले पड़कर सुख जाते हैं। व्यस्क 6 मि0मी0 लम्बा तथा गहरे काले रंग का होता है। जिस पर नारंगी और लाल रंग के धब्बे होते है।

प्रमुख रोग

1. आर्द्रगलन (Damping off)

पौधशाला में पौध तैयार करते समय यह रोग एक प्रमुख समस्या है। नये पौध के तने के आधार से इस रोग का संक्रमण प्रारम्भ होता है। इस

रोग में बीज अंकुरण से पहले या अंकुरण के बाद जमीन की सतह से ही गलकर मर जाते हैं।

2. काला सड़न (Black Rot)

प्रारम्भ से लेकर बीज बनने की अवस्था तक कभी भी यह रोग हो सकता है। इस रोग का संक्रमण कीटों के द्वारा पत्ती के किनारे पर किये गये से घावों से प्रारम्भ होता है। पत्तियों की शिराएं पीले काले रंग की होने लगती हैं तथा पत्तियों पर `V' आकार के धब्बे दिखाई देते है। अंत में पत्तियां सड़ने लगती हैं।

3. तना विगलन (Stem Rot)

इस रोग के प्रारम्भ में पत्तियां दिन के समय मुरझा जाती हैं तथा रात के समय फिर से स्फीत हो जाती हैं। पत्तियों तथा तनों पर काले भूरे रंग के धब्बे बनने लगते हैं अंत में गोभी तने के भीतर का गुदा नष्ट हो जाता है जिससे पौधा मुरझा कर मर जाता है।

4. अल्टरनेरिया पर्ण चित्तीरोग (Alternaria Leaf Spot)

पत्तों पर भूरे रंग के धब्बे बन जाते है। ये धब्बे संकेन्द्रीय होते हैं। कुछ समय बाद ये धब्बे पूरे पत्ते पर फैल जाते हैं जिससे पत्तियां अंत में सूख कर गिर जाती है।

गोभी वर्गीय सब्जियां में एकीकृत नाशीजीव प्रबंधन

क्र.सं.	अवस्था	नाशीजीव	प्रबंधन क्रियायें
1.	बुवाई से पूर्व	सभी मृदाजनित रोग तथा कीट	▫ ग्रीष्म कालीन जुताई जिससे सूक्ष्मजीवों तथा कीटों की विभिन्न अवस्थायें मारी जाती है। ▫ फसल चक्र अपनायें। ▫ सदैव प्रतिरोधी प्रजातियों तथा सहनशील प्रजातियों का चयन करें। ▫ मिट्टी का सोलराइजेशन करें।

			▫ नर्सरी बेड को हमेशा 10 सेमी0 ऊँचा उठाकर बनायें। ▫ नर्सरी बेड को कार्बोफ्यूरान 3 जी0 @ 0.3 से 0.6 ग्रा0 सक्रिय तत्व (स0त0)/वर्ग मी0 के दर से उपचारित करें। ▫ पूर्व फसल के अवशेषों को सर्वप्रथम नष्ट करें। ▫ गोभी के रोपाई के 15 दिन पूर्व ही सरसों की घनी बुवाई एक लाइन में गोभी के प्रत्येक 25 कतार के बाद करें।
2.	बुवाई / रोपाई	काला सड़न रोग व तना विगलन	▫ कार्बेन्डाजिम 0.01 प्रतिशत + 100 पीपीएम स्ट्रेप्टोमाइसीन सल्फेट से बीजोपचारित करें। ▫ *ट्राइकोडर्मा विरीडी* @ 2ग्रा0/100 ग्रा0 बीज की दर बीजोपचार करें। ▫ नाइट्रोजन तथा फासफोरस को संतुलित मात्रा में ही प्रयोग करें। ▫ आवश्यकतानुसार सिंचाई करें।
3.	बढ़वार की अवस्था	हीरक पृष्ठ कीट व अन्य इल्लियां	▫ कीटों की विभिन्न अवस्थायों जैसे, अण्डा, इल्लियां इत्यादि को हाथ से एकत्र कर के नष्ट कर दें। ▫ अत्यधिक कीट/रोग ग्रसित पौधे को उखाड़ कर नष्ट कर दें। ▫ *बी0 टी0* var. *कुरसटाकी* @ 500 ग्रा0 /हे0 की दर से छिड़काव करें। ▫ *ट्राइकोग्रामा किलोनिस/ ट्रा0 प्रेटिओसम* के 50,000 अण्डे/हे0 की दर से 4–6 बार 7 दिन के अन्तराल पर खेत में छोड़ें।
		काला सड़न व पत्ती धब्बा रोग	▫ मैंकोजेब 75 प्रतिशत डब्ल्यू0 पी0 का 1500–2000 ग्रा0/हे0 की दर से छिड़काव करें।

4.	फूल/बंद/गांठ बनने तथा विकास की अवस्था	हीरक पृष्ठं कीट व अन्य इल्लियां	▫ अण्डे तथा इल्लियों के समूह को हाथ से एकत्र कर के नष्ट कर दें। ▫ *ट्राइकोग्रामा किलोनिस/ ट्रा0 प्रेटिओसम* के 50,000 अण्डे/हे0 की दर से 4–6 बार 7 दिन के अन्तराल पर खेत में छोड़ें। ▫ 5 प्रतिशत NSKE (नीम के बीज का सत्व) का छिड़काव करें। ▫ चिड़ियों के बैठने के लिए खेत में 'T' आकार के डण्डे लगायें। ▫ कारटेप हाइड्रोक्लोराइड या डाइक्लोरवास @ 2 ग्रा0/ली0 पानी की दर से प्रपंच फसल (सरसों) पर तथा अन्य विधियों से इन कीटों के नियंत्रण ना होने पर मुख्य फसल पर छिड़काव करें।

टमाटर

प्रमुख कीट

1. टमाटर का फल छेदक (Fruit Borer)

टमाटर में इस कीट के द्वारा वृहद् क्षति होती है। इस कीट के अण्डे पीलेपन के साथ सफेद होते हैं। विकसित सूड़ी गहरे हरे रंग की तथा इस पर गहरे भूरे रंग की लम्बवत् धारियां होती हैं। ये सूड़ियां टमाटर में छेद करके अपने आधे शरीर को टमाटर के अन्दर तथा आधे भाग को बाहर की ओर लटकाते हुए टमाटर के गूदे को खाते हैं। एक सूंड़ी अपने जीवनकाल में 2–8 फलों को नुकसान पहुँचाता है।

2. पर्ण सुरंगक कीट (Leaf Miner)

इस कीट की प्रौढ़ मादा पत्तियों में अण्डे देती है। अण्डे से डिम्भक निकलने के उपरान्त ये सब्जियों के पत्तियों में सफेद घुमावदार सुरंग बनाते हैं। पौधशाला से ही इस कीट का प्रकोप प्रारम्भ हो जाता है। ज्यादा

प्रकोप की अवस्था पर पत्तियां मुरझा कर सुख जाती है तथा उत्पादन पर बहुत बुरा प्रभाव पड़ता है।

3. सफेद मक्खी (Whtiefly)

इस कीट का प्रौढ़ सफेद रंग का बहुत ही छोटा होता है। इस कीट के प्रौढ़ तथा शिशु दोनों ही पत्तियों से रस चूसकर नुकसान पहुँचाते हैं। इसके कारण प्रभावित पौध पीला पड़ जाता है, पत्तियां मुड़ जाती हैं और अंत में सूख कर गिर जाती है। इस नुकसान के साथ ही साथ यह कीट पत्ती मोड़क विषाणु के वाहक भी होता है।

प्रमुख रोग

1. अगेती अंगमारी (Early Blight)

पत्तियों पर गोल संकेन्द्रीय धब्बे बनते है। धब्बों के बढ़ने से पत्तियां मुरझाकर मर जाती है।

2. पछेती अंगमारी (Late Blight)

इस रोग में पत्तियों की निचली सतह पर भूरे रंग के धब्बे बनते है जिससे पत्तियां झुलसी हुई दिखाई देती है। अन्त में पूरा का पूरा पौधा मुरझा कर मर जाता है।

3. फल गलन (Buck Eye Rot)

यह टमाटर का प्रमुख रोग है। इस रोग में फल पर भूरे रंग के संकेन्द्रीय छल्ले बनते है जो बाद में पूरे फल पर फैल जाते हैं तथा फल सड़ने लगता है।

टमाटर में एकीकृत नाशीजीव प्रबंधन

क्र.सं.	अवस्था	नाशीजीव	प्रबंधन क्रियायें
1.	बुवाई से पूर्व	सभी मृदाजनित फंफूद रोग, सुत्रकृमि तथा कीट	▫ ग्रीष्म कालीन जुताई जिससे नाशीजीव सूर्य के प्रकाश मर जाते है। ▫ फसल चक्र अपनायें। ▫ पालीथीन की चादर नर्सरी बेड के ऊपर बिछाकर मिट्टी का सोलराइजेशन 15–21 दिनों तक करें। ▫ सदा प्रतिरोधी तथा सहनशील प्रजातियों का चयन करें। ▫ नर्सरी बेड को हमेशा 10 सेमी0 ऊँचा उठाकर बनायें। ▫ नीम की खली @ 200 किग्रा0/हे0 के दर से खेत में डालें। ▫ अफ्रीकन गेंदे के फूल की नर्सरी टमाटर की नर्सरी लगाने से 15 दिन पूर्व ही लगायें। गेंदे को टमाटर फल छेदक तथा सुत्रकृमि के लिए प्रपंच फसल के रुप में प्रयोग किया जाता है।
2.	बीज अंकुरण तथा रोपाई की अवस्था	आर्द्रगलन तथा अगेती अंगमारी	▫ *ट्राइकोडर्मा विरीडी* @ 4 ग्रा0 या कार्बेन्डाजिम 2 ग्रा0/1000 ग्रा0 बीज की दर बीजोपचार करें। ▫ खेत को साफ सुथरा, खरपतवार नियंत्रण एवं उचित जल प्रबंधन करें। ▫ रोगी पौधों को उखड़ कर नष्ट कर दें।
		फल छेदक तथा पर्ण सुरंगक	▫ संतुलित उर्वरकों एवं खादों का प्रयोग करें। ▫ टमाटर की 16 कतारों के बाद अफ्रीकी गेंदे की 40 दिन पुरानी पौध की एक कतार लगाएं। ▫ 5 प्रतिशत NSKE का छिड़काव करें।

			▫ इण्डोसल्फान @ 0.07 प्रतिशत की दर से छिड़काव करें। ▫ टमाटर को सेम के साथ बोने पर पर्ण सुरंगक का प्रकोप कम होता है।
		सफेद मक्खी	▫ प्रारम्भ में नर्सरी में 100 मेस की नायॅलान की जाली का प्रयोग करें जिससे सफेद मक्खी नर्सरी में प्रवेश नहीं कर पाती है। ▫ पीले रंगें बर्तन में पानी भर कर या पीला चिपचीपा प्रपंच 10 प्रपंच/हे0 की दर से निगरानी के लिए लगाएं।
3.	बढ़वार की अवस्था	अगेती अंगमारी पछेती अंगमारी पत्ती मोड़क रोग	▫ खेत को साफ सुथरा रखें तथा खर पतवार को नष्ट कर दें। ▫ रोग ग्रसित पौधे को उखाड़ कर नष्ट कर दें। ▫ हल्की सिंचाई करें। ▫ मैंकोजेब 0.02 प्रतिशत @ 1500–2000 ग्रा0 स0 त0/हे0 750 ली0 पानी में घोल कर छिड़कें। ▫ पत्ती मोड़क रोग के वाहक कीटों के नियंत्रण के लिए चिड़ियों के बैठने के लिए 50 डण्डे/हे0 की दर से लगायें।
4.	फूल तथा फल की अवस्था	अंगमारी, बक आई रॉट	▫ खेत की साफ सफाई पर ध्यान दें। ▫ कैप्टान 50 प्रतिशत डब्ल्यू0 पी0 @ 2500 ग्राम सक्रिय तत्व/हे0 की दर से 750 ली0 पानी में घोल कर छिड़कें। ▫ रोग को रोकने के लिए पौधे को डण्डे के सहारे सीधा रखें एवं जमीन से ऊपर 1 फुट तक की पत्तियों को तोड़ दें।
		फल छेदक तथा अन्य इल्लियां	▫ अण्डे तथा इल्लियों को हाथ से एकत्र कर के नष्ट कर दें। ▫ 5 फेरोमोन ट्रेप/एकड़ की दर से खेत में लगायें।

	❑ *ट्राइकोग्रामा प्रेटिओसम* @ 50000 अण्डे/हे0 की दर से 6 बार 7 दिन के अन्तराल पर खेत में छोड़ें।
	❑ *Ha*NPV (*एच. ए.* एन.पी.वी.) का छिड़काव गेंदे के फूल पर करें जिससे फूल पर लगी सूड़ियां मर जायेंगी।
	❑ मुख्य फसल पर एन.पी.वी.@ 250 एल0 ई0/हे0 की दर से छिड़काव करें।
	❑ 5 प्रतिशत NSKE या *बी0 टी0* अंतण *कुरसटाकी* / 500 ग्रा0/हे0 की दर से छिड़काव करें।
	❑ इण्डोसल्फान @ 0.07 प्रतिशत की दर से छिड़काव करें।
	❑ चिड़ियों के बैठने के लिए खेत में 'T' आकार के डण्डे लगायें।
पत्ती सुरंगक व सफेद मक्खी	❑ डायमेथोएट @ 1 मि0ली0 एक लीटर पानी में घोल कर छिड़कें। ❑ कार्बोफ्यूरॉन 1 किग्रा0 स0त0 प्रति हे0 की दर से फसल में छिड़कें।

बैंगन

प्रमुख कीट

1. बैंगन का फल तथा प्ररोह बेधक (Fruit and Shoot Borer)

इस कीट के सूड़ी के द्वारा फल तथा प्ररोह को बेधकर नुकसान पहुंचाया जाता है। सूड़ियां क्रीम रंग से गुलाबी रंग की होती है। प्रौढ़शलभ सफेद परन्तु इसके वक्ष तथा उदर पर काले धब्बे होते है। प्रारम्भ में सूड़ियां प्ररोह में बेधकर सुरंग बनाती है तथा सुरंग के अंदर प्ररोह के ऊतकों को खाती हैं। प्ररोह पर सूंड़ी के प्रकोप से प्रभावित प्ररोह मर जाता है। इसकी सूड़ियां फल पर गोल छेद करती हैं तथा फल अंदर घुस कर फल के गुदा को खाती हैं। फल पर इस कीट का प्रकोप सबसे ज्यादा होता है।

2. बैंगन का तना बेधक (Stem Borer)

बैंगन के तने में इस कीट का प्रकोप होता है। सूड़ियां तने को बेध कर नुकसान पहुंचाती है। सूड़ियां क्रीमी सफेद तथा रोयेंदार होती हैं व्यस्क शलभ हल्की पीली तथा इसके पश्च पंख सफेद होते है। इस कीट प्रकोप के कारण पौधे मुरझा जाते हैं तथा अंत में सुख जाते हैं।

3. हड्डा भृंग (Hadda Beetle)

व्यस्क भृंग तथा ग्रब दोनों ही के द्वारा पत्तियों के ऊपरी सतह को खुरचकर खाकर नुकसान पहुंचाया जाता हैं। ये पत्तियों पर सीड़ीनुमा आकार में खाकर नुकसान करते है। इस कीट का प्रौढ़ लाल रंग का तथा इसके पृष्ठ पर कई काले धब्बे होते है। ग्रब 6 मी0मी0 लम्बा पीले रंग तथा इसके पृष्ठ पर रोएं की छः कतार होती है।

प्रमुख रोग

1. फल विगलन या फोमोप्सिस अंगमारी (Phomopsis fruit rot)

इस रोग से बैंगन की पत्तियों पर काले धब्बे बन जाते है जो बाद में पूरी पत्ती पर फैल जाता है। फल पर भी धब्बे बनने प्रारम्भ हो जाते हैं तथा फल के अन्दर का भाग सड़ जाता है और अंत में फल गिर जाता है।

बैंगन में एकीकृत नाशीजीव प्रबंधन

क्र.सं.	अवस्था	नाशीजीव	प्रबंधन क्रियायें
1.	बुवाई से पूर्व	सभी मृदाजनित फंफूद रोग तथा कीट	▫ ग्रीष्म कालीन जुताई करें। ▫ फसल चक्र अपनायें। ▫ नर्सरी बेड को हमेशा 10 सेमी0 ऊँचा उठाकर बनायें जिससे पानी एकत्र नहीं होने पाता तथा आर्द्रगलन बिमारी नहीं लगती है। ▫ काले पालीथीन की चादर नर्सरी बेड के ऊपर बिछाकर मिट्टी का सोलराइजेशन 15–21 दिनों तक करें।

			□ फल एवं तना बेधक प्रतिरोधी प्रजातियां जैसे पुसा परपल राऊंड, अर्का कुसुमकर, SB 17-4, PBR-129-5 का प्रयोग करें। □ नीम की खली @ 200 किग्रा0/हे0 के दर से खेत में डालें। □ नर्सरी बेड को कार्बोफ्यूरान 3 जी0 @ 0.3 से 0.6 ग्रा0 वर्ग मी0 की दर से उपचारित करें। □ दीमक प्रभावित क्षेत्रों में खेत को क्लोरपाइरीफॉस @ 500 ग्रा0 स0 त0/हे0 की दर से उपचारित करें।
2.	बीज अंकुरण तथा पौध की अवस्था	मृदा जनित रोग	□ बीज को *ट्राइकोडर्मा विरीडी* तथा *स्यूडोमोनास* @ 4 ग्रा0/1 किग्रा0 बीज की दर से बीजोपचार करें।
		माहूं, जैसिड तथा माइट	□ पौधे के जड़ों को डायमेथोएट 0.02 प्रतिशत के विलयन में 6 घण्टे तक डुबोकर पौध रोपाई करें। □ *क्राइसोपर्ला कारनिया* @ 2 भृंग/पौध छोड़ें। □ 5 प्रतिशत NSKE का छिड़काव करें।
3.	बढ़वार की अवस्था	फल तथा तना बेधक, हड्डा भृंग तथा तना छेदक	□ तना बेधक ग्रसित पौधे को खेत से हटा दें। □ प्रति वर्ष बैंगन की फसल को एक ही जगह पर ना लें। □ कीट के अण्डे, इल्लियों या भृंग तथा व्यस्क को हाथ से एकत्र कर के नष्ट कर दें। □ इण्डोसल्फान @ 525 ग्रा0 स0त0/हे0 या कार्बोरिल @ 1000 ग्रा0 स0त0/हे0 की दर से खेत में छिड़कें।

			❑ तना छेदक के प्रकोप वाले क्षेत्रों में पेड़ी नही लेनी चाहिए तथा इस कीट से ग्रसित पौधों को उखाड़ कर नष्ट कर दें।
		जीवाणु उकठा	❑ रोग ग्रसित पौधे को उखाड़ कर नष्ट कर दें। ❑ 15 किग्रा0 ब्लीचिंग पाउडर का प्रयोग प्रति हे0 की दर से सिंचाई के साथ करें।
4.	फूल तथा फल की अवस्था	फल तथा तना बेधक	❑ प्रभावित तने को हटा दें। ❑ *ट्राइकोग्रामा किलोनिस* @ 50000 / हे0 की दर से 4–6 बार 7 दिन के अन्तराल पर खेत में छोड़ें। ❑ इण्डोसल्फान @ 525 ग्रा0 स0त0 / हे0 तथा साइपरमेथ्रीन 50 ग्रा0 स0त0 / हे0 की दर से बारी बारी से 15 दिन के अन्तराल पर छिड़कें।
		हड्डा भृंग, माहूँ, माइट तथा अन्य रोग	❑ उपरोक्तानुसार

कद्दू वर्गीय सब्जियां

प्रमुख कीट

1. कद्दू की फल मक्खी (Fruit Fly)

इस कीट के डिम्भकों के द्वारा फलों के गुद्दे को खाकर तथा फल को अंदर से छलनी करके नुकसान पहुँचाया जाता है ये डिम्भक गंदे सफेद रंग के तथा पैररहित होते हैं। प्रौढ़ मक्खी लाल तथा भूरे रंग के साथ पीली धारियों वाली होती है। इस कीट के प्रकोप से फल सड़ कर गिर जाता है।

2. कद्दू का लाल भृंग (Red Pumpkin Beetle)

इस कीट के गिडार तथा व्यस्क भृंग दोनों ही नुकसान पहुँचाते है। दोनों के पास काटने तथा चबाने वाले मुखांग होते है। गिडार पौधों की

जड़ों में तथा व्यस्क फूलों तथा पत्तियों में छेद करके खाते हैं। गिडार क्रीमी सफेद तथा प्रौढ़ भृंग गहरे नारंगी लाल रंग का होता है।

प्रमुख रोग

1. चूर्णिल आसिता (Powdery Mildew)

पत्तियों पर सफेद चूर्ण के साथ छोटे–2 धब्बे दिखाई देता है। बाद में ये सफेद चूर्ण पूरे पत्ते को ढक देता है जिससे पत्तियां पीली पड़कर सूख जाती हैं। धीरे–धीरे यह रोग पूरे पौधे पर फैल जाता है।

2. मृदुलरौमिल आसिता (Downy Mildew)

इस रोग में पत्तों के ऊपरी सतह पर हरे रंग के धब्बे बनते हैं। जबकि पत्ती की निचली सतह पर मखमली उभार बनता है। बाद में ये धब्बे पीले या भूरे रंग की होते हैं। इसके प्रकोप से पूरा पत्ता सूख जाता है। यदि तापमान 24–26° सेल्सियस तथा उच्च आर्द्रता वाला वातावरण उत्पन्न हो जाता है तो यह रोग तीव्र गति से फैलता है।

कद्दू वर्गीय सब्जियों में एकीकृत नाशीजीव प्रबंधन

क्र.सं.	अवस्था	नाशीजीव	प्रबंधन क्रियायें
1.	बुवाई से पूर्व	कीटों तथा रोगों की सुप्त अवस्था	▫ ग्रीष्म कालीन जुताई जिससे नाशीजीव सूर्य के प्रकाश मर जाते है। ▫ फसल चक्र अपनायें। ▫ पौधे से पौधे के बीच में उचित तथा संस्तुति दूरी बनायें जिससे रोगों का प्रकोप कम होता है। ▫ 200 किग्रा0 नीम की खली प्रति हे0 के दर से खेत में मिलायें। ▫ बुवाई के समय कार्बोफ्यूरान 1 किग्रा0 स0त0 / हे0 की मात्रा अत्यधिक प्रभावित खेत में डालें।

2.	बुवाई तथा बीज अंकुरण की अवस्था	फंफूद जनित रोग	▫ बीज को *ट्राइकोडर्मा विरीडी* @ 2 ग्रा0 से प्रति 100 ग्रा0 बीज की दर से बीजोपचारित करें। ▫ *ट्राइकोडर्मा विरीडी* @ 50 ग्रा0 10 किग्रा0 गोबर की खाद में मिलाकर सभी कतारों में डालें।
		बीषाणु जनित रोग	▫ रोग ग्रसित पौधों को उखाड़ कर नष्ट कर दें।
		कद्दू का लाल भृंग	▫ गिडार तथा भृंग को पत्तियों के ऊपर से हाथ से पकड़ कर नष्ट कर दें। ▫ *विवेरिया बेसियाना* का छिड़काव करें। ▫ कार्बारिल 50 डब्ल्यू0 पी0 @ 1 किग्रा0/हे0 की दर से 500 ली0 पानी में मिलाकर छिड़कें। ▫ क्लोरपाइरीफास 100 ग्रा0 स0त0/हे0 की दर से छिड़कें।
3.	बढ़वार की अवस्था	कद्दू का लाल भृंग	▫ उपरोक्तानुसार
		चूर्णिल आसिता व मृदुरोमिल आसिता	▫ संक्रमित पौधों तथा दूसरे आश्रय देने वाले पौधों को उखाड़ कर नष्ट कर दें। ▫ हल्की सिंचाई करें। ▫ डाइनोकैप 48 ई0सी0 @300 मि0ली0 750 ली0 पानी में घोल कर एक हे0 में छिड़कें। ▫ कार्बेन्डाजिम 0.1 प्रतिशत का 15 दिनों के अन्तराल पर छिड़काव करें।
		चूसक कीट	▫ 5 प्रतिशत NSKE का छिड़काव करें।
4.	फूल तथा फल की अवस्था	चूर्णिल आसिता व मृदुरोमिल आसिता, विषाणु तथा कद्दू का लाल भृंग	▫ उपरोक्तानुसार

	कद्दू की फल मक्खी	▫ प्रभावित फलों को तोड़कर नष्ट कर दें। ▫ कद्दू की बेल के नीचे निराई गुड़ाई करते रहें। ▫ 50 मि0ली0 मैलाथियान 50 ई0सी0 + 0.5 किग्रा0 गुड़ 50 ली0 पानी में मिलाकर एक हेक्टेयर में प्रपंची छिड़काव करें। ▫ मिथाईल यूजीनॉल 0.1 प्रतिशत को सिरका + शक्कर के साथ मिलाकर चारा प्रपंच से नर मक्खियों को पकड़ें।

आलू

प्रमुख कीट

1. आलू का कंद शलभ (Potato Tuber Moth)

यह आलू का प्रमुख कीट है। इस कीट का प्रकोप खेत में तथा भण्डारण दोनों में ही होता है। इसकी सुड़िया गुलाबी सफेद रंग की तथा सिर काले रंग का होता हैं सूड़ियों के द्वारा ही आलू के कंद में सुरंग बनाकर नुकसान पहुंचाया जाता है। इसकी व्यस्क शलभ छोटी तथा पतली पंख वाली होती है। इसका रंग गहरे भूरे रंग का होता है।

2. कटुआ कीट (Cut Worm)

इस कीट का शलभ तथा सूड़ी दोनों ही गहरे स्लेटी रंग की होती है। इस कीट की सूड़ी दिन में मिट्टी में छुपी रहती है। छोटे पौधों को इसकी सूड़ी जमीन की सतह से काट कर गिरा देती है तथा तनों पर खाती हैं। कंद बनने पर ये सूड़िया कंद में छेद करके खाती हैं।

प्रमुख रोग

1. अगेती झुलसा (Early Blight)

पत्तियों पर हल्के भूरे धब्बे बनते है। यह रोग नीचे की पत्तियों से ऊपर की ओर बढ़ती हैं बाद में ये धब्बे आपस में मिलकर पूरे पत्तों को ढक

लेते हैं जिससे पत्तियां गिर जाती हैं और बाद में पौधा मुरझा कर सूख जाता है।

2. पछेती झुलसा (Late Blight)

यह रोग पौधे के सभी भागों पर लगता हैं इस रोग में हल्के पीले रंग के धब्बे पत्तियों पर बनते हैं। अन्त में ये काले रंग के हो जाते हैं। बाद में ये धब्बे पूरे पत्ते को घेर लेता है जिससे पत्तियां गलकर मर जाती हैं। इस रोग से कन्द भी सड़ने लगता है।

आलू में एकीकृत नाशीजीव प्रबंधन

क्र.सं.	अवस्था	नाशीजीव	प्रबंधन क्रियायें
1.	बुवाई से पूर्व	कीटों तथा रोगों की सुप्त अवस्था	▫ ग्रीष्म कालीन गहरी जुताई करें।
			▫ रोग मुक्त कंदों का ही बुवाई के लिए प्रयोग करें।
			▫ NPK की संतुत मात्रा ही खेत में डालें।
			▫ प्रतिरोधी प्रजातियों जैसेः कुफरी ज्योति, कुफरी स्वर्ण, कुफरी बादशाह, कुफरी आनंद आदि को ही लगायें।
			▫ फसल चक्र अपनायें।
			▫ पौधे से पौधे के बीच में उचित तथा संस्तुति दूरी बनायें जिससे रोगों का प्रकोप कम होता है।
			▫ 200 किग्रा0 नीम की खली प्रति हे0 के दर से खेत में मिलायें।
			▫ मिट्टी में कार्बोफ्यूरान 3 जी0 @ 2.5 किग्रा0 स0त0/हे0 के दर से खेत में डालें।
2.	बीज अंकुरण से कंद बनने तक की अवस्था	कटुआ कीट, कुरमुला	▫ क्लोरपाइरीफास 20 ई0सी0 का 500 ग्रा0 स0त0/हे0 की दर से छिड़काव करें।

			▫ कार्बोफ्यूरान 3 जी0 @ 2.5 किग्रा0 स0त0/हे0 के दर से खेत में डालें। ▫ प्रकाश प्रपंच का प्रयोग व्यस्क कीटों को पकड़ने के लिए करें।
		अगेती झुलसा व पछेती झुलसा रोग	▫ मैंकोजेब 75 प्रतिशत डब्ल्यू0पी0 @ 2किग्रा0 स0त0/हे0 की दर से छिड़काव करें। ▫ मौसम ज्यादा अनुकूल होने पर मेटालेक्सिल 8 प्रतिशत + मैंकोजेब 64 प्रतिशत @ 2.5 किग्रा0/हे0 की दर से छिड़काव 7 से 15 दिन के अंतराल पर करें।
		बीषाणु जनित रोग	▫ बीषाणु रोग ग्रसित पौधों को उखाड़ कर नष्ट कर दें।
		आलू का ृलभ	▫ कार्बारिल 50 डब्ल्यू0 पी0 @ 2.5 किग्रा0 का छिड़काव एक हे0 में 625 ली0 पानी में मिलाकर करें।
3.	कंद खुदाई की अवस्था तथा भण्डारण	झुलसा रोग	▫ पत्तियों को जमीन की सतह से काट दें।
		आलू का शलभ कीट	▫ सही समय पर कंद को खोद कर भण्डारण करें। ▫ भण्डारण से पूर्व रोग ग्रसित कंदों को निकालकर/छांटकर नष्ट कर दें। ▫ खुदाई से एक सप्ताह पूर्व ही सिंचाई रोक दें। ▫ आलू का भण्डारण हमेशा शीतगृहों में ही करें। ▫ भण्डार गृहों की साफ सफाई रखें। ▫ भण्डार में कार्बन डाई सल्फाइड को 2–3 ली0 प्रति घन मी0 की दर से प्रयोग करें।

प्याज तथा लहसुन

प्रमुख कीट

1. प्याज का चुरड़ा कीट या थ्रिप्स (Onion Thrips)

यह कीट छोटा, बेलनाकार तथा तीव्र गति से चलने वाला होता है। यह हल्का पीलेपन सहित भूरा तथा 1 मी0मी0 लम्बा होता हैं इस कीट के प्रौढ़ तथा शिशु दोनों ही पत्तियों से रस चूस कर नुकसान पहुंचाते है जिससे पत्तियों पर सफेद धब्बे दिखाई देते हैं इसके प्रकोप से पत्तियां मुड़ जाती है तथा अंत में सूख जाती है।

प्रमुख रोग

1. आर्द्रगलन (Damping off)

पौधशाला में आर्द्रगलन एक प्रमुख समस्या है जिसमें बीज अंकुरण से पहले या अंकुरण के बाद गल कर मर जाता है।

2. बैंगनी धब्बा (Alternaria Spot)

इस रोग में बैंगनी रंग के धंसे हुए धब्बे पत्तियों, स्तम्भों एवं शल्कों पर दिखाई देती है। अधिक प्रकोप होने पर यह रोग पुष्पडंठलों तथा पत्तियों पर फैल जाता है जिससे अंत में पत्तियां तथा पुष्प गुच्छ टूट कर गिर जाते हैं।

प्याज तथा लहसुन में एकीकृत नाशीजीव प्रबंधन

क्र.सं.	अवस्था	नाशीजीव	प्रबंधन क्रियायें
1.	बुवाई से पूर्व	सभी मृदा जनित रोग तथा कीट	▫ ग्रीष्म कालीन गहरी जुताई करें। ▫ फसल चक्र अपनायें। ▫ रोग प्रतिरोधी प्रजातियों को ही बुवाई के लिए प्रयोग करें।
2.	बीज, पौध तथा बढ़वार की अवस्था	स्मट, पर्ण धब्बा	▫ लाल पर्ण वाली प्याजों का बेनोमिल 0.01 प्रतिशत से बीजोपचारित करें। ▫ कार्बेन्डाजिम 0.1 प्रतिशत से बीजोपचार करें।

	▫ मैंकोजेब 50 प्रतिशत डब्ल्यू0पी0 @1500–2000 ग्रा0/हे0 के दर से छिड़काव करें।
चुरड़ा कीट	▫ पीला चिपचीपा प्रपंच @ 5 प्रपंच/हे0 दर से लगायें।
	▫ काले पालीथीन की चादर को एल्युमिनियम पेंट से रंग कर मल्चींग करें।
	▫ उचित सिंचाई करते रहें।
	▫ खर पतवार को खेत से निकाल कर नष्ट कर दें।
	▫ सदा संतुलित मात्रा में ही उर्वरकों का प्रयोग करें।
	▫ पौध की जड़ को कार्बोसल्फान (0.025 प्रतिशत) या इमिडाक्लोप्रीड (0.04 प्रतिशत) में 2 घण्टों तक डुबोकर रोपाई करनी चाहिए।
इल्लियां	▫ इण्डोसल्फान @ 0.07 प्रतिशत का छिड़काव करें।
	▫ साइपरमेथ्रीन @ 60 ग्रा0 स0त0/हे0 की दर से छिड़काव करें।

हरी मिर्च तथा शिमला मिर्च

प्रमुख कीट

1. मिर्च का थ्रिप्स (Chilli Thrips)

यह कीट बहुत ही छोटे होते हैं जिनके पंख रोएँदार होते हैं। प्याज के तरह ही यह कीट मिर्च में नुकसान पहुंचाता है। इस कीट के प्रौढ़ तथा शिशु दोनों ही पत्तियों से रस चूस कर नुकसान पहुंचाते हैं जिससे पत्तियों पर सफेद धब्बे दिखाई देते हैं इसके प्रकोप से पत्तियां मुड़ जाती हैं तथा अंत में सूखने लगती हैं।

2. फल छेदक (Fruit Borer)

शिमला मिर्च में इस कीट के द्वारा वृहद् क्षति होती है। इस कीट के अण्डे पीलेपन के साथ सफेद होते हैं। विकसित सूंड़ी गहरे हरे रंग की तथा इस पर गहरे भूरे रंग की लम्बवत धारियां होती हैं। ये सूड़ियां शिमला मिर्च में छेद करके अपने आधे शरीर को शिमला मिर्च के अन्दर तथा आधे भाग को बाहर की ओर लटकाते हुए शिमला मिर्च के गूदे को खाते हैं।

प्रमुख रोग

1. टहनीमार रोग (Anthracnose)

यह रोग टहनी तथा फलों दोनों पर आता है। फल पर पहले गोल धंसे हुए धब्बे बनते हैं। बाद में ये धब्बे गुलाबी हो जाते हैं तथा ये टहनियां पर भी फैल जाते है। इससे फल पकने से पूर्व ही गिर जाता है। शाखाएं भी इस रोग से मुरझाकर सूख जाती हैं।

2. अल्टरनेरिया धब्बा (Alternaria Leaf Spot)

छल्लेदार गोल धब्बे पत्तों पर बनते है जो बड़े होकर आपस में मिल जाते हैं तथा पूरे पत्तों को ग्रसित कर लेते हैं जिससे पत्ते मर जाते हैं।

3. जीवाणु धब्बा (Bacterial Leaf Spot)

इसके संक्रमण पर पत्तों पर ऊपरी सतह से धंसे हुए तथा निचली सतह से उठी हुई धब्बे बनते हैं तथा इनका आक्रमण फलों पर भी होता है। ये धब्बे संकेन्द्रीय वलययुक्त होते है। फल काले रंग का हो जाता है तथा गिरने लगता है।

4. जीवाणुजनित उकठा (Bacterial Wilt)

यह मिट्टीजनित रोग है। इस रोग का प्रकोप पौधों की जड़ों पर होता है। इससे पौधा मुरझा कर सूख जाता है।

हरी मिर्च तथा शिमला मिर्च में एकीकृत नाशीजीव प्रबंधन

क्र.सं.	अवस्था	नाशीजीव	प्रबंधन क्रियायें
1.	बुवाई से पूर्व	सभी मृदाजनित फंफूद रोग, सुत्रकृमि	▫ ग्रीष्म कालीन जुताई जिससे नाशीजीव सूर्य के प्रकाश मर जाते है। ▫ फसल चक्र अपनायें। ▫ पूर्व फसल के अवशेषों को सर्वप्रथम नष्ट करें। ▫ पारदर्शी पालीथीन की चादर नर्सरी बेड के ऊपर बिछाकर मिट्टी का सोलराइजेशन 15–21 दिनों तक करें। ▫ सदा प्रतिरोधी प्रजातियों तथा सहनशील प्रजातियों का चयन करें। ▫ नर्सरी बेड को हमेशा 10 सेमी0 ऊँचा उठाकर बनायें जिससे पानी एकत्र नहीं होने पाता तथा आर्द्रगलन बिमारी नहीं लगती है।
		कटुआ कीट व कुरमुला	▫ नीम की खली @ 200 किग्रा0 / हे0 के दर से खेत में डालें। ▫ कार्बोफ्यूरान 3जी0 @ 0.3 से 0.6 ग्रा0 स0त0 / वर्ग मी0 की दर से नर्सरी बेड को उपचारित करना चाहिए।
		दीमक	▫ दीमक प्रभावित क्षेत्रों में खेत को क्लोरपाइरीफॉस @ 500 ग्रा0 स0त0 / हे0 की दर से उपचारित करें।
2.	बीज तथा पौध की अवस्था	चुरड़ा कीट तथा अन्य रोग	▫ प्रतिराधी प्रजातियों जैसे– पुसा, ज्वाला, NP46a आदि को बोयें। ▫ *ट्राइकोडर्मा विरीडी* @ 4 ग्रा0 या कार्बेन्डाजिम 1 ग्रा0 / 1000 ग्रा0 बीज की दर बीजोपचार करें।

			▫ जीवाणु उकठा रोग रोकने के लिए ब्लीचिंग पाउडर का छिड़काव 15 किग्रा0 / हे0 की दर से करें। ▫ डाईमेथोएट @ 0.02 प्रतिशत की दर से छिड़काव करें। ▫ खेत को साफ सुथरा, खरपतवार नियंत्रण एवं उचित जल प्रबंधन करें। ▫ रोगी पौधों को उखाड़ कर नष्ट कर दें। ▫ संतुलित उर्वरकों एवं खादों का प्रयोग करें। ▫ दीमक प्रभावित क्षेत्रों में खेत को क्लोरपाइरीफॉस @ 500 ग्रा0 स0त0 / हे0 की दर से उपचारित करें।
		पर्ण धब्बा पर्ण सुरंगक	▫ मैंकोजेब 1.5 किग्रा0 स0 त0 / हे0 का छिड़काव करें।। ▫ 5 प्रतिशत NSKE का छिड़काव करें। ▫ इण्डोसल्फान / 0.07 प्रतिशत की दर से छिड़काव करें।
3.	बढ़वार की अवस्था	चूरड़ा कीट	▫ पीले रंगें बर्तन में पानी भर कर या पीला चिपचीपा प्रपंच 10 प्रपंच / हे0 की दर निगरानी के लिए लगाएं। ▫ खेत की साफ सुथरा रखें तथा खर पतवार को नष्ट कर दें। ▫ *काइसोपर्ला कारनिया* के गिडार को 2 गिडार / पौध की दर से खेत मे छोड़ें। ▫ इण्डोसल्फान 35 ई0सी0 @ 2 मिली0 / ली0 पानी की दर से छिड़काव करें।
		माइट	▫ डाइकोफाल @ 500 ग्रा0 स0 त0 / हे0 का छिड़काव करें।

		पत्ती मोड़क रोग	❑ रोग ग्रसित पौधे को उखाड़ कर नष्ट कर दें। ❑ पत्ती मोड़क रोग के वाहक कीटों के नियंत्रण के लिए चिड़ियों के बैठने के लिए 50 डण्डे/हे0 की दर से लगायें।
4.	फूल तथा फल की अवस्था	तम्बाकु कीट व फल छेदक	❑ खेत की साफ सफाई पर ध्यान दें। ❑ अण्डे तथा इल्लियों को हाथ से एकत्र कर के नष्ट कर दें। ❑ कीट ग्रसित पौधों के भागों, फलों को एकत्र कर के नष्ट कर दें। ❑ 5 फेरोमोन ट्रेप/एकड़ की दर से खेत में लगायें। ❑ चिड़ियों के बैठने के लिए खेत में 'T' आकार के डण्डे 50 डण्डे/हे0 की दर से लगायें। ❑ *ट्राइकोग्रामा किलोनिस/ट्राइकोग्रामा प्रेटिओसम* @ 50000/हे0 की दर से फूल बनने की अवस्था से 6 बार 7 दिन के अन्तराल पर खेत में छोड़ें। ❑ *काइसोपर्ला कारनिया* के गिडार को 2 गिडार/पौध की दर से खेत मे छोड़ें। ❑ मुख्य फसल पर एन.पी.वी. @ 250 एल0 ई0/हे0 की दर से छिड़काव करें। ❑ 5 प्रतिशत NSKE या *बी0 टी0* var. *कुरसटाकी* @ 500 ग्रा0 /हे0 की दर से छिड़काव करें। ❑ इण्डोसल्फान @ 0.07 प्रतिशत या कार्बारिल 1 किग्रा0 स0त0/हे0 की दर से फसल में छिड़काव करें।
		चूरड़ा कीट व माइट	❑ उपरोक्तानुसार

मटर

प्रमुख कीट

1. पत्ती सुरंगक (Leaf Miner)

इस कीट का डिम्भक ही नुकसानदायक होता हैं यह पत्तियों में सफेद रंग के सुरंग बनाता है तथा सुरंग के अन्दर ही यह पत्तियों पर खाता है। ज्यादा संख्या में सुरंग बनाने के कारण पत्तियों की प्रकाश संश्लेषण में अवरोध उत्पन्न होता है जिससे पौधे की सही बढ़वार नहीं हो पाती है।

2. मटर की तना मक्खी (Pea Stem Fly)

इस मक्खी के मैगट के द्वारा तने को बेध कर नुकसान पहुंचाया जाता है जिससे पौधे मुरझाकर सुख जाते हैं। ये मैगट तने में सुरंग बनाते हैं और सूरंग में ही प्यूपेशन करते हैं।

3. मटर का फली छेदक (Pod Borer)

इस कीट के सूड़ियों के द्वारा फली को छेदकर तथा विकसित हो रहे मटर के दाने को खाकर नुकसान पहुंचाया जाता है। इसकी सूड़ी गहरे हरे रंग की तथा शलभ स्लेटी रंग की होती है। पंखों के किनारे पर काली धारियां होती है। इसकी सूड़ियां नये फलियों तथा अन्दर विकसित हो रहे दानों को खाते हैं।

प्रमुख रोग

1. उकठा रोग (Wilt)

यह रोग जड़ से प्रारम्भ होकर तनों के निचले भाग को संक्रमित कर देता है। जड़ें काले रंग की होकर सड़ने लगती हैं जिससे रोगी पौधा मुरझाकर मर जाता है। तने को फाड़ कर देखने पर अंदर का भाग भूरा होता है।

2. चूर्णिल आसिता (Powdery Mildew)

सफेद रंग की चूर्ण पूरे पौधे पर पाये जाते है। इस रोग में पत्तियों पर प्रारम्भ में छोटे धब्बे बनते तथा बाद में ये पत्तियों, फलियों व तनों आदि पर फैल जाते तथा ये सभी भाग सफेद चूर्ण से ढक जाता है।

3. पत्ता अंगमारी (Leaf Blight)

इस रोग में भूरे रंग के धब्बे पत्तों पर बनते है। यह रोग प्रारम्भ में निचली भाग पर ही होता है तथा बाद में ऊपर की तरफ फैलता है।

मटर में एकीकृत नाशीजीव प्रबंधन

क्र.सं.	अवस्था	नाशीजीव	प्रबंधन क्रियायें
1.	बुवाई से पूर्व	सभी मृदाजनित फंफूद रोग तथा तना मक्खी कीट	▫ ग्रीष्म कालीन जुताई करें जिससे नाशीजीव सूर्य के प्रकाश मर जाते है। ▫ सदा प्रतिरोधी प्रजातियों तथा सहनशील प्रजातियों का चयन करें। ▫ फसल चक्र अपनायें। ▫ गोबर की खाद या नीम की खली @ 500 किग्रा0/हे0 के दर से खेत में डालें। ▫ 5–7 सेमी0 की गहराई पर बीज की बुवाई करें। ▫ *ट्राइकोडर्मा हारजियानम* को मिट्टी में मिलायें। ▫ बीज को *स्यूडोमोनास फ्लोरसेन्स* 10 ग्राम/ली0 पानी या कार्बेन्डाजिम 3 ग्रा0/1000 ग्रा0 बीज की दर से बीजोपचार करें। ▫ उर्वरकों का संतुलित मात्रा में प्रयोग करें।
2.	बीज अंकुरण तथा पौध की अवस्था	जड़ सड़न रोग, विषाणु तथा तना मक्खी	▫ प्रारम्भ में खेत में सिंचाई नही करनी चाहिए। ▫ रोगग्रस्त तथा तना मक्खी ग्रस्त पौधों को उखाड़ नष्ट कर दें।

3.	बढ़वार, फूल तथा फली की अवस्था	चूर्णिल आसिता	▫ बारिक गंधक का बुरकाव @ 25 किग्रा0 / हे0 की दर से करें।
		पत्ता अंगमारी जड़ गलन	▫ 2 ग्राम मैंकोजेब / ली0 पानी के दर से छिड़काव करें।
			▫ *बेसिलस सबटेलिस* का छिड़काव करें।
		माहूं, पत्ती सुरंगक, तना मक्खी	▫ कार्बोफ्यूरान 3 जी0 25 किग्रा0 / हे0 दर से खेत में प्रयोग करें।
			▫ मोनोक्रोटोफॉस का 0.04 प्रतिशत की दर से छिड़काव करें।
		फली छेदक	▫ इण्डोसल्फान की 2 मि0ली0 मात्रा / ली0 पानी में मिलाकर छिड़कें।
			▫ नीम के तेल का 1 मि0ली0 / ली0 पानी में मिलाकर छिड़कें।
			▫ *ट्राइकोग्रामा किलोनिस* @ 50000 / हे0 की दर से 6 बार 7 दिन के अन्तराल पर खेत में छोड़ें।

▫▫▫

अध्याय 14

फलों के प्रमुख कीट तथा रोग और उनका प्रबंधन

आम

प्रमुख कीट

1. आम का फुदका कीट (Mango Hopper)

इस कीट के प्रौढ़ तथा शिशु दोनों ही के पास चुभाने तथा चुसने वाले मुखाँग होते हैं। अतः दोनों ही पौधे से रस चूस कर नुकसान पहुंचाते हैं। यह कीट आगे की ओर चौड़ा तथा पिछला शिरा पतला होता है। यह मटमैले भूरे रंग का 5 मी0 मी0 लम्बा होता है। तथा ये कीट समुह में रहते हैं। छूने पर एक साथ फुदक कर उड़ते हैं।

2. आम का मत्कूर्ण (Mango Mealy Bug)

इस कीट के मादा प्रौढ़ तथा शिशु कोमल प्ररोह से तथा पुष्प गुच्छों से रस चुसते हैं जिससे ये भाग सूख जाते हैं। यह कीट अण्डाकार चपटा

तथा इसका शरीर सफेद चूर्ण से ढका रहता है। फलवृन्तों पर इस कीट के प्रकोप से फल पकने से पहले तथा कच्चे ही गिर जाते हैं।

3. आम का तना बेधक (Stem Borer)

इस कीट का गिडार आम के तने को बेध कर उसमें सुरंग बनाकर रहता है। जिससे की पूरी डाल या पेड़ मुरछा कर मर जाता है। गिडार एक स्थूल पीलेपन लिए सफेद तथा 6 सें0मी0 लम्बा होता है। इसके प्रकोप होने पर पहले पेड़ या डाली पीली पड़ने लगती है। तथा अंत में मुरझा जाती है। इसके छेद के चारों ओर रस रिसता रहता है जिससे इसके प्रकोप का पता बाहर से देखकर ही चल जाता है।

4. आम की फल मक्खी (Fruit Fly)

इस मक्खी का पैर रहित डिम्भक आम के गुदे को खाता है। जिससे आम मनुष्य के खाने के योग्य नहीं रहता। यह मैगट पीले सफेद रंग का 1 से0 मी0 लम्बा होता है। इस कीट की प्रौढ़ मक्खी भूरे रंग की तथा इसके पैर पीले लाल रंग के होते हैं।

5. आम का शाखागाँठ कीट (Mango Shoot Gall Maker)

इस कीट का शिशु पत्ती के मध्यशिरे से रस चूसता है। इस तरह से रस चूसने से शाखा की अग्रकोपल गाँठ मे परिवर्तित हो जाता है। जिसके अन्दर घुसकर ये शिशु रस चूसते हैं। तथा ये कीट गाँठ के अंदर सफेद रंग के पाउडर से ढके रहते हैं। इस प्रकार प्रकोप से पौधे का विकास रूक जाता है तथा बौर आना भी बंद हो जाता है।

प्रमुख रोग

1. चूर्णिल आसिता (Powdery Mildew)

इस रोग का प्रकोप बसन्त ऋतु में फूल आने पर प्रारम्भ हो जाता है। इस रोग के कारण सफेद चूर्ण पौधे के सभी भागों जैसे– फूल, पुष्पवृन्त, पत्तियों तथा विकासशील फलों पर जम जाता है। इस रोग से फूल तथा फल दोनों ही झड़ने लगते हैं।

2. यामव्रण या एन्थ्रेकनोज रोग (Anthracnose)

इस रोग का प्रकोप मुख्यतया नये कोपलों, तने, पुष्पवृन्त तथा फलों पर होता है। पत्तियों तथा फलों पर छोटे–2 धब्बे बनने लगते हैं जो बाद में डंढलों तथा शाखाओं को ग्रसित कर देते हैं। जिससे ये काले पड़ जाते हैं। बरसात में इस रोग का प्रकोप ज्यादा होता है। ग्रसित भाग बाद में मुरझा कर सूख जाता है। फल पर संक्रमण होने पर फल पर काला धब्बा बनता है बाद में धब्बे वाले स्थान से फल सड़ने लगता है।

3. पश्चमारी या शीर्षारंभी क्षय या डाईबैक (Die-Back)

इस रोग का प्रारम्भ टहनियों के अग्र भाग से होता है। जिसमें टहनियां रंगहीन तथा छाल गहरे रंग की हो जाती है। यह रोग ऊपर से नीचे की तरफ फैलता है। यह रोग पत्तियों को ग्रसित करता है जिससे पत्तियां भूरे रंग की हो जाती है तथा इनके किनारे अन्दर की तरफ मुड़ जाते हैं। अंततः पत्तियां, टहनियां और शाखाएं मुरझा कर सूखने लगती है। इस रोग के कारण शाखाओं तथा तनों से गोंद भी निकलने लगता है।

4. कज्जली फफूंद या काला चूर्ण रोग (Shooty Mould)

यह रोग चूसक कीटों के प्रकोप से सम्बद्ध होता है। इन कीटों के उत्सर्जित पदार्थ पर यह फफूंद उगने लगता है। जिससे यह एक चादर के रूप में पूरी पत्तियों को ढक लेता है तथा प्रकाश संश्लेषण की क्रिया को प्रभावित करता है। फलवृन्तों तथा फलों पर प्रकोप होने पर फल पकने से पहले ही गिर जाते हैं।

आम में एकीकृत नाशीजीव प्रबंधन

सस्य कियाओं के द्वारा

- जून के माह में ग्रीष्म कालीन गहरी जुताई करें जिससे मिट्टी में उपस्थित मत्कुर्ण कीट, गाँठ मिज तथा फल मक्खी के अण्डे तथा प्यूपा सूर्य के प्रकाश से मारे जाते हैं।

- अक्टूबर में बाग की गहरी सिंचाई करने से मिट्टी में उपस्थित मत्कुण कीट, गाँठ मिज तथा फल मक्खी के अण्डे तथा प्यूपा मर जाते हैं।
- सघन पौध रोपण नहीं करना चाहिए तथा काट छांट करके शाखाओं को घने होने से नियंत्रित करें जिससे फुदका कीट तथा मत्कुण कीट का प्रकोप कम होता है।
- बाग में जुताई करके, बाग को सदैव साफ सुथरा तथा घास रहित रखना चाहिए।
- फल मक्खी तथा स्टोन घुन से ग्रसित गिरे हुए फलों को एकत्र करके नष्ट कर देना चाहिए।
- फलों को पकने से पूर्व ही तोड़ लें जिससे फल मक्खी का प्रकोप नहीं होता है।
- नवम्बर–दिसम्बर में पेड़ के चारों तरफ गुड़ाई करें जिससे मत्कुण कीट के अण्डे तथा निम्फ मर जाते हैं।

यांत्रिक क्रियाओं के द्वारा

- नवम्बर–दिसम्बर में जमीन से 30 सेमी० ऊपर पेड़ के तने चारों तरफ 25 सेमी० चौड़ी कीचड़ लपेटकर 400 गेज मोटी पॉलीथीन की चादर लपेटें जिससे मत्कुण कीट के नये पैदा हुए निम्फ तने से होते हुए पेड़ पर नहीं चढ़ पाते हैं।
- पर्ण जालक कीट से ग्रसित शाखाओं तथा पत्तियों से जाल को अगस्त तथा सितम्बर माह में नष्ट करें या जला देना चाहिए।
- शाखाओं के काट छांट के बाद कटे हुए भाग पर कॉपर आक्सीक्लोराइड का लेप लगा दें जिससे की व्याधियां को रोका जा सके।
- अगस्त तथा सितम्बर माह में व्याधी ग्रसित टहनियों तथा शाखाओं की काट छांट कर देनी चाहिए।
- अप्रैल के महीने में चूर्णिल आसिता ग्रसित पत्तियों को एकत्र कर नष्ट कर देना चाहिए।

जैविक नियंत्रकों के द्वारा

आम के बगीचे में परजीवियों, परभक्षियों तथा रोगकारकों की अच्छी संख्या उपस्थित होती है। जिनमें लेडीबर्ड, क्राइसोपर्ला, सिरफीड मक्खी, रोडेलिया, विवेरिया, ट्राइकोडर्मा आदि जैविक नियंत्रक कारक मुख्य है। इन जैविक नियंत्रक कारकों का हमें बगीचे में संरक्षण करना चाहिए जिसके लिए बगीचे के चारों तरफ फूल या अन्य परागयुक्त वनस्पति लगानी चाहिए तथा जैविक नियंत्रकों की संख्या अधिक होने पर बगीचे में रसायनों का छिड़काव नहीं करना चाहिए।

रसायनों के आवश्यकतानुसार प्रयोग के द्वारा

- आम के फुदका के नियंत्रण के लिए कार्बारिल (0.15 प्रतिशत) या मोनोक्रोटोफास (0.04 प्रतिशत) या फास्फोमिडान (0.05 प्रतिशत) को बगीचे में तीन बार छिड़कें। पहला छिड़काव डंठल बनने की अवस्था पर, दूसरा छिड़काव फूल लगने से पहले तथा तिसरा छिड़काव फल लगने के तुरंत बाद करना चाहिए।
- मत्कुण कीट के नये पैदा हुए निम्फ के नियंत्रण के लिए पेड़ के तने के चारों तरफ 250 ग्रा० मिथाइल पैराथियान का बुरकाव करें।
- मत्कुण कीट का प्रकोप होने पर कार्बारिल (0.2 प्रतिशत) या मोनोक्रोटोफॉस (0.05 प्रतिशत) का छिड़काव करें।
- मिज कीट के लिए कलिका खुलने की अवस्था पर डायमेथोएट (0.05 प्रतिशत) का छिड़काव करें।
- फलमक्खी के रोकथाम के लिए कार्बारिल (0.2 प्रतिशत)+ प्रोटीन हाइड्रोलाइसेट (0.1 प्रतिशत) या सिरका के घोल का लालचपूर्ण छिड़काव अप्रैल के महीने से 21 दिनों के अतंराल पर करते रहना चाहिए।
- तना छेदक के नियंत्रण के लिए डाइक्लोरवास (0.2 प्रतिशत) या मोनोक्रोटोफास (0.05 प्रतिशत) को छेद में डालकर मिट्टी से बंद कर दें।

- अगस्त के मध्य से शाखागांठ कीट के नियंत्रण के लिए मोनोक्रोटोफास या क्वीनोलफास (0.05 प्रतिशत) का 2 सप्ताह के अतंराल पर छिड़काव करें।
- फलमक्खी के रोकथाम के लिए एक बोतल में 100 मि०ली० पानी में 0.1 प्रतिशत मिथाइल यूजीनॉल + 0.1 प्रतिशत मैलाथियान मिलाकर अप्रैल से जुलाई तक बगीचे में 10 बोतल/हे० की दर से टांग दें।
- चूर्णिल आसिता के लिए सल्फर 80 प्रतिशत 3.13 किग्रा०/हे० की दर से 750 ली० पानी मे या डाइनोकैप 48 प्रतिशत ई०सी०/5 मिली०/10 ली० पानी की दर से 15 दिन के अन्तराल से डंठल बनने की अवस्था से छिड़कें।
- एन्थ्रेकनोज रोग के नियंत्रण के लिए कार्बेन्डाजिम 50 प्रतिशत डब्ल्यू०पी० @ 350 ग्रा०/750 ली० पानी/हे० की दर से 15 दिन के अन्तराल पर फूल की अवस्था पर छिड़कें।
- डाइबैक तथा झुलसा रोग के लिए कॉपर आक्सीक्लोराइड (0.05 प्रतिशत) का छिड़काव करें।

अमरूद

प्रमुख कीट

1. अमरूद की फल मक्खी (Fruit Fly)

इस मक्खी का पैर रहित डिम्भक (मैगट) फल के गुदे को खाता है। जिससे फल मनुष्य के खाने के योग्य नहीं रहता है। यह मैगट पीले सफेद रंग का 1 से0मी0 लम्बा होता है। इस कीट की प्रौढ़ मक्खी भूरे रंग की तथा इसके पैर पीले लाल रंग के होते हैं।

2. फल बेधक कीट (Fruit Borer)

प्रौढ़ शलभ नारंगी पीले रंग तथा साथ में ही दोनों पंखों पर काले धब्बे होते हैं। इस कीट के सुंड़ी के द्वारा ही मुख्य नुकसान होता है। सुंडी

फल को बेधकर अमरूद के गुदे को खाता है। इसकी सुंडी 25 मि०मी० लम्बी लाल भूरे रंग की तथा इनके शरीर पर काले धब्बे होते हैं।

3. अमरूद का मत्कुण (Mealy Bug)

इस कीट के मादा प्रौढ़ तथा शिशु कोमल प्ररोह से तथा पुष्प गुच्छों से रस चुसते हैं जिससे ये भाग सूख जाते हैं। यह कीट अण्डाकार चपटा तथा इसका शरीर सफेद चूर्ण से ढका रहता है।

4. छाल भक्षी इल्ली (Bark Eating Caterpillar)

यह कीट अमरूद के अतिरिक्त आम, लीची एवं नींबू वर्गीय फलों आदि पर भी आक्रमण करता है। बाग की उचित देखभाल ना होने पर इस कीट का प्रकोप ज्यादा होता है। इसकी सूंड़ी तनों तथा शाखाओं से छाल को छेद करके खाती है। तथा अपने उत्सर्जित पदार्थ को छाल पर चिपकाकर सुरंग बनाती है। इसी सुरंग के द्वारा इल्ली का आवागमन पूरे वृक्ष पर होता है तथा इसी सुरंग के नीचे इल्लियां छाल को खाती हैं। ये अधिकतर दो टहनियों के मिलने वाले स्थान पर छेद करती हैं।

प्रमुख रोग

1. उकठा रोग (Wilt)

यह मृदाजनित फफुंदी रोग है। इसके रोगकारक मृदा की सतह पर मौजूद होते हैं। इस रोग से पत्तियां पीली पड़ने लगती हैं। तथा मुरझाने लगती हैं। तने रंगहीन तथा शाखाएं एक तरफ से मरने लगते हैं। संक्रमण ज्यादा होने पर यह लक्षण पूरे पौधे पर देखा जा सकता है और अंत में पौधा सूख कर मर जाता है।

अमरूद में एकीकृत नाशीजीव प्रबंधन

सस्य कियाओं के द्वारा

- जून के माह में ग्रीष्म कालीन गहरी जुताई करें जिससे मिट्टी में उपस्थित मत्कुण कीट, तना छेदक तथा फल मक्खी के अण्डे तथा प्यूपा सूर्य के प्रकाश तथा जैविक नियंत्रकों के द्वारा मारे जाते हैं।

- सघन पौध रोपण नहीं करना चाहिए तथा काट छांट करके शाखाओं को घने होने से नियंत्रित करें जिससे मत्कुण कीट का प्रकोप कम होता है।
- बाग में जुताई करके सदैव साफ सुथरा तथा घास रहित रखना चाहिए।
- बगीचे में पानी इकट्ठा न होने दें।
- फल मक्खी से ग्रसित गिरे हुए फलों को एकत्र करके नष्ट कर देना चाहिए।
- नवम्बर–दिसम्बर में पेड़ के चारों तरफ गुड़ाई करें जिससे मत्कुण कीट के अण्डे तथा निम्फ मर जाते हैं।
- सदैव हरी तथा जैविक खाद का प्रयोग करें।

यांत्रिक कियाओं के द्वारा

- नवम्बर–दिसम्बर में जमीन से 30 सेमी० ऊपर पेड़ के तने के चारों तरफ 25 सेमी० चौड़ी कीचड़ लपेटकर 400 गेज मोटी पॉलीथीन की चादर लपेटें जिससे मत्कुण कीट के नये पैदा हुए निम्फ (शिशु) तने से होते हुए पेड़ पर नहीं चढ़ पाते हैं।
- शाखाओं के काट छांट के बाद कटे हुए भाग पर कॉपर आक्सीक्लोराइड का पेस्ट लगा दें जिससे की व्याधियां को रोका जा सके।
- पौध में रोग के लक्षण आने पर रोग ग्रसित पौधे को उखाड़कर नष्टकर देना चाहिए।
- छाल भक्षी कीट के उत्सर्जित पदार्थ को तनों पर से साफ कर देना चाहिए।

जैविक नियंत्रकों के द्वारा

लेडीबर्ड, क्राइसोपर्ला, सिरफीड मक्खी, ट्राइकोडर्मा आदि जैविक नियंत्रक कारक मुख्य है। इन जैविक नियंत्रक कारकों का हमें बगीचे में

संरक्षण करना चाहिए जिसके लिए बगीचे के चारों तरफ फूल या अन्य परागयुक्त वनस्पति लगानी चाहिए तथा जैविक नियंत्रकों की संख्या अधिक होने पर बगीचे में रसायनों का छिड़काव नहीं करना चाहिए।

रसायनों के आवश्यकतानुसार प्रयोग के द्वारा

- मत्कुण कीट के नये पैदा हुए निम्फ के नियंत्रण के लिए पेड़ के तने के चारों तरफ 250 ग्रा0 मिथाइल पैराथियान का बुरकाव करें।
- मत्कुण कीट का प्रकोप होने पर कार्बारिल (0.2 प्रतिशत) या मोनोक्रोटोफॉस (0.05 प्रतिशत) का छिड़काव करें।
- फल छेदक कीट के नियंत्रण लिए फल बनने की अवस्था तथा फल पकने की अवस्था पर कार्बारिल (0.1 प्रतिशत) या फोंजेलोन (0.01 प्रतिशत) का छिड़काव करना चाहिए।
- फलमक्खी के रोकथाम के लिए कार्बारिल (0.2 प्रतिशत) + प्रोटीन हाइड्रोलाइसेट (0.1 प्रतिशत) या सिरका के घोल का लालचपूर्ण छिड़काव करना चाहिए।
- छाल खाने वाली सूड़ियों या तना छेदक के नियंत्रण के लिए डाइक्लोरवास (0.2 प्रतिशत) या मोनोक्रोटोफास (0.05 प्रतिशत) को छेद में डालकर मिट्टी से बंद कर दें।
- फलमक्खी के रोकथाम के लिए एक बोतल में 100 मि०ली० पानी में 0.1 प्रतिशत मिथाइल यूजीनॉल + 0.1 प्रतिशत मैलाथियान मिलाकर अप्रैल से जुलाई तक बगीचे में 10 बोतल/हे० की दर से टांग दें।
- चूने तथा जिप्सम से मृदा को उपचारित करने से उकठा रोग को रोका जा सकता है।
- बेवीस्टीन के 0.1 प्रतिशत घोल से तने को चारों तरफ से भिगोयें।

नींबू वर्गीय फल

प्रमुख कीट

1. नींबू की तितली (Lemon Butterfly)

इस तितली की सूंड़ी नींबू की पत्ती को खाकर नुकसान करता है। सूंड़ी हरे रंग तथा इसके पश्च भाग पर सींग के जैसे संरचना होती है। एक विकसित सूंड़ी 40 मि०मी० तक लम्बा होता हैं। इसकी तितली सुन्दर तथा काले रंग की होती है। और इसका पंख पीले धब्बे के साथ काले रंग का होता है।

2. नींबू की सायला (Citrus Psylla)

यह एक छोटा चूसक कीट है। इसके शिशु तथा प्रौढ़ दोनों ही पत्तियों और शाखाओं से रस चूसते हैं। जिससे कलियां, फूल, पत्तियां मुरझा कर गिरने लगती हैं। इसका प्रौढ़ छोटा तथा भूरे रंग का होता है। प्रौढ़ बैठने पर अपनी पंख को ऊपर मोड़कर तथा पश्च भाग को उठाकर बैठता है। इसके शिशु चपटा जूँ के जैसे तथा नारंगी रंग का होता है और ये ज्यादा कोमल पत्तों तथा कलियों पर पाये जाते हैं।

3. पत्ती सुरंगक (Leaf Miner)

इस कीट का मैगट (डिम्भक) पत्तियों पर चाँदी रंग की टेड़ी मेढ़ी सुंरग बनाते हैं तथा इसी सुरंग में पत्तों को खाते हैं। इस कीट का शलभ छोटा होता है। इसके अग्र पंख पर काले धब्बे तथा पश्च भाग सफेद होता है।

प्रमुख रोग

1. पश्चमारी या डाईबैक रोग (Die-Back)

यह रोग ज्यादातर पूराने बगीचों में आता है। इस रोग की शुरूआत छोटे–2 शाखाओं के सूखने से होती है। इसमें पत्तियां पीली पड़ने लगती हैं। टहनियां ऊपर से नीचे की तरफ सूखने लगती हैं। पत्तियों की संख्या

कम हो जाती है तथा ये आकार में छोटी ही रह जाती हैं और अंत में सूखने लगती हैं। इस रोग के कारण भारी संख्या में छोटे–2 फल लगते हैं। जड़ों की शाखाएं सूखने लगती हैं और अंत में पूरा पेड़ मुरझा जाता है।

2. नींबू का नासूर रोग या सिट्रस कैंकर (Citrus Canker)

यह रोग पत्तियों, शाखाओं तथा फलों को प्रभावित करता है। पौधशाला में युवा पौधे मुरझाकर मर जाते हैं। फलों पर संक्रमण फैलने से धब्बे बनते हैं। और ये धब्बे आपस में मिलकर एक अनियमित पपड़ी बनाते हैं जो अत्यधिक खुरदरे होते हैं। पत्तियों पर छोटे तथा पारदर्शी पीले धब्बे बनते हैं। जिससे पत्तियों की सतह ऊपर उठ जाती है। बाद में ये धब्बे सफेद या भूरे रंग के होकर फट जाते हैं जिसके कारण पत्ते की सतह खुरदरी हो जाती है। शाखाओं पर संक्रमण से टहनियां आसानी से टूट जाती हैं।

3. चूर्णिल आसिता (Powdery Mildew)

यह जाड़े की ऋतु की बहुत ही आम समस्या है। इस रोग में पत्तियों के ऊपरी सतह पर सफेद बुकनीदार कवक का विकास होता है। यह धब्बों के रूप में फैलकर पूरे पत्ते को ग्रसित कर लेता है। डंढल तथा तने भी इस सफेद चूर्ण से ढक जाते है। प्रभावित पत्तियां पीली होकर मुड़ जाती है और समय से पहले ही झड़ जाती हैं। गंभीर संक्रमण होने पर युवा फलों पर भी इस रोग की बढ़वार होने लगती है। जिससे अंत में फल गिर जाते हैं।

4. ट्रिस्टीजा विषाणु रोग (Tristiza Virus)

यह रोग माहूं के द्वारा फैलता है इस रोग से संक्रमित पौधा कमजोर हो जाता है। पत्तियों में हरे रंग की चमक समाप्त होकर रंगहीन होने लगती हैं। तथा टहनियां मरने लगती हैं। जड़ वाले भाग में एक पतला धारीदार गड्ढा बनता है जिससे खाद्यपदार्थों का संवहन रूक जाता है और अंत में पौधा मर जाता है।

नींबू वर्गीय फलों में एकीकृत नाशीजीव प्रबंधन

सस्य क्रियाओं के द्वारा

- ग्रीष्म कालीन गहरी जुताई करें।
- सदैव रोग तथा कीट प्रतिरोधी प्रजातियों का चयन करें।
- *ट्राइकोडर्मा* स्प० को जैविक खाद के साथ 1:40 के अनुपात में 2 किग्रा0/पौध के दर से मिट्टी में मिलायें।
- बाग को सदैव साफ सुथरा तथा खर पतवार से मुक्त रखें।
- बगीचे में पौध से पौध के बीच उचित दूरी रखें। सघन बगीचा लगाने से सफेद तथा काली मक्खी और मत्कुण कीट का प्रकोप ज्यादा होता है अतः बगीचे में पौधों की समय–समय पर काट छांट करके शाखाओं को घने होने से नियंत्रित करें।
- बगीचे में पानी निकलने की उचित व्यवस्था होनी चाहिए।
- गिरे हुए फलों को एकत्र करके नष्ट कर देना या गड्ढे में दबा देना चाहिए।
- नत्रजन खादों तथा उर्वरकों का प्रयोग अधिक मात्रा में नहीं करना चाहिए।

यांत्रिक क्रियाओं के द्वारा

- फल चूसक शलभ तथा संतरे की तितली के अण्डे और इल्लियों को एकत्र करके नष्ट कर देना चाहिए।
- मिली बग या मत्कुण कीट से ग्रसित शाखाओं तथा टहनियों को काट कर नष्ट कर देना चाहिए।
- काली मक्खी, फल मक्खी और संतरे की तितली के रोकथाम के लिए बगीचे में प्रकाश प्रपंच लगायें।
- चूसक कीटों के लिए बगीचे में पीला चिपचीपा प्रपंच लगायें।

जैविक नियंत्रकों के द्वारा

- स्थानीय जैविक नियंत्रक कीटों का संरक्षण करना चाहिए।
- चूसक कीटों के रोकथाम के लिए *क्राइसोपर्ला कारनिया* का 10–15 गिडार प्रति पेड़ छोड़ें।
- *क्रीप्टोलीमस मान्ट्रीजेरी* का 10 भृंग प्रति पेड़ छोड़ने से मिली बग को नियंत्रित किया जा सकता है।
- शल्क कीट के नियंत्रण के लिए *रोडेलिया कारडीनेलिस* को 10 भृंग प्रति पेड़ की दर से छोड़ें।

इन जैविक नियंत्रक कारकों का हमें बगीचे में संरक्षण करना चाहिए जिसके लिए बगीचे के चारों तरफ फूल या अन्य परागयुक्त वनस्पति लगानी चाहिए तथा जैविक नियंत्रकों की संख्या अधिक होने पर बगीचे में रसायनों का छिड़काव नहीं करना चाहिए।

रसायनों के आवश्यकतानुसार प्रयोग के द्वारा

- चूसक कीटों के रोकथाम के लिए डाइमेथोएट 30 ई0सी0 (0.5 प्रतिशत), मोनोक्रोटोफास (0.025 प्रतिशत) तथा कार्बारिल (0.2 प्रतिशत) का पहला छिड़काव फरवरी–मार्च में, दूसरा छिड़काव मई–जून में तथा तिसरा छिड़काव जुलाई–अगस्त में करें।
- काली मक्खी की प्रारम्भिक अवस्था काफी हानिकारक होती है अतः अण्डे फूटने के तुरंत बाद निम्नवत में से किसी कीटनाशक का दो छिड़काव 15 दिनों के अंतराल पर करें: मोनोक्रोटोफॉस 1 मिली०, एसिफेट 0.8 मिली०, फॉसफोमिडान 0.7 मिली०, फोसेलोन 1.5 मिली० या डाइमेथोएट 2 मिली0 / ली० पानी की दर से।
- संतरे की तितली के इल्लियों के रोकथाम के लिए *बी०टी०* @ 0.05 प्रतिशत का छिड़काव करें।
- पत्ती सुरंगक कीट के लिए 5 प्रतिशत NSKE या नीम के तेल का 3 मिली० मात्रा प्रति लीटर पानी में घोल कर छिड़कें।

- फल चूसक शलभ के लिए लेड आर्सेनेट 60 ग्रा० या मैलाथियान 1 मिली०/ली० पानी में + 1 किग्रा० गुड़ + 60 ग्रा० सिरका को 10 ली० पानी में मिलाकर लालचपूर्ण प्रपंच का छिड़काव करें।
- रोगों की रोकथाम के लिए स्ट्रेप्टोमाइसिन + टेट्रासाइक्लिन हाइड्रोक्लोराइड का 50 से 100 पी०पी०एम० का 0.01 प्रतिशत मात्रा और कॉपर ऑक्सीक्लोराइड (0.3 प्रतिशत) या मैंकोजैब (0.2 प्रतिशत) का छिड़काव करें।

अनार

प्रमुख कीट

1. अनार की तितली (Anar Butterfly)

अनार में यह कीट भारी नुकसान पहुँचाता है। इस कीट की सुंड़ी फल के अन्दर छेद करके अनार के दानों तथा बीजों को खाते हैं। इसके प्रकोप से फल में जीवाणुओं का भी प्रकोप हो जाता है। जिससे फल सड़ने लगता है। इसकी सुंड़ी 1–2 सेमी० लम्बा गहरे भूरे रंग का तथा इसके पूरे शरीर पर बाल होते हैं। इस कीट का प्रौढ़ तितली भूरे रंग की तथा इसके अग्र पंख पर नारंगी धब्बे होते हैं।

प्रमुख रोग

1. पर्ण धब्बा रोग (Leaf Spot)

इस रोग में पत्तियों पर छोटे–2 अनियमित गहरे रंग के धब्बे बनते हैं। इन धब्बों के कारण पत्तियां टेढ़ी मेढ़ी तथा विकृत हो जाती हैं। अंत में पत्तियां मुरझाकर झड़ जाती है। जिससे पौधे के विकास पर असर पड़ता है और फलोत्पादन प्रभावित होता है।

2. फल सड़न रोग (Fruit Rot)

फलों पर गहरे भूरे रंग के धब्बे बनते हैं। बाद में धब्बे बड़े हो जाते हैं तथा फलों पर फैल जाते हैं। जिससे फल सड़ने लगता है। यह एक कवक जनित रोग है।

अनार में एकीकृत नाशीजीव प्रबंधन

सस्य कियाओं के द्वारा

- ❐ बाग में सदैव साफ सुथरा तथा खर पतवार से मुक्त रखें।
- ❐ बगीचे में पानी निकलने की उचित व्यवस्था होनी चाहिए।
- ❐ पेड़ के तने के चारों तरफ गुड़ाई करते रहें।
- ❐ *ट्राइकोडर्मा* स्प० को जैविक खाद के साथ 1:40 के अनुपात में 2 किग्रा०/पौध के दर से जड़ में डालें।

यांत्रिक कियाओं के द्वारा

- ❐ सूखे हुए शाखाओं और कीट तथा रोग ग्रसित टहनियों को काट कर नष्ट कर दें।
- ❐ गिरे हुए फलों को एकत्र करके नष्ट कर देना या गड्ढे में दबा देना चाहिए।
- ❐ फूलों के पंखुड़ियों से कीटों के अण्डे को हटाकर नष्ट कर दें।
- ❐ पौध में रोग के लक्षण आने पर रोग ग्रसित पौधे को उखाड़कर नष्टकर देना चाहिए।
- ❐ कम्पोजिटी कुल के खर पतवारों को बाग से नष्ट कर दें।
- ❐ फल लगने पर फल को अखबार या किसी कागज का बैग बनाकर ढक कर बांध दें।

रसायनों के आवश्यकतानुसार प्रयोग के द्वारा

- ❐ पेड़ के चारों तरफ गड्ढा खोद कर क्लोरपाइरीफॉस (0.05 प्रतिशत) से 6 महीने में एक बार उपचारित करें। इसके बाद नीम का तेल (0.15 प्रतिशत) @ 3 मिली०/ली० मात्रा प्रति पौध की दर से गड्ढे में डालें।
- ❐ तना छेदक के लिए 5–10 मिली० डाइक्लोरवास (0.25 प्रतिशत) सुई से छेद में डालें तथा छिद्र को मिट्टी से बंद कर दें।

- मोनोक्रोटोफास की 2 मिली० मात्रा का छिड़काव प्रति ली० पानी में मिलाकर पेड़ में 50 प्रतिशत फूल आने की अवस्था पर करें तथा इसका दूबरा छिड़काव 2 हप्ते बाद कार्बारिल (0.2 प्रतिशत) या फेनवेलरेट (0.05 प्रतिशत) के साथ करें।
- पर्ण धब्बा रोग के लिए बरसात के मौसम में मैंकोजेब का 2 ग्रा०/ली० पानी की दर से छिड़काव करें।
- कार्बेन्डाजिम या बेनोमिल 2 ग्रा०/ली० पानी का छिड़काव सितम्बर–अक्टूबर में करने से फल सड़न को रोका जा सकता है।

लीची

प्रमुख कीट

1. लीची बग (Litchi Bug)

यह लीची का मुख्य कीट है। यह कीट भारत, वर्मा तथा चीन में पाया जाता है। इसका व्यस्क 1 से 2 सेंटी० लंबा होता है। इसका शिशु छोटा तथा लाल रंग का होता है। इस कीट का प्रकोप मार्च–अप्रैल और अगस्त–अक्टूबर में होता है। इसका अंडा क्रीम रंग का होता है। मादा व्यस्क 14 अण्डे गुच्छे मे पत्ती की सतह पर देती है। अंडे से निम्फ 11 दिनों बाहर आ जाता है। तथा इसकी अवस्था 50 दिन तक होती है। इस कीट की एक पीढ़ी एक वर्ष में एक बार पायी जाती है। इस कीट के व्यस्क तथा निम्फ पत्तियों, डंढलों, फलवृन्तों तथा नई कोपलों से कोशिका द्रव्य को चूस कर नुकसान पहुंचाते हैं। जिसके कारण पौधे मुरझा जाते हैं और फल झड़ने लगते हैं।

2. पत्ती मोड़क माइट (Leaf Curl Mite)

यह कीट लीची का प्रमुख तथा हानिकारक कीट है। यह कीट संसार के समस्त लीची पैदा करने वाले देशों में पाया जाता है। इस कीट का व्यस्क 0.20 मिमी० लंबा तथा निम्फ सूक्ष्म होता है। इस कीट का प्रकोप जुलाई में सबसे ज्यादा होता है। मादा व्यस्क बहुत ही छोटे अंडे पत्ती के

निचले सतह पर देती हैं। शिशु तथा व्यस्क दोनों ही लीची को हानि पहुंचाते हैं। दोनों ही पत्ती के ऊतकों से रस को चूसते हैं। जिससे गहरे भूरे रंग की मखमली उभार पत्ती की सतह पर बन जाता है तथा बाद में पत्ती मुड़ने लगती है। अंत में पत्तियां मुरझाकर गिर जाती हैं। इस कीट का प्रकोप पेड़ के निचले सतह से प्रारम्भ होकर ऊपर की तरफ बढ़ता है।

3. पत्ती लपेटक तथा मध्य–शिरा का कीट (Leaf Folder)

पूर्ण विकसित इल्ली हरे रंग की तथा 4–6 मिमी० लंबी होती है। यह सूंड़ी पत्ती के मध्य शिरा में सुरंग करके खाता है तथा इसी में प्यूपा बनाता है। इस कीट का प्रकोप नई कोपलों तथा पत्तियों पर होता है जिससे पत्ती अंत में सुख जाती है। कभी कभी इसका प्रकोप पुष्पगुच्छ पर भी हो जाता है।

4. फल बेधक (Fruit Borer)

इस कीट चार प्रजातियां पूरे भारत में पायी जाती हैं। इस कीट के द्वारा लीची को लगभग 40–60 प्रतिशत तक हानि पहुंचता है। इस कीट की सूंड़ी विकसित हो रहे फलों तथा उनके बीजों को बेध कर खाती हैं। सूंड़ी द्वारा बनायी गई छेद में यह कीट अपना अपशिष्ट भर देता है जिससे प्रभावित फल सड़ने लगता है। और अंत में गिर जाता है।

प्रमुख रोग

1. लीची का कत्थई रोग (Rust)

यह कवक के द्वारा होने वाला रोग है इसमें फलों के छिलके पर कत्थई रंग के दाग बन जाते हैं। जिससे लीची खाने योग्य नहीं रह जाती है।

2. चूर्णिल आसिता (Powdery Mildew)

इस रोग के कारण पत्तियों, टहनियों तथा फलों पर सफेद चूर्ण जम जाता है।

3. फल का फटना

लीची में एकीकृत नाशीजीव प्रबंधन

सस्य कियाओं के द्वारा

- बगीचे को साफ सुथरा तथा घासरहित रखना चाहिए।
- पेड़ के नीचे सदैव निराई गुड़ाई करते रहें।
- गिरी हुई पत्तियों तथा फलों को एकत्र करके नष्ट कर देना चाहिए।
- गर्मियों में सिंचाई की संख्या व मात्रा बढ़ाकर, बाग के चारों ओर वायुरोधी पेड़ लगाकर तथा पेड़ों पर पानी का छिड़काव करके फलों को फटने से रोका जा सकता है।

यांत्रिक कियाओं के द्वारा

- सूखे हुए शाखाओं और कीट तथा रोग ग्रसित टहनियों को काट कर नष्ट कर दें।
- गिरी हुई पत्तियों तथा गिरे हुए फलों को एकत्र करके नष्ट कर देना या गड्ढे में दबा देना चाहिए।
- पत्तियों से कीटों के अण्डे को हटाकर नष्ट कर दें।
- पौध में रोग के लक्षण आने पर रोग ग्रसित पौध को उखाड़कर नष्टकर देना चाहिए।
- मई तथा अक्टूबर में माइट से ग्रसित टहनियों तथा पत्तियों को काट कर जला देना चहिए।

रसायनों के आवश्यकतानुसार प्रयोग के द्वारा

- इण्डोसल्फान 35 ई०सी० का 2 मिली०/ली० पानी या मोनोक्रोटोफास का 0.05 फीसदी के घोल का छिड़काव फूल आने से पहले करने से लीची बग तथा माइट के प्रकोप की रोकथाम की जा सकती है।

- लीची माइट के लिए डाइकोफॉल 18.5 ई०सी० का 5 ग्रा०/ली० पानी या डाइमेथोएट 35 ई०सी० का 5 मिली०/ली० पानी की दर से छिड़काव 15 दिन के अन्तराल पर दो बार करें।
- फल बेधक तथा पत्ती लपेटक के लिए क्यूनोलफास 25 ई०सी० का 0.05 प्रतिशत या कार्बारिल का 2 ग्रा०/ली० पानी में घोलकर छिड़कें।
- 5 प्रतिशत नीम के बीज का घोल बनाकर फलों पर छिडकें।
- कत्थई रोग के लिए डायथेन एम–45 के 0.25 प्रतिशत का छिड़काव करें।
- गंधक के चूर्ण का 5 ग्रा०/ली० पानी में या डाइनोकैप 0.1 प्रतिशत का छिड़काव करने पर चूर्णिल आसिता रोग को नियंत्रित किया जा सकता है।

अंगुर

प्रमुख कीट

1. चुरड़ा कीट (Thrips)

इस कीट का व्यस्क बहुत ही छोटा लगभग 1.5 मिमी० लम्बा, गहरे भूरे रंग का जिस पर हल्के पीले रंग के पंख होते हैं। इसका शिशु पीलेपन लिए सफेद होता है। इन कीटों को पत्तियों की निचली सतह पर तेज चलते हुए या बैठे हुए या फूलों पर देखा जा सकता है। ये कीट अपने अण्डे पत्ती के निचली सतह पर देते हैं। जब कि प्यूपा जमीन के अन्दर बनाते हैं। इस कीट का व्यस्क तथा निम्फ दोनों ही पत्तियों को खुरच कर रस चूसते हैं। जिससे प्रभावित पत्तियां मुड़ने लगती हैं। अंत में पत्तियां भूरी पड़कर गिर जाती है। अंगुर में कम फल लगते हैं और फल जल्दी ही गिर जाते हैं।

2. पर्ण फुदका (Leaf Hopper)

यह छोटा, खुंटी के समान लगभग 3 मिमी० लंबा, पीले–हरे रंग का कीट है जिस पर काली तथा लाल धारी या निशान होते हैं। इसका शिशु

हल्के पीले रंग का होता है। शिशु तथा व्यस्क दोनों ही पत्तियों के निचले सतह से रस चूसकर नुकसान पहुंचाते हैं। जिसके कारण पूरी पत्ती पीली पड़ने लगती है और अंत में गिर जाती है। चूंकि इसके प्रकोप से प्रकाश संश्लेषण पर असर पड़ता है अतः फल की गुणवत्ता तथा उत्पादकता में काफी गिरावट आ जाती है।

3. मत्कुण कीट (Mealy Bug)

इस कीट का प्रकोप पूरे वर्ष भर अंगूर की बेलों पर रहता है। इसकी मादा व्यस्क गुलाबी या सफेद रंग की तथा इसका शरीर मोम से ढका रहता है। इस कीट का शिशु तथा व्यस्क दोनों ही अंगुर के तनों, कलिकाओं, पत्तियों, शाखाओं, गांठों, पुष्पवृन्तों तथा फलवृन्तों से रस चूसकर नुकसान पहुंचाते हैं। इसका प्रकोप विकासशील अग्रभागों पर होने से तने के अग्रभाग तथा नई पत्तियां विकृत हो जाती हैं। इस कीट के अपशिष्टों पर काला चूर्ण नामक फफूंदी विकसित हो जाती है। जो पूरी पत्तियों को काले चूर्ण से ढक लेती है। जिससे प्रकाश संश्लेषण की क्रिया प्रभावित होती है। फल पर इस कवक का आक्रमण होने पर फल का बाजार मूल्य गिर जाता है। इस कीट के प्रकोप से अंगुर की बेलें कमजोर हो जाती हैं। जिससे उत्पादन पर बहुत ही बुरा प्रभाव पड़ता है।

4. तने का गर्डलर (Stem Girdler)

यह भृंग अंगुर में जमीन की सतह से 15 सेमी० ऊपर तने के चारों तरफ एक छल्ला बनाता है। इसके बाद यह अण्डे देता है। अण्डे फूटते ही छोटे–2 गिडार तने को छेद करके इसकी लकड़ी को खा कर तने में सुरंग बनाने लगते हैं। छल्लेयुक्त शाखाएं सूखने लगती है। दिन के समय में व्यस्क भृंग पत्तियों के निचली सतह पर छिपे रहते हैं परन्तु रात के समय में यह नुकसान पहुंचाते हैं।

5. पत्ती मोड़क कीट (Leaf Folder)

इस कीट की इल्ली हल्के हरे रंग की होती है तथा इसका सिर गहरे भूरे रंग का होता है। ये इल्लियां पत्तियों के किनारे से मध्यशिरा की तरफ

मोड़ देती हैं तथा मुड़े हुए भाग के अन्दर रहकर पत्तियों को खुरच कर खाती हैं। यह कीट अगस्त से अक्टूबर तक ही सक्रिय रहता है।

प्रमुख रोग

1. मृदुरोमिल आसिता (Downy Mildew)

इस रोग का रोगकारक अंगुर के समस्त कोमल भागों को ग्रसित करता है। इस रोग का प्रारम्भ मुख्यतया नई कोपलों पर से होता है। जिस पर हल्के हरे रंग के धब्बे पत्ती के ठीक निचली सतह पर सफेद मृदुरोमिल विकसित होने लगता है। ये मृदुरोमिल आसिता पत्ती के निचली सतह पर तेजी से बढ़ने लगता है और ठीक इसके ऊपरी सतह पर हरे धब्बे भी बढ़ते रहते है जो बाद में पीले पड़ जाते हैं। यह रोग कुछ समय में पूरी पत्ती पर फैल जाता है। जिससे पत्ती पीली पड़कर मुरझाने लगती है। तने पर भी धब्बे बनने लगते हैं। प्रभावित फूल मर जाते हैं तथा गिर जाते हैं। फल पर प्रकोप से फल भूरे रंग के हो जाते हैं तथा इसकी त्वचा कड़ी तथा सिकुड़ जाती है।

2. चूर्णिल आसिता (Powdery Mildew)

इस रोग का प्रकोप पौधे के पत्तियों तनों, फूलों तथा फलों पर होता है। युवा पत्तियां के दोनों तरफ इस रोग के कारण सफेद धब्बे बनते हैं। जो बाद में एक सफेद चूर्ण से पूरी पत्तियों की सतह को ढक लेते हैं। जिससे पत्तियां भूरे रंग की छोटी, मुड़ी तुड़ी तथा विकृत हो जाती हैं। प्रभावित तने गहरे भूरे रंग के हो जाते हैं। फूलों तथा फलों पर प्रकोप से एक भूरे सफेद चूर्ण इन भागों पर फैल जाता है। जिससे फूल रंगहीन होकर गिर जाते हैं। तथा फल पर गहरे भूरे धब्बे बनने लगते हैं जिससे फल विकृत हो जाता है। प्रायः फल की त्वचा मर जाती हैं और गुदा बाहर आ जाता है।

3. एन्थ्रेकनोज या काला धब्बा रोग (Black Spot)

इस रोग के कारण छोटे–2 भूरे काले रंग के धब्बे पत्तियों पर बनते हैं। जो बाद में सूख जाते हैं और छूने पर टूट जाते हैं जो बढ़कर नासूर

के लक्षण पैदा करते हैं। फलों पर गोल, भूरे रंग के धब्बे बनते हैं जो पूरी त्वचा पर फैल जाता है। और इसका प्रकोप गुदे पर भी होता है जिससे फल सड़ने लगता है।

अंगुर मे एकीकृत नाशीजीव प्रबंधन

सस्य कियाओं के द्वारा

- ग्रीष्म कालीन गहरी जुताई करें।
- सदैव रोग तथा कीट प्रतिरोधी प्रजातियों का चयन करें।
- बाग को सदैव साफ सुथरा तथा खर पतवार से मुक्त रखें।
- बगीचे में पौध से पौध के बीच उचित दूरी रखें। सघन बगीचा लगाने से मत्कुण कीट का प्रकोप ज्यादा होता है अतः बगीचे में पौधों की समय–समय पर काट छांट करके शाखाओं को घने होने से नियंत्रित करें।
- बगीचे में पानी निकलने की उचित व्यवस्था होनी चाहिए।
- नत्रजन खादों तथा उर्वरकों का प्रयोग अधिक मात्रा में नहीं करना चाहिए।

यांत्रिक कियाओं के द्वारा

- गिरे हुए फलों तथा पत्तियों को एकत्र करके नष्ट कर देना या गड्ढे में दबा देना चाहिए।
- पत्ती मोड़क तितली के अण्डे और इल्लियों को पत्ती सहित एकत्र करके नष्ट कर देना चाहिए।
- मिली बग या मत्कुण कीट से ग्रसित शाखाओं तथा टहनियों को काट कर नष्ट कर देना चाहिए।
- चूसक कीटों के लिए बगीचे में पीला चिपचीपा प्रपंच लगायें।
- तने की छुटी हुई छाल को समय–2 पर हटाते रहें तथा तने पर बोरडिएक्स मिक्सर या कॉपर आक्सीक्लोराइड का 0.2 प्रतिशत का लेप लगा देना चाहिए।

- रोग तथा कीट से प्रभावित भागों की काट–छांट करते रहें।
- मिली बग या मत्कुण कीट के समूहों को एकत्र करके नष्ट कर देना चाहिए।
- बगीचे में विभिन्न भृंगों को आकर्षित करने तथा मारने के लिए प्रकाश प्रपंच लगायें।

जैविक नियंत्रकों के द्वारा

- स्थानीय जैविक नियंत्रक कीटों का संरक्षण करना चाहिए।
- चूसक कीटों के रोकथाम के लिए *क्राइसोपर्ला कारनिया* का 10–15 गिडार प्रति पेड़ छोड़ें।
- *क्रीप्टोलीमस मान्ट्रीजेरी* का 10 भृंग प्रति पेड़ छोड़ने से मिली बग तथा शल्क कीटों को नियंत्रित किया जा सकता है।
- कवक रोगकारक *वर्टीसीलियम लेकनी* या *विवबेरिया बेसियाना* की 5 मिली या 5 ग्रा0 मात्रा एक ली0 पानी में घोल कर 2 से 3 बार 15 दिनों के अंतराल पर चूसक कीटों के लिए छिड़कना चाहिए।

रसायनों के आवश्यकतानुसार प्रयोग के द्वारा

- विभिन्न कीटों के रोकथाम के लिए नीम के तेल को 1 प्रतिशत और 5 प्रतिशत की दर से छिड़कना चाहिए।
- चूसक कीटों के रोकथाम के लिए डाइमेथोएट 30 ई०सी० (0.5 प्रतिशत), इमीडाक्लोप्रीड 200 एस०एल० (0.30 मिली०/ली०) तथा फीप्रोनिल 80 डब्ल्यू०जी० (0.50 मिली०/ली०) का छिड़काव नई कोपलों, फूलों तथा फलों के आने की अवस्थाओं पर करना चाहिए।
- मत्कुण कीट के नियंत्रण के लिए डाइक्लोरवास के 2 मिली०/ली० से तनों तथा शाखाओं को पोछना चाहिए।
- इमीडाक्लोप्रीड 200 एस०एल० (0.30 मिली०/ली०) तथा बुप्रोजीन (2 ग्रा०/ली०) से पेड़ के चारों तरफ की मिट्टी को भिगोयें तथा

इसके 40 दिन बाद बुप्रोजीन (2 ग्रा०/ली०) का छिड़काव करने से चूसक कीटों की रोकथाम की जा सकती है।

- विभिन्न तितलियों की सूंड़ियां तथा पत्ती खाने वाले भृंगों के प्रकोप पर इण्डोसल्फान 35 ई०सी० को 2 मिली०/ली० या मोनोक्रोटोफास (0.025 प्रतिशत) तथा कार्बारिल (0.2 प्रतिशत) छिड़काव करें।
- पत्ती मोड़क कीट के लिए 5 प्रतिशत NSKE या नीम के तेल का 3 मिली० मात्रा प्रति लीटर पानी में घोल कर छिड़कें।
- बोरडिएक्स मिक्सचर का 0.1 प्रतिशत का 3 से 5 बार छिड़काव करने से मृदुरोमिल आसिता रोग को रोका जा सकता है। इसका पहला छिड़काव बेलों के काट–छांट के तुरंत बाद, दूसरा कोपलें आने के बाद, तीसरा फूल आने से पहले तथा चौथा और पांचवां छिड़काव फल लगने के बाद करना चाहिए।
- चूर्णिल आसिता के लिए 0.2 प्रतिशत सल्फेक्स या 0.1 प्रतिशत बेलेटॉन का बुरकाव दिसम्बर के पहले हप्ते में या बादल वाले दिन में करें।
- काले धब्बे रोग के लिए 0.2 प्रतिशत डायथेन एम–45 या बेनोमिल या कार्बेन्डाजिम का 1 ग्रा०/ली० पानी की दर से छिड़काव करना चाहिए।

सेब

प्रमुख कीट

1. सेन जोस स्केल (San Jose Scale)

यह कीट सम्पूर्ण विश्व में शीतोष्ण भागों में उगने वाले फल–वृक्षों पर पाया जाता है। यह कीट विशेषकर उन फल वृक्षों पर आक्रमण करता है जो रोजेसी कुल के होते हैं, जैसे सेब, खुबानी, नाशपाती, आड़ू इत्यादि। यह कीट अपने शरीर को काले या भूरे रंग के शल्क से ढके रहता है। इस शल्क को हटाने पर नारंगी रंग का कीट दिखाई देता है। यह कीट

मार्च से दिसम्बर माह तक सक्रीय रहता है। मई के महीने में यह प्रजनन क्रिया करता है। जाड़े की ऋतु को इस कीट का शिशु सुप्तावस्था में पार करता है। शिशु तथा मादा शल्क कीट टहनियों, शाखाओं तथा फलों से रस चूसकर उन्हें हानि पहुँचाते हैं। इसके प्रकोप से फलों पर तश्तरीनुमा धब्बे बन जाते हैं जो लाल रंग के गोले से घिरे होते हैं। इस कीट के प्रकोप से प्रारंभ में ग्रसित पौधों का विकास रूक जाता है तथा शल्क कीटों की संख्या बढ़ने से पौधों का जीवन समाप्त हो जाता है।

2. सेब का ऊनी माहूँ (Apple Woolly aphid)

यह कीट सेब, नाशपाती तथा क्रेब सेब का प्रमुख कीट है। यह कीट मार्च से सितम्बर माह तक सक्रीय रहता है। यह कीट अपने ऊपर मोम की सफेद चादर ओढ़े रहता है जिसके परिणामस्वरूप इसका नाम ऊनी माहूँ पड़ा। इस कीट के समूह पौधे के टहनियों, शाखाओं तथा जड़ों पर पाये जाते हैं। इस कीट के शिशु तथा वयस्क दोनों ही पौधे के ऊतकों से रस चूसते हैं। इस प्रकार रस चूसने से पौधे की जड़ों तथा शाखाओं पर गाँठ बनने प्रारंभ हो जाते हैं जिससे पौधे का विकास रूक जाता है तथा गाँठ बनने से पौधे में रस का प्रवाह रूक जाता है और अंततः पौधे का जीवन समाप्त हो जाता है।

3. सेब का तना छेदक (Apple Stem Borer)

इस कीट का गिडार सेब, आडू आदि शीतोष्ण फलों का प्रमुख तना छेदक है। इसका वयस्क 35–50 मि०मी० लम्बा तथा स्लेटी रंग का भृंग होता है। इसका एन्टिना इसके शरीर से भी बड़ा होता है। यह भृंग मानसून प्रारम्भ होने के पश्चात् दिखाई देने लगता है। इसका गिडार वृक्ष के अन्दर छेद करके खाता है। अक्तूबर माह में यह तने को खाना बंद कर देता है तथा जाड़े के सम्पूर्ण मौसम में सुप्तावस्था में रहता है। मार्च से पुनः यह तने को छेदकर खाना प्रारम्भ कर देता है। इस प्रकार की हानि से वृक्ष की उत्पादकता तथा स्वास्थ्य दोनों पर ही विपरीत प्रभाव पड़ता है।

4. तम्बू कीट (Tent Caterpiller)

यह कीट सेब का प्रमुख कीट है परन्तु साथ ही यह बादाम, अखरोट, खूबानी, चेरी तथा नाशपाती आदि फल वृक्षों पर भी पाया जाता है। इसका वयस्क हल्के भूरे रंग का शलभ होता है। इसकी इल्ली काले भूरे रंग की होती है। मादा दो शाखाओं के मिलने वाले स्थान पर गुच्छे में अण्डे देना पसन्द करती है। सूड़ियाँ समूह में शाखाओं के मिलने वाले स्थान पर तम्बूनुमा जाला बनाकर रहते हैं। दिन में यह जाले में छिपे रहते हैं तथा रात में यह समूह में पत्तियों को खाते हैं। अधिक प्रकोप होने पर ये पूरे पौधे को पत्तिरहित कर देते हैं जिससे फल उत्पादन पर विपरीत प्रभाव पड़ता है।

5. यूरोपियन लाल माइट (Europian Red Mite)

यह लाल रंग का मकड़ी वर्ग का जीव होता है। यह समूह में पत्तियों के निचली सतह पर रह कर पत्तियों से रस चुसते हैं। इनके हल्के प्रकोप पर पत्तियां चित्तीदार हो जाती हैं परन्तु अधिक प्रकोप होने पर पत्तियां पीली पड़ जाती हैं। रस चूसने तथा प्रकाश संश्लेषण सही ढंग से न होने के कारण फल उत्पादकता पर विपरीत प्रभाव पड़ता है तथा फल छोटे आकार के बनते हैं। इस कीट के ज्यादा प्रकोप पर फल गिरने लगते हैं तथा अगले मौसम में फूल तथा फल लगने की मात्रा कम हो जाती है।

6. सेब का चूरड़ा कीट (Thrips)

यह सेब के फूल का प्रमुख कीट है। यह कीट बहुत छोटा, पीला, पीला–भूरा तथा काले रंग का होता है जो फूलों तथा कलियों से रस चूसता है। ग्रसित फूल मुड़ा हुआ तथा चित्तीदार हो जाता है। इसके आक्रमण से फल कम लगते हैं तथा गुणवत्ता खराब हो जाती है। इनका प्रकोप पत्तियों पर होने पर, पत्तियां पर चमकीले सफेद धब्बे बनते हैं, पत्तियां मुड़ जाती हैं तथा अंत मे मुरझा कर सूख जाती हैं।

7. सफेद गिडार के भृंग (Leaf Eating Beetle)

मानसून के पहली बर्षा के बाद विभिन्न रंगों के भृंग बगीचे मे निकलते हैं जो मई–जून में मिट्टी में अण्डे देते हैं। शाम के समय ये भृंग सेब की पत्तियों तथा विकसित हो रहे फलों को खाते हैं। ये भृंग सभी शीतोष्ण फल वृक्षों पर आक्रमण करते हैं तथा पत्तियों और फलों को खाते हैं। जिससे वृक्ष पत्ती विहीन तथा फल पकने से पहले ही गिर जाते हैं। इस कीट के गिडार को कुरमुला कहते हैं जो विभिन्न फसलों, सब्जियों तथा घासों की जड़ों को जमीन में रह कर खाता है।

प्रमुख रोग

1. सेब का कैंकर या नासूर रोग (Canker)

इस रोग का प्रकोप सेब के तने तथा फलों दोनों पर होता है। तने पर लम्बे तथा पपड़ीनुमा घाव बनते हैं जिससे छाल उतरने लगती है। इस रोग की शुरूआत ज्यादातर खुले हुए घावों से होता है। फूल आने की अवस्था से ही इस रोग का संक्रमण प्रारम्भ हो जाता है। फल इस रोग के कारण सड़ने लगते हैं।

2. चूर्णिल आसिता (Powdery Mildew)

इस रोग की शुरूआत सफेद या भूरे रंग के छोटे–2 धब्बे से होता है जो बाद में कलिकाओं, नई कोपलों तथा पत्तियों को सफेद चूर्ण से ढक लेता है। जिससे पौधे के विकास पर असर पड़ता है और कलिकाएं तथा फूल मर जाते हैं। फलों पर इसके प्रकोप से फल की त्वचा फट जाती है जिससे फल सड़ने लगता है।

3. सेब का स्कैब या पामा रोग (Apple Scab)

यह रोग सेब का एक प्रमुख रोग है इसके कारण फल उत्पादन में 70–80 फीसदी गिरावट आती है। इस रोग में बसन्त ऋतु में नई कोपलों तथा पत्तियों पर हल्के भूरे रंग के धब्बे पत्ते के दोनों तरफ बनते हैं। जिससे पत्तियां टेढ़ी मेढ़ी हो जाती है तथा पीली पड़ कर गिरने लगती हैं।

फलों पर संक्रमण से गहरे भूरे रंग के धब्बे बनते हैं। जिसके कारण फल बेडौल, फटा हुआ तथा आकार में छोटे–2 बनते हैं। फल के फटने से सेब सड़ने लगता है।

4. सफेद जड़ सड़न (White Root Rot)

इस रोग की शुरूआत बारीक जड़ों से होकर मुख्य जड़ों तथा तनों में होता है। जिससे प्रभावित पेड़ मुरझाआ हुआ तथा पत्तियां पीली पड़ने लगती हैं। जिससे पेड़ का विकास रूक जाता है। इस रोग से पेड़ की जड़ें कवक की सफेद जाले से ढक जाती हैं। जड़ें मरने लगती हैं और अंततः पेड़ मुरझाकर मर जाता है।

सेब में एकीकृत नाशीजीव प्रबंधन

सस्य कियाओं के द्वारा

- ग्रीष्म कालीन जुताई करें जिससे मिट्टी मे उपस्थित कीट की अवस्था सूर्य के प्रकाश से तथा चिड़ियों के द्वारा मारे जाते हैं।
- सदैव सड़ी हुई गोबर की खाद का प्रयोग करें।
- बगीचे को साफ सुथरा, खरपतवार नियंत्रण एवं उचित जल प्रबंधन करें।
- उद्यान स्थापित करते समय उचित स्थान का चयन, गड्ढे खोदने का समय एवं उनमें खाद, उर्वरकों तथा रसायनों का उचित प्रयोग करना चाहिए।
- उपयुक्त प्रजाति जैसे ऊनी माहूँ के लिए प्रतिरोधी प्रजातियों जैसे गोल्डेन डिलिसियस, नार्थन स्पाई तथा मोर्टन स्टाक का प्रयोग करना चाहिए।
- रोग प्रतिरोधी प्रजातियों प्रयोग करें।
- कीट एवं रोगमुक्त पौधों का चयन करें तथा पंजीकृत पौधशाला से ही पौध खरीदना चाहिए।

- पौधशाला लगाने से पूर्व मिट्टी को पालीथीन की चादर से ढक कर सोलराइजेशन करना चाहिए।
- उर्वरकों के संतुलित प्रयोग के साथ ही कार्बनिक खादों एवं फलों की गुणवत्ता में वृद्धि करने वाले पोषक तत्वों का प्रयोग करें।
- नत्रजन तथा फासफोरस उर्वरकों का ज्यादा मात्रा में प्रयोग नहीं करना चाहिए।
- कीटों/रोगों की पहचान, उनका जीवन चक्र तथा नुकसान करने का समय एवं ढंग के बारे में जानकारी रखें। इसके लिए उद्यान में 10–15 दिनों के अन्तर पर नाशीजीवों का सर्वेक्षण करना चाहिए।
- गर्मियों में उद्यान की गहरी जुताई करके खुला छोड़ें तथा उसे खर–पतवार मुक्त रखें।
- फल उत्पादन के समय आवश्यकतानुसार बगीचे में सिंचाई करनी चाहिए।
- उद्यान के किनारों पर मित्र कीटों को आकर्षित करने के लिए गेंदे तथा मक्के की बुवाई एवं उचित समय पर कटाई करें।
- जड़ सड़न के लिए पौध लगाने वाले गड्ढे को 3 प्रतिशत फॉरमिल्डिहाइड से पौध लगाने के 3 हप्ते पहले उपचारित करें।
- पौधशाला में सेब की कलम सदैव जमीन से 25 सेमी० ऊपर लगायें।

यांत्रिक कियाओं के द्वारा

- उद्यान में फेरोमोन प्रपंच तथा चिपचिपी प्रपंच लगाकर फसलों के नर पतंगों को एकत्रित कर नष्ट करें।
- जिन शाखाओं पर तम्बू कीट के अण्डे के समूह हों उनकी छँटाई कर देनी चाहिए या अण्डों को एकत्र करके हाथ से नष्ट कर देना चाहिए। इस कीट के जाले को सूड़ियों सहित नष्ट कर देना चाहिए।

- कीटग्रस्त तथा रोग ग्रसित भागों की छँटाई करना तथा गिरे हुए फलों और पत्तियों को उद्यान से अलग कर नष्ट करना आदि कार्य शामिल हैं।
- पीले रंगें बर्तन में पानी भर कर या पीला चिपचीपा प्रपंच 10 प्रपंच/हे० की दर से चूरड़ा कीट के निगरानी के लिए लगाएं।
- शाम के समय सफेद गिडार के भृंग के नियंत्रण के लिए प्रकाश प्रपंच सामुदायिक स्तर पर लगायें।
- शाम के समय जब भृंग पेड़ों पर बैठे हों तब पेड़ों को हिला कर उन्हें चादर में एकत्र कर मिट्टी के तेल मे ढुबो कर मार देना चाहिए।
- घावों तथा कटे हुए भागों पर बॉरडिएक्स मिक्सर का लेप लगा देना चाहिए।
- पेड़ पर से सूखे हुए छाल तथा नासुर को तेज चाकू से छुड़ा कर जला देना चाहिए और उस स्थान पर बॉरडिएक्स मिक्सर का लेप लगा देना चाहिए।
- चूर्णिल आसिता से ग्रसित शाखाओं तथा टहनियों को काटकर नष्ट कर देना चाहिए।

जैविक नियंत्रकों के द्वारा

- मित्र कीटों (परजीवी/परभक्षी) एवं परागण करने वाले कीटों का संरक्षण और उनकी संख्या को बढ़ाना चाहिए।
- चूसक कीटों के रोकथाम के लिए परभक्षी कीट जैसे *काइसोपर्ला कारनिया* के 10–20 गिडार प्रति पेड़ तथा लेडी बर्ड बीटल को 15–30 भृंग/पेड़ की दर से प्रयोग करना चाहिए।
- सेन जोस स्केल के लिए *प्रोस्पाल्टा परनीसीयोसी* परजीवों को बगीचों में छोड़ना चाहिए।

- ऊनी माहूँ के लिए जैविक नियंत्रक कीट जैसे *अफेलिनस माली* का 1000–15000 / पेड़ के दर से बगीचों में छोड़ना चाहिए।
- रोगों के रोकथाम के लिए पौध की जड़ों तथा गड्ढों को *ट्राइकोडर्मा हारजियानम* या *ट्राइकोडर्मा विरीडी* से उपचारित करें।

रसायनों के प्रयोग के द्वारा

- कीटों का अत्यधिक प्रकोप तथा पौधों में क्षति की अधिक संभावना होने पर ही मान्यता प्राप्त रसायनों का उचित मात्रा में एवं बदल–बदल कर प्रयोग करें।
- बगीचे में जैविक नियंत्रक कीटों की संख्या अधिक होने पर कीटनाशकों का प्रयोग नहीं करना चाहिए ।
- पौध तथा पेड़ में कटे हुए या घाव वाले भाग पर बोरडिएक्स मिक्सर का लेप लगा देना चाहिए।
- शल्क कीट के लिए एक हैक्टेयर क्षेत्र में लगभग 7.5 लीटर ESSO ट्री स्प्रे ऑयल इमलसन को 250 लीटर पानी में घोलकर जाड़े के मौसम में अर्थात् जब पेड़ पर पत्तियाँ नहीं होती छिड़कना चाहिए।
- मार्च के महीने में जब इस कीट के शिशु बाहर आने लगते हैं तब अन्तःगामी या सर्वांगी कीटनाशकों जैसे डाईमेथोएट 0.03 प्रतिशत का प्रयोग करना चाहिए।
- ऊनी माहूँ के रोकथाम के लिए पौध रोपाई से पूर्व पौधों की जड़ों को क्लोरपाइरीफास या फेनिट्रोथियॉन 0.05 प्रतिशत से उपचारित करना चाहिए।
- पौधशाला को कारबोफ्यूरान 60 किलोग्राम प्रति हैक्टेयर की दर से उपचारित करना चाहिए।
- अप्रैल–मई तथा सितम्बर–अक्तूबर माह में ऊनी माहूँ की रोकथाम के लिए डाएमेयोएट (0.03 प्रतिशत) या फास्फोमिडॉन (0.03 प्रतिशत) का छिड़काव करना चाहिए।

- फल वृक्ष पर माहूँ का अधिक प्रकोप होने पर, वृक्ष के चारों तरफ 5 सेमी० गड्ढा खोदकर उसमें कार्बोफ्यूरान 3 जी० @ 70–80 ग्रा०/वृक्ष की दर से डालना चाहिए।
- सेब के तना छेदक के रोकथाम के लिए वृक्ष के तने में कीट के प्रवेश द्वार से कार्बन सल्फाइड अथवा क्लोरोफॉम या पेट्रोल इन्जेक्शन डालने के पश्चात् छेद को गीली मिट्टी से बंद कर देना चाहिए।
- इण्डोसल्फान या नुवान का 0.05 प्रतिशत की दर से छिड़काव करने से तम्बू कीट का नियंत्रण हो जाता है।
- माइट के लिए हरी शीर्ष अवस्था पर ट्री स्प्रे आयल का 1:10 के अनुपात में पानी में घोलकर और गुलाबी कलिका अवस्था पर इण्डोसल्फान @ 140 मि०ली०/100 ली० पानी के दर से या क्लोरपाइरीफॉस @ 100 मि०ली०/100 ली० पानी की दर से तथा फल बनने की अवस्था में 108 मि०ली० डाइकोफॉल 18.5 ई०सी० को 100 ली० पानी में घोल बनाकर बगीचे में छिड़कें।
- फेनिट्रोथियान 0.05 प्रतिशत या क्लोरपाइरीफॉस 0.02 प्रतिशत की दर से गुलाबी कलिका अवस्था पर या फूल आने के 7–10 दिन पहले बगीचे में छिड़कने से चूरड़ा कीट की रोकथाम की जा सकती है।
- सफेद गिडार के भृंग के रोकथाम के लिए नीम की खली @ 800 किग्रा0/हे० की दर से मिट्टी मे मिलायें तथा प्रकोप अधिक होने पर कार्बारिल को 0.01 प्रतिशत की दर से शाम के समय छिड़काव करना चाहिए।
- नासूर रोग व काला सड़न रोग के लिए जिराम 80 डब्ल्यू०पी० (0.02 प्रतिशत) या कैप्टान 50 डब्ल्यू०पी० (0.2 प्रतिशत) का छिड़काव करें।
- जड़ सड़न को रोकने के लिए पेड़ के चारों ओर की मिट्टी को कार्बेन्डाजिम (100 ग्रा०/100 ली० पानी) से कम से कम तीन बार भिगोना चाहिए।

- स्कैब रोग तथा चूर्णिल आसिता के लिए हरी कलिका की अवस्था पर मैंकोजेब (0.3 प्रतिशत) या कैप्टान (0.3 प्रतिशत) का, गुलाबी कलिका की अवस्था पर मैंकोजेब (0.3 प्रतिशत)+गंधक (0.2 प्रतिशत) का, पंखुड़ी झड़ने की अवस्था पर कार्बेन्डाजिम (0.05 प्रतिशत) का तथा फल लगने की अवस्था पर कार्बेन्डाजिम (0.25 प्रतिशत)+ मैंकोजेब (0.25 प्रतिशत) का छिड़काव करना चाहिए।

आड़ू

प्रमुख कीट

1. आड़ू का पत्ती मोड़क माहूँ (Peach Leaf Curl Aphid)

यह कीट आड़ू, आलू–बुखारा, बादाम इत्यादि शीतोष्ण फलों का अत्यंत विध्वंसक कीट है। यह भारत के दोनों समतल एवं पहाड़ी क्षेत्रों में पाया जाता है। यह कीट बहुत ही छोटा और ज्यादातर पीले रंग का होता है और इसके सिर के भाग पर गहरे रंग की लकीरें होती हैं। दोनों व्यस्क और निम्फ पौधों का रस चूसते हैं जिसके परिणामस्वरूप तरूण पत्तियाँ मुड़ जाती हैं। गंभीर रूप से आक्रमणित पौधों में बस कुछ मुड़ी–सिकुड़ी पत्तियाँ रह जाती हैं और ऐसे पौधे फलन करने में अक्षम रहते हैं।

2. आड़ू की फल मक्खी (Fruit Fly)

यह कीट सम्पूर्ण भारत में फैला हुआ है और बहुत सारे फलों जैसे आड़ू, अंजीर, अमरूद, बेर, नाशपाती, संतरा सेब, टमाटर इत्यादि को अपना भोजन बनाता है। इस मक्खी का डिम्भक फल को क्षति पहुँचाता है। डिम्भक फल के अंदर पाए जाते हैं और यह गन्दे सफेद रंग के सिर और पैर रहित, रेंगने वाले जीव होते हैं जो कि लगभग 1 सेमी० लंबे होते हैं। वयस्क मक्खी लाल–भूरे रंग की होती है और इसके उदर पर पीली धारियाँ होती हैं। इसके पंख पारदर्शी होते हैं एवं इन पंखों के सिरे पर भूरे रंग के धब्बे मौजूद होते हैं। इस कीट की क्षति के कारण फल में गहरे छेद हो जाते हैं जिनमें से तरल द्रव्य बाहर आता है। ऐसे फल जल्द ही सड़कर गिर जाते हैं। क्षतिग्रस्त फल की बनावट भी बिगड़ जाती है और यह बेचने लायक भी नहीं रह जाते हैं।

3. आड़ू का तना छेदक (Stem Borer)

इसका भृंग भारत, पाकिस्तान और अफगानिस्तान में पाया जाता है। इसका गिडार आड़ू बादाम, खुबानी, चेरी, लोकाट, नाशपाती तथा आलू–बुखारा के पेड़ों के तने में छेद करता है। इसका व्यस्क बीटल जो इन पेड़ों की पत्तियों को खाता है काले–कांस्य रंग का तथा 10–13 मि०मी० लंबा होता है। डिम्भक धुएँ सा काला और 18–24 मि०मी० लंबा होता है। इसका गिडार तने की छाल के नीचे और तने में छिद्र करके लकड़ी को खाता है। इन छिद्रों से गोंद जैसा पदार्थ बाहर आता है। पेड़ की पत्तियाँ पीली होकर गिर जाती हैं और पेड़ पर बहुत कम फल लगते हैं। कुछ ही वर्षों में पेड़ का जीवन समाप्त हो जाता है।

प्रमुख रोग

1. चूर्णिल आसिता (Powdery Mildew)

इस रोग की शुरूआत सफेद या भूरे रंग के छोटे–2 धब्बे से होता है जो बाद में कलिकाओं, नई कोपलों तथा पत्तियों को सफेद चूर्ण से ढक लेता है। जिससे पौधे के विकास पर असर पड़ता है और कलिकाएं तथा फूल मर जाते हैं।

2. पत्ती मोड़क रोग (Leaf Curl)

इस रोग के कारण आड़ू के फलोत्पादन में भारी गिरावट आ जाती है। इस रोग का प्रकोप नई कोपलों तथा पत्तियों पर होता है जिससे पत्तियां हल्के रंग की होकर मुड़ने तथा सुकड़ने लगती हैं इस कारण पत्तियां छोटी–2 गुच्छे में हो जाती हैं। बाद में प्रभावित पत्तियां लाल रंग की हो जाती हैं तथा बाद ये मुरझाकर गिर जाती हैं। नये टहनियां पीली पड़ कर फूल जाती हैं और सूखने लगती हैं।

आड़ू में एकीकृत नाशीजीव प्रबंधन

सस्य क्रियाओं के द्वारा

- माहूं की रोकथाम के लिए बगीचे में खर–पतवार को नियंत्रित करना अति आवश्यक है।

- मई–जून माह में बगीचे की गुड़ाई करनी चाहिए ताकि फल मक्खी के प्यूपा जो 4–6 सेमी० की गहराई में है, वह धूप में मर जाए ।
- जल्दी पकने वाली किस्में जैसे 16–33 और फ्लोरडासन लगानी चाहिए ।
- बगीचे को साफ सुथरा, खरपतवार नियंत्रण एवं उचित जल प्रबंधन करें।
- उद्यान स्थापित करते समय उचित स्थान का चयन, गड्ढ़े खोदने का समय एवं उनमें खाद, उर्वरकों तथा रसायनों का उचित प्रयोग करना चाहिए।

यांत्रिक क्रियाओं के द्वारा

- उद्यान में फरोमोन प्रपंच तथा चिपचिपी प्रपंच लगाकर नर पतंगों को एकत्रित कर नष्ट करना ।
- कीटग्रस्त भागों की छँटाई करना तथा कीटों से क्षतिग्रस्त एवं गिरे हुए फलों को उद्यान से अलग कर नष्ट करना आदि कार्य शामिल हैं।
- पत्ती मोड़क रोग से ग्रसित टहनियों को काटकर जला देना चाहिए।
- पीले रंगें बर्तन में पानी भर कर या पीला चिपचीपा प्रपंच 10 प्रपंच/हे० की दर से लगाएं।
- शाम के समय सफेद गिडार के भृंग के नियंत्रण के लिए प्रकाश प्रपंच सामुदायिक स्तर पर लगायें।
- पौध तथा पेड़ में कटे हुए या घाव वाले भाग पर बोरडिएक्स मिक्सर का लेप लगा देना चाहिए।

जैविक नियंत्रकों के द्वारा

- मित्र कीटों (परजीवी/परभक्षी) एवं परागण करने वाले कीटों का संरक्षण और उनकी संख्या को बढ़ाना चाहिए।
- माहूं के रोकथाम के लिए परभक्षी कीट जैसे *क्राइसोपर्ला कारनिया* के 10–20 गिडार प्रति पेड़ तथा लेडी बर्ड बीटल को 15–30 भृंग/पेड़ की दर से प्रयोग करना चाहिए।

रसायनों के प्रयोग के द्वारा

- कीटों का अत्यधिक प्रकोप तथा पौधों में क्षति की अधिक संभावना होने पर ही मान्यता प्राप्त रसायनों का उचित मात्रा में एवं बदल–बदल कर प्रयोग करना।
- बगीचे में जैविक नियंत्रक कीटों की संख्या अधिक होने पर कीटनाशकों का प्रयोग नहीं करना चाहिए।
- माहूँ के रोकथाम के लिए पौध रोपाई से पूर्व पौधों की जड़ों को क्लोरपाइरीफास या फेनिट्रोथियॉन 0.05 प्रतिशत से उपचारित करना चाहिए।
- पौधशाला को कारबोफ्यूरान 60 किलोग्राम प्रति हैक्टेयर की दर से उपचारित करना चाहिए।
- माहूँ के लिए 190 मि०ली० फासफोमिडॉन 100 EC या 625 मि०ली० डाईमिथोएट 30 EC अथवा 500 मि०ली० मोनोक्रोटोफौस 40 EC अथवा 190 मि०ली० डाइक्लोरोवॉस 100 EC को 625 लीटर पानी में मिलाकर सिर्फ दो बार अर्थात् एक बार फूल खिलने से पहले और एक बार फूल खिलने के बाद 10 दिन के अंतराल पर छिड़काव करना चाहिए।
- फल वृक्ष पर माहूँ का अधिक प्रकोप होने पर, वृक्ष के चारों तरफ 5 सेमी० गड्ढा खोदकर उसमें कार्बोफ्यूरान 3 जी० @ 70–80 ग्रा०/वृक्ष की दर से डालना चाहिए।

- व्यस्क फलमक्खी को फँसाने के लिए लालचपूर्ण छिड़काव करना चाहिए जो कि इस्ट हाईड्रोलाईसेट (250 ग्राम), चीनी (2.5 किलोग्राम) और मैलाथियौन 50 EC (250 मि०ली०) को 250 लीटर पानी में मिलाकर बनता है।
- तना छेदक के रोकथाम के लिए वृक्ष के तने में कीट के प्रवेश द्वार से कार्बन सल्फाइड अथवा क्लोरोफॉम या पेट्रोल इन्जेक्शन डालने के पश्चात् छेद को गीली मिट्‌टी से बंद कर देना चाहिए। तथा 0.25 प्रतिशत क्लोरपाइरीफॉस से पूरे तने को पोछना चाहिए।
- सफेद गिडार के भृंग के रोकथाम के लिए नीम की खली/800 किग्रा०/हे० की दर से मिट्टी मे मिलायें तथा प्रकोप अधिक होने पर कार्बारिल @ 0.01 प्रतिशत की दर से शाम के समय छिड़काव करना चाहिए।
- पत्ती मोड़क रोग के लिए कलिका निकलने की अवस्था पर कॉपर ऑक्सीक्लोराइड का 0.03 प्रतिशत या कार्बेन्डाजिम का 0.05 प्रतिशत का छिड़काव करना चाहिए।
- चूर्णिल आसिता रोग के लिए घुलनशील गंधक को 0.3 प्रतिशत की दर से फूल आने से पहले छिड़कें।

❑❑❑

अध्याय 15

फूलों के प्रमुख कीट तथा रोग और उनका प्रबंधन

गुलाब

प्रमुख कीट

1. माहूं या चेपा (Aphids)

यह काले रंग का जूं के जैसा कीट होता है। इस कीट के व्यस्क तथा शिशु दोनों ही अग्र शिराओं, प्ररोहों तथा कलिकाओं पर से कोशिका द्रव्य को चूसकर नुकसान पहुंचाते हैं। इस तरह से रस चूसे जाने के कारण पौधा मुरझाने लगता है। पत्तियों पर इस कीट के प्रकोप होने पर पत्तियां विकृत हो जाती हैं तथा कलियों का विकास रूक जाता है। माहूं के उत्सर्जित पदार्थ पर काली फफूंदी उग जाती है जो पौधे के विकास में रूकावट पैदा करती है।

प्रबंधन

- उचित सिंचाई करते रहें।
- पीला चिपचीपा प्रपंच @ 5 प्रपंच/हे० दर से लगायें।
- नीम के तेल का 2 प्रतिशत की दर से छिड़काव करें।
- डायमेथोएट का 0.05 प्रतिशत की दर से छिड़काव करें।

2. चूरड़ा कीट या थ्रिप्स (Thrips)

यह गुलाब का एक प्रमुख कीट है। इसका व्यस्क काले भूरे रंग का होता है। ये अपने अण्डे पत्तियों की ऊतकों में देते हैं। व्यस्क तथा शिशु दोनों ही नई कोपलों, कलियों तथा फूलों से रस चूसते हैं। पत्तियों पर प्रकोप होने पर भूरे रंग के धब्बे बन जाते हैं। फूलों पर इस कीट का ज्यादा प्रकोप होता है। जिससे पंखुड़ियां किनारे से सूखने लगती हैं तथा इन पर चित्तीदार दाग पड़ जाता है।

प्रबंधन

- ग्रीष्म कालीन जुताई करें जिससे कीट की विभिन्न अवस्थायें सूर्य के प्रकाश से मर जाती हैं।
- काले पालीथीन की चादर को एल्युमिनियम पेंट से रंग कर मल्चींग करें।
- उचित सिंचाई करते रहें।
- सदा संतुलित मात्रा में ही उर्वरकों का प्रयोग करें।
- इमिडाक्लोप्रीड (0.05 प्रतिशत) का छिड़काव करें।
- एसिफेट 0.1 प्रतिशत का 2–3 बार 15 दिन के अंतराल पर छिड़काव करें।

3. लाल शल्क कीट (Red scale)

गुलाब के पुराने तनों के निचली सतह पर लाल भूरे रंग के शल्क कीट पाये जाते हैं। मादा शल्क कीट अपनी जगह पर चिपकी रहकर पौधों से रस चूसती है। मादा पंखरहित तथा नर पंख वाला होता है। व्यस्क तथा शिशु दोनों ही विकसित तनों से रस चूसकर पौधे को नुकसान पहुंचाते है।

प्रबंधन

- सदैव शल्करहित पौधों का चुनाव कलम लगाने के लिए करें।
- संक्रमित तनों तथा शाखाओं को काट छांट कर जला देना चाहिए।
- काट छांट के बाद पौधों पर पोनगेमिया के तेल का 8–10 प्रतिशत की दर से छिड़काव करें।
- कार्बोफ्यूरान 3 जी0 @1 किग्रा० स०त०/हे० की दर से खेत को उपचारित करना चाहिए।
- डाइमेथोएट का 0.05 प्रतिशत का छिड़काव संक्रमित तनों तथा शाखाओं पर करें।

4. पत्ती खानेवाले भृंग (Leaf Eating Beetle)

ये काले या भूरे रंग के भृंग होते हैं। ये पत्तियों, फूलों तथा नई कोपलों को खा जाते हैं। इनका गिडार या ग्रब जमीन में रहता है तथा ये जड़ों को नुकसान पहुंचाता है।

प्रबंधन

- ग्रीष्म कालीन जुताई करें जिससे कीट की विभिन्न अवस्थायें सूर्य के प्रकाश से मर जाते हैं।
- कार्बोफ्यूरान 3 जी० @ 1 किग्रा० स०त०/हे० की दर से खेत को उपचारित करना चाहिए।

- भृंग को प्रकाश प्रपंच के द्वारा एकत्र करके नष्ट कर देना चाहिए।
- नीम के तेल का 2 मिली०/ली० की दर से पत्तियों पर छिड़काव करें।
- क्लोरपाइरीफॉस को 0.05 प्रतिशत की दर से पौधे पर छिड़काव करें।

5. दो बिन्दूधारी स्पाइडर माइट (Two Spotted Spider Mite)

इस कीट का संक्रमण गुलाब पर गर्मी और अधिक आर्द्रता वाले क्षेत्रों में अधिक होता है। माइट पत्ती के निचली सतह पर रेशम की महीन जाले बनाते हैं तथा ये इन जालों में ही रहते हुए पत्तियों की सतह से रस चूसते हैं। माइट लाल रंग के होते हैं तथा इनके ऊपर दो काले धब्बे होते हैं। इन माइटों का प्रकोंप फूलों तथा कलियों पर भी होता है। फूल रंगहीन हो जाते हैं तथा इन पर चित्तीदार धब्बे दिखाई देते हैं।

प्रबंधन

- पौधे के संक्रमित भागों को काट छांट कर जला देना चाहिए।
- पॉलीहाउस में हवा के आवागमन की उचित व्यवस्था होनी चाहिए।
- खेत तथा पॉलीहाउस को साफ सूथरा तथा उचित सिंचाई करना चाहिए।
- डाइकोफॉल को 2 मिली०/ली० या सल्फेक्स का 2 ग्रा०/ली० पानी की दर से छिड़काव करें।

6. कली बेधक (Bud Borer)

इस कीट की मादा अपने अण्डे कलियों पर देती है। अण्डे फूटने के उपरान्त सूंड़ी पंखुड़ियों पर खुरच कर खाती है। बाद की अवस्था में ये सूड़ियां कलिकाओं को बेधकर पंखुड़ियों को खाते हैं। कभी–2 इस कीट का प्रकोप फूलों पर भी होता है। इसके प्रकोप से पूरा फूल नष्ट हो जाता है।

प्रबंधन

- नीम के तेल को 2 मिली०/ली० पानी में मिलाकर छिड़कें।
- इण्डोसल्फान 35 ई०सी० को 2 मिली०/ली० की दर से छिड़कें।

प्रमुख रोग

1. चूर्णिल आसिता (Powdery Midew)

यह फफूंदी जनित रोग है। इस रोग के संक्रमण से सफेद भूरे रंग की चूर्ण नई पत्तियों, फूलों तथा कलियों पर विकसित होने लगती हैं जो अधिक प्रकोप होने पर पूरे पौधे पर फैल जाता है। पत्तियों पर प्रकोप से पत्तियां लालिमा लेकर पीली पड़ जाती हैं। नई पत्तियां मुड़ी तुड़ी तथा विक त हो जाती हैं। नई प्ररोहों पर प्रकोप से पौधे का विकास रूक जाता है और अधिक प्रकोप होने पर प्ररोह मर जाते हैं। फूलो की पंखुड़ियां रंगहीन हो जाती हैं अन्त में पौधा मर जाता है।

प्रबंधन

- सदा प्रतिरोधी प्रजातियों तथा सहनशील प्रजातियों का चयन करें।
- फसल चक्र अपनायें।
- उर्वरकों का संतुलित मात्रा में प्रयोग करें।
- बारिक गंधक का बुरकाव @25 किग्रा०/हे० की दर से करें।
- डाइनोकैप 48 ई०सी० @ 300 मि०ली० 750 ली० पानी में घोल कर एक हे० में छिड़कें।
- कार्बेन्डाजिम 0.1 प्रतिशत का 15 दिनों के अन्तराल पर छिड़काव करें।

2. काला धब्बा रोग (Black Spot)

इस रोग का प्रकोप पौधे की बढ़वार की अवस्था में भारी वर्षा होने पर सबसे ज्यादा होता है। यह एक फफूंदी जनित रोग है। इस रोग के कारण

पत्तों पर काले या भूरे रंग के गोल या अनियमित धब्बे विकसित होने लगते हैं। कई धब्बे बड़े होकर आपस में मिल जाते हैं और पूरे पत्ते को ढक लेते हैं। बाद की अवस्था में रोग ग्रसित पत्तियां पीली पड़ने लगती हैं और अंत में झड़ जाती हैं। जिससे पौधा पत्तीरहित तथा फूलों का आकार छोटा हो जाता है।

प्रबंधन

- रोग ग्रसित पत्तियों को एकत्रित करके नष्ट कर दें या जला दें।
- बेवीस्टीन का 0.05 प्रतिशत की दर से 7–14 दिन के अंतराल पर छिड़काव करना चाहिए।

3. डाई–बैक रोग (Die-Back)

इस रोग का प्रकोप कांट–छांट के बाद ज्यादा होता है। रोगाणु कटे हुए स्थान से संक्रमण फैलाते हैं। इस रोग का संक्रमण कटे हुए तने, तोड़े गये फूलों या अन्य क्रियाओं के द्वारा लगे हुए घावों से प्रारम्भ होता है। संक्रमित तना ऊपरी भाग से सूखने लगता है जो नीचे की तरफ फैलता है। बाद में ये रोग पूरे पौधे में फैलकर पौधे को सूखा देता है।

प्रबंधन

- संक्रमित तनों तथा शाखाओं को संक्रमण वाले स्थान से 5–10 सेमी० नीचे से काट छांट देना चाहिए।
- कटे स्थान तथा घावों पर बारडिएक्स मिक्सर का लेप लगा देना चाहिए।
- कार्बेन्डाजिम 0.1 प्रतिशत का 15 दिनों के अन्तराल पर छिड़काव इस रोग के लिए प्रभावकारी है।

गेंदा

प्रमुख कीट

1. गेंदे का कली बेधक (Bud Borer)

इस कीट की मादा अपने अण्डे कलियों पर देती है। अण्डे फूटने के उपरान्त सूंड़ी पंखुड़ियों पर खुरच कर खाती है। बाद की अवस्था में ये सूड़ियां कलियों को बेधकर पंखुड़ियों को खाते हैं। कभी–2 इस कीट का प्रकोप फूलों पर भी होता है। इसके प्रकोप से पूरा का पूरा फूल नष्ट हो जाता है।

प्रबंधन

- नीम के तेल को 2 मिली०/ली० पानी में मिलाकर छिड़कें।
- इण्डोसल्फान 35 ई०सी० को 2 मिली०/ली० की दर से छिड़कें।

2. चूरड़ा कीट या थ्रिप्स (Thrips)

ये बहुत ही छोटे पीले से काले रंग के कीट होते हैं। ये अपने अण्डे पत्तियों की ऊतकों में देते हैं। व्यस्क तथा शिशु दोनों ही नई कोपलों, कलियों तथा फूलों से रस चूसते हैं। जिसके कारण फूलों, शाखाओं तथा पत्तियों पर सफेद धारियां तथा धब्बे पड़ जाते हैं। प्रभावित पत्तियां मुड़ने लगती हैं तथा फूलों की पंखुड़ियां पर चित्तीदार धब्बे बन जाते हैं तथा फूल मुरझाकर सूख जाता है।

प्रबंधन

- ग्रीष्म कालीन जुताई करें जिससे कीट की विभिन्न अवस्थायें सूर्य के प्रकाश से मर जाते हैं।
- काले पालीथीन की चादर को एल्युमिनियम पेंट से रंग कर मल्चींग करें।
- उचित सिंचाई करते रहें।

- सदा संतुलित मात्रा में ही उर्वरकों का प्रयोग करें।
- पौध की जड़ को कार्बोसल्फान (0.025 प्रतिशत) या इमिडाक्लोप्रीड (0.04 प्रतिशत) में 2 घण्टों तक डुबोकर रोपाई करनी चाहिए।
- एसिफेट 0.1 प्रतिशत का 2–3 बार 15 दिन के अंतराल पर छिड़काव करें।

3. माहूं या चेपा (Aphid)

हरे रंग का माहूं फूलों तथा कलियों के निचली सतह पर पाये जाते है। इस कीट के व्यस्क तथा शिशु दोनों ही फूलों तथा कलिकाओं से कोशिका द्रव्य को चूसकर नुकसान पहुंचाते हैं। इस तरह से रस चूसे जाने के कारण फूल रंगहीन होकर मुरझाने लगता है। माहूं के उत्सर्जित पदार्थ पर काली फफूंदी उग जाती है जो पौधे के विकास में रूकावट पैदा करती है।

प्रबंधन

- नीम के तेल का 2 प्रतिशत की दर से छिड़काव करें।
- डायमेथोएट का 0.05 प्रतिशत की दर से 15 दिन के अंतराल पर छिड़काव करें।

प्रमुख रोग

1. पर्ण धब्बा रोग (Leaf Spot)

यह कवक जनित रोग होता है। जिसके कारण पत्तियों पर काले भूरे रंग के छोटे गोल धब्बे विकसित होते हैं जो बाद में पूरे पत्ते पर फैल जाते हैं। झुलसा रोग में पत्तियां, पर्णवृन्त तथा टहनियां मुरझाने लगती हैं।

प्रबंधन

- मैंकोजेब 75 प्रतिशत डब्ल्यू० पी० @ 1500–2000 ग्रा०/हे० की दर से 15 दिन के अंतराल पर छिड़काव करें।

2. चूर्णिल आसिता (Powdery Mildew)

इस रोग के संक्रमण से सफेद भूरे रंग की चूर्ण नई पत्तियों, फूलों तथा कलियों पर विकसित होने लगती हैं जो अधिक प्रकोप होने पर पूरे पौधे पर फैल जाती है। पत्तियों पर प्रकोप से पत्तियां लालिमा लेकर पीली पड़ जाती हैं। नई पत्तियां मुड़ी तुड़ी तथा विकृत हो जाती हैं। नई प्ररोहों पर प्रकोप से पौधे का विकास रूक जाता है। और अधिक प्रकोप होने पर प्ररोह मर जाते हैं। फूलों की पंखुड़ियां रंगहीन हो जाती हैं और अन्त में पौधा मर जाता है।

प्रबंधन

- सदा प्रतिरोधी प्रजातियों तथा सहनशील प्रजातियों का चयन करें।
- बारिक गंधक का बुरकाव @25 किग्रा०/हे० की दर से करें।
- डाइनोकैप 48 ई०सी० @ 300 मि०ली० 750 ली० पानी में घोल कर एक हे० में छिड़कें।
- कार्बेन्डाजिम 0.1 प्रतिशत का 15 दिनों के अन्तराल पर छिड़काव करें।

3. कॉलर तथा जड़ सड़न (Collar and Root Rot)

यह कवक जनित रोग होता है। इस रोग में जड़ या कॉलर (जड़–मूल संधि) भाग से पौधा सड़ने लगता है। यह रोग नर्सरी या बड़े पौधों दोनों पर ही प्रकोप करता है।

प्रबंधन

- फूल लगाने से पूर्व मिट्टी को सूर्य के प्रकाश से उपचारित करें।
- सदैव स्वस्थ पौध को ही पौधशाला से मुख्य खेत में लगायें।
- *ट्राइकोडर्मा विरीडी* @ 50 ग्रा० 10 किग्रा० गोबर की खाद में मिलाकर सभी कतारों में डालें।

- प्रारम्भ में हल्की सिंचाई करें।
- फफूंदीनाशकों जैसे मैंकोजेब, कॉपर ऑक्सीक्लोराइड आदि का छिड़काव करें।

क्राइसेन्थेमम (गुलदाउदी)

प्रमुख कीट

1. माहूं (Aphid)

इसके शिशु हरे–काले रंग के तथा व्यस्क गहरे भूरे–काले रंग के होते हैं। इस कीट का प्रकोप नई प्ररोहों तथा पत्तियों की निचली सतह पर अधिक होता है। इसके शिशु तथा व्यस्क दोनों ही कोशिका द्रव्य को पौधों से चूसकर नुकसान पहुंचाते हैं। जिसके कारण पौधा मुरझााने लगता है। पत्तियां पीली पड़कर झड़ने लगती हैं तथा पौधों का विकास रूक जाता है। कभी–2 माहूं के द्वारा उत्सर्जित पदार्थ पर काली फफूंदी उग जाती है जो पत्तियों तथा पौधों को काले चूर्ण से ढक देती है। जिससे पौधा मुरझाकर सूख जाता है।

प्रबंधन

- पीला चिपचीपा प्रपंच @ 5 प्रपंच/हे० दर से लगायें।
- उचित सिंचाई करते रहें।
- नीम के तेल का 2 प्रतिशत की दर से छिड़काव करें।
- डायमेथोएट का 0.05 प्रतिशत की दर से छिड़काव करें।

2. चूरड़ा कीट (Thrips)

ये कीट आकार में छोटे तथा पतले होते हैं। इसका शिशु सफेद तथा व्यस्क काले रंग का होता है। ये अपने अण्डे पत्तियों की ऊतकों में देते हैं। व्यस्क तथा शिशु दोनों ही नई कोपलों, कलियों तथा फूलों से रस चूसते हैं। जिसके कारण फूलों, शाखाओं तथा पत्तियों पर सफेद धारियां

तथा धब्बे पड़ जाते हैं। प्रभावित पत्तियां मुड़ने लगती हैं तथा फूलों की पंखुड़ियां पर चित्तीदार धब्बे बन जाते हैं तथा फूल मुरझाकर सूख जाता है।

प्रबंधन

- ग्रीष्म कालीन जुताई करें जिससे कीट की विभिन्न अवस्थायें सूर्य के प्रकाश से मर जाते हैं।
- पीला चिपचीपा प्रपंच @ 5 प्रपंच/हे० दर से लगायें।
- काले पालीथीन की चादर को एल्युमिनियम पेंट से रंग कर मल्चींग करें।
- उचित सिंचाई करते रहें।
- खर पतवार को खेत से निकाल कर नष्ट कर दें।
- सदा संतुलित मात्रा में ही उर्वरकों का प्रयोग करें।
- पौध की जड़ को कार्बोसल्फान (0.025 प्रतिशत) या इमिडाक्लोप्रीड (0.04 प्रतिशत) में 2 घण्टों तक डुबोकर रोपाई करनी चाहिए।
- एसिफेट 0.1 प्रतिशत का 2–3 बार 15 दिन के अंतराल पर छिड़काव करें।

3. पत्ती सुरंगक कीट (Leaf Miner)

इस कीट की प्रौढ़ मादा पत्तियों में अण्डे देती है। अण्डे से सूंड़ी निकलने के उपरान्त ये डिम्भक (मैगट) पत्तियों में सफेद घुमावदार सुरंग बनाती हैं तथा सुरंग में ही पत्तियों के ऊतकों को खाती हैं। पौधशाला से ही इस कीट का प्रकोप प्रारम्भ हो जाता है। ज्यादा प्रकोप की अवस्था पर पत्तियां मुरझा कर सुख जाती है तथा उत्पादन पर बहुत बुरा प्रभाव पड़ता है। इस कीट का प्रकोप गर्मी के मौसम सबसे अधिक होता है।

प्रबंधन

- ग्रीष्म कालीन जुताई करें जिससे नाशीजीव सूर्य के प्रकाश से मर जाते है।
- फसल चक्र अपनायें।
- पालीथीन की चादर नर्सरी बेड के ऊपर बिछाकर मिट्टी का सोलराइजेशन 15–21 दिनों तक करें।
- सदा प्रतिरोधी तथा सहनशील प्रजातियों का चयन करें।
- संतुलित उर्वरकों एवं खादों का प्रयोग करें।
- 5 प्रतिशत नीम के बीज का सत्व का छिड़काव करें।
- डायमेथोएट @ 1 मि०ली० एक लीटर पानी में घोल कर छिड़के।
- कार्बोफ्यूरॉन 1 किग्रा० स०त० प्रति हे० की दर से फसल में छिड़कें।

प्रमुख रोग

1. उकठा तथा तना सड़न (Wilt and Stem Rot)

इस रोग के कारण पौधे के निचले भाग से पत्तियों पर पीले धब्बे बनने लगते हैं। शाखाओं पर छोटे–2 गहरे धारियां दिखाई देने लगती हैं। अंत में पौधा मुरझाकर सूख जाता है।

प्रबंधन

- सदा प्रतिरोधी प्रजातियों तथा सहनशील प्रजातियों का चयन करें।
- फसल चक्र अपनायें।
- *ट्राइकोडर्मा विरीडी* @ 50 ग्रा० 10 किग्रा० गोबर की खाद में मिलाकर सभी कतारों में डालें।

2. पर्णधब्बा तथा फूल का झुलसा रोग (Leaf Spot and Flower Blight)

यह कवक जनित रोग है इस रोग का संक्रमण पौधे के निचले भाग से प्रारम्भ होता है। इस रोग में पत्तियों पर छोटे गहरे भूरे धब्बे बनते हैं जो बाद की अवस्था में ये धब्बे पूरे पत्ते को घेर लेते हैं। फूलों तथा कलियों पर प्रकोप से फूल तथा कलियां पूरी तरह सड़ने लगती हैं।

प्रबंधन

- सदा प्रतिरोधी प्रजातियों तथा सहनशील प्रजातियों का चयन करें।
- इस रोग के नियंत्रण के लिए मैंकोजेब 2 ग्राम/ली० का छिड़काव 10 दिन के अंतराल में करें।

3. चूर्णिल आसिता (Powdery Mildew)

इस रोग के संक्रमण से सफेद भूरे रंग की चूर्ण नई पत्तियों, फूलों तथा कलियों पर विकसित होने लगती है जो अधिक प्रकोप होने पर पूरे पौधे पर फैल जाता है। पत्तियों पर प्रकोप से पत्तियां पीली पड़ जाती हैं। नई पत्तियां मुड़ी तुड़ी तथा विकृत हो जाती हैं तथा गिरने लगती हैं। नई प्ररोहों पर प्रकोप से पौधे का विकास रूक जाता है और अधिक प्रकोप होने पर प्ररोह मर जाते हैं। फूलो की पंखुड़ियां रंगहीन हो जाती हैं और अन्त में पौधा मर जाता है।

प्रबंधन

- सदा प्रतिरोधी प्रजातियों तथा सहनशील प्रजातियों का चयन करें।
- फसल चक्र अपनायें।
- उर्वरकों का संतुलित मात्रा में प्रयोग करें।
- बारिक गंधक का बुरकाव @ 25 किग्रा०/हे० की दर से करें।

- डाइनोकैप 48 ई०सी० @ 300 मि०ली० 750 ली० पानी में घोल कर एक हे० में छिड़कें।

ग्लेडिओलस

प्रमुख कीट

1. चुरड़ा कीट या थ्रिप्स (Thrips)

ये कीट आकार में छोटे, बेलनाकार तथा पतले होते हैं। इसका शिशु हल्के पीले रंग तथा व्यस्क काले रंग का होता है। व्यस्क तथा शिशु दोनों ही पत्तियों तथा स्पाइकों से कोशिका भित्ति को तोड़कर रस चूसते हैं। जिसके कारण पत्तियों तथा स्पाइकों पर सफेद धारियां तथा धब्बे पड़ जाते हैं। जो बाद में भूरे रंग की हो जाती हैं। प्रभावित पत्तियां तथा स्पाइक विकृत हो जाती हैं तथा अधिक प्रकोप में सूखने लगती हैं। इन कीटों का प्रकोप ग्लेडिओलस के घनकंदों पर भण्डारण के समय भी होता है। प्रभावित घनकंद चिपचिपी होकर सिकुड़ने लगती है। इन घनकंदो को बीज की तरह प्रयोग करने पर उत्पन्न पौधा कमजोर होता है।

प्रबंधन

- ग्रीष्म कालीन जुताई करें जिससे कीट की विभिन्न अवस्थायें सूर्य के प्रकाश से मर जाती हैं।
- पीला चिपचीपा प्रपंच @ 5 प्रपंच/हे० दर से लगायें।
- काले पालीथीन की चादर को एल्युमिनियम पेंट से रंग कर मल्चींग करें।
- उचित सिंचाई करते रहें।
- खर पतवार को खेत से निकाल कर नष्ट कर दें।
- सदा संतुलित मात्रा में ही उर्वरकों का प्रयोग करें।
- पौध की जड़ को कार्बोसल्फान (0.025 प्रतिशत) या इमिडाक्लोप्रीड (0.04 प्रतिशत) में 2 घण्टों तक डुबोकर रोपाई करनी चाहिए।

- एसिफेट 0.1 प्रतिशत का 2–3 बार 15 दिन के अंतराल पर छिड़काव करें।
- घनकंदों का भण्डारण 2^0 सें० तापमान पर लगभग 6 हप्तों के लिए करें तथा इनको 46^0 सें0 गर्म पानी से उपचारित करें।

2. माइट (Mite)

इस जीव का शिशु हल्के हरे रंग का तथा प्रौढ़ लाल रंग का होता है। ये कीट महीन जाले पौधे पर बनाते हैं। शिशु तथा प्रौढ़ दोनों ही पत्तियों पर संग्रहीत होकर कोशिका द्रव्य को चूसते हैं। इसका प्रकोप पौधे की बढ़वार के प्रारम्भ में ही होने लगता है। इसके प्रकोप से प्रभावित पत्तियां रंगहीन होने लगती हैं तथा कुछ समय के बाद भूरे रंग की होकर सूखकर कर गिर जाती हैं।

प्रबंधन

- ज्यादा माइट ग्रसित पौधों तथा शाखाओं को काटकर जला दें।
- डाइक़ोफॉल 0.05 प्रतिशत या सल्फर का 0.3 प्रतिशत की दर से छिड़काव 2–3 बार 15 दिन के अंतराल पर करें।

3. कटुआ कीट (Cut Worm)

प्रौढ़ मादा भूरे रंग की होती है जो पौधे पर जमीन की सतह से ऊपर अण्डे देती हैं। इस कीट की सूंड़ी दिन के समय मिट्टी में छुपी रहती है तथा रात के समय बाहर निकल कर पौधों को नुकसान पहुंचाती है। सूंड़ी नन्हें पौधों को जमीन की सतह से काट देती हैं और उन पर खाती हैं। ये सूंड़ियां जमीन के अन्दर रहकर भी फूल के घनकंदों को तथा विकासशील स्पाइकों को काट कर नुकसान पहुंचाती हैं।

प्रबंधन

- ग्रीष्म कालीन गहरी जुताई करें।
- गहरी सिंचाई अंतराल पर करते रहें।

- क्लोरपाइरीफास 20 ई०सी० का 500 ग्रा० स०त०/हे० की दर से छिड़काव करें।
- कार्बोफ्यूरान 3 जी० @ 2.5 किग्रा० स०त०/हे० के दर से खेत में डालें।
- प्रकाश प्रपंच का प्रयोग व्यस्क कीटों को पकड़ने के लिए करें।

प्रमुख रोग

1. उकठा रोग (Wilt)

यह मृदाजनित रोग है जो मिट्टी में उपस्थित कवक के द्वारा होता है। इस रोग के प्रारम्भ में फूल के बाहर की तथा पुरानी पत्तियां पीली पड़कर सूखने लगती हैं जबकि अन्दर की पत्तियां हरी रहती हैं। स्पाइक तथा पंखुड़ियां गहरे हरे रंग की हो जाती हैं। कुछ समय बाद पौधा मुरझाने लगता है तथा पूरा पौधा सूख जाता है। इसके घनकंद भी काले पड़ने लगते हैं तथा सिकुड़ जाते हैं।

प्रबंधन

- ग्रीष्म कालीन जुताई करें जिससे नाशीजीव सूर्य के प्रकाश से मर जाते हैं।
- प्रतिरोधी प्रजातियों तथा सहनशील प्रजातियों का चयन करें।
- रोगमुक्त मिट्टी तथा रोगमुक्त कंद या बीजों का प्रयोग करें।
- फसल चक्र अपनायें।
- कंदों को बुवाई से पूर्व कार्बेन्डाजिम से गर्म पानी (38^0–40^0 से०) में मिलाकर उपचारित करें।

2. पर्ण तथा फूल का झुलसा रोग (Leaf and Flower Blight)

इस रोग में पत्तियों तथा नये फूलों पर गोल तथा लम्बे भूरे रंग के धब्बे बनने लगते हैं। फूलों की पंखुड़ियों पर पानी के धब्बे की तरह के दाग

बनने लगते हैं जो बाद में काला पड़ जाता है। अंत में फूल तथा कलियां मुरझाकर सिकुड़ने लगती हैं तथा बाद की अवस्था में इनमें सड़न शुरू हो जाता है।

प्रबंधन

- सदा प्रतिरोधी प्रजातियों तथा सहनशील प्रजातियों का चयन करें।
- इस रोग के नियंत्रण के लिए मैंकोजेब 2 ग्राम/ली० पानी का छिड़काव 10 दिन के अंतराल में करें।

3. बीषाणु रोग (Viral Diseases)

यह रोग चूसक कीटों जैसे, माहूं तथा पर्णफुदका कीटों के द्वारा फैलता है। बीषाणु से ग्रसित फूल की बढ़वार रूक जाती है तथा पौधा बौना हो जाता है। इस रोग का प्रकोप कली की अवस्था में होने पर फूल रंगहीन होने लगते हैं तथा स्पाइक भी छोटे–2 निकलते हैं। पूरे पौधे तथा फूलों पर लम्बवत सफेद धरियां पड़ जाती हैं।

प्रबंधन

- ग्रीष्म कालीन जुताई करें जिससे नाशीजीव सूर्य के प्रकाश से मर जाते हैं।
- सदा प्रतिरोधी प्रजातियों तथा सहनशील प्रजातियों का चयन करें।
- रोगग्रस्त पौधों तथा घनकंदों को उखाड़ नष्ट कर दें।
- किसी भी उपयुक्त कीटनाशक का प्रयोग करके चूसक कीटों का खेत में नियंत्रण करें।

□□□

अध्याय 16

नाशीजीव रसायन छिड़काव यंत्र

विभिन्न हानिकारक कीटों तथा रोगों की रोकथाम के लिए फसलों पर कीटनाशक तथा कवकनाशी रसायनों के छिड़कने की संस्तुति दी जाती है। रसायनों को छिड़कने के लिये विभिन्न यंत्रों का प्रयोग किया जाता है इन यंत्रों को पादप सुरक्षा यंत्र कहते हैं। पादप सुरक्षा रसायन बहुत ही महंगें होते है अतः ये यंत्र इन रसायनों को उचित मात्रा में इनके लक्ष्य पर पहुंचाकर इनके द्रवों को छोटी–2 बूंदों में तोड़कर फसल पर सामानरुप से फैला देते हैं। जिससे कम समय तथा कम श्रम के साथ इन रसायनों को प्रभावी तरीके से आवश्यकतानुसार फसल पर छिड़क सकते हैं। सफल तरीके से नाशीजीवों के नियंत्रण के लिए सही पादप सुरक्षा यंत्र का चयन बहुत जरूरी है। सुरक्षा यंत्रों का चुनाव उसके विशिष्ट उपयोग और नाशीजीवों के विशेष नियंत्रक उपायों पर निर्भर करता है।

विभिन्न फसलों पर कीटनाशियों तथा कवकनाशी रसायनों को छिड़कने के लिए निम्नलिखित प्रकार के यंत्रों का प्रयोग किया जाता है–

1. फुहार यंत्र या स्प्रेयर्स
2. प्रकीर्णक या बुरकाव यंत्र या डस्टर्स
3. धूम्रक यंत्र या फ्यूमीगेटर्स

1. फुहार यंत्र या स्प्रेयर्स

एक फुहार यंत्र में निम्नलिखित भाग होते हैं जैसे टंकी, पम्प, दाब कक्ष, छलनी, विडोलक, निस्सरण मार्ग, नोजल, बिच्छेद वाल्व तथा स्प्रे लांस। छिड़काव यंत्र दो तरह से संचालित किये जाते हैं– हस्त चालित तथा शक्ति चालित।

हस्त चालित फुहार यंत्र

अ. द्रवचालित छिड़काव यंत्र : ज्यादातर छिड़काव यंत्र द्रव चालित होते है जिनमें घोल पर पंप की सीधी क्रिया के द्वारा दबाव पैदा होता है। इस दाब से घोल नोजल की तरफ धकेला जाता है। जिससे घोल को नोजल के द्वारा छोटी–2 बूंदों में तोड़कर हवा में बिखेर दिया जाता है। दाब के द्वारा दी गई ऊर्जा से बूंदें इच्छित सतह तक पहुंच जाती हैं। द्रव चालित छिड़काव यंत्र निम्नलिखित प्रकार के होते हैं:–

1. सिरींज
2. बाल्टी या बकेट पंप
3. नेपसेक स्प्रेयर
4. फुट स्प्रेयर
5. राकर स्प्रेयर

ब. गैसदाबीय छिड़काव यंत्र– इस प्रकार के छिड़काव यंत्रों में घोल को छिड़कने के लिए वायुदाब के द्वारा घोल पर दबाव डालकर इसे नोजल की तरफ धकेला जाता है। इस तरह के यंत्रों में टंकी को घोल से पूरा नहीं भरते हैं। टंकी का 1/3 भाग हवा भरने के लिए

छोड़ देते हैं। पंप के द्वारा टंकी में हवा भरी जाती है जो घोल पर दबाव बनाता है और घोल को अंत में नोजल के द्वारा छिड़क दिया जाता है। गैसदाबीय छिड़काव यंत्र निम्नलिखित प्रकार के होते हैं:

1. हस्तचालित वायुदाबीय छिड़काव यंत्र
2. वायुदाबीय नेपसेक स्प्रेयर

चित्रः नेपसेक स्प्रेयर

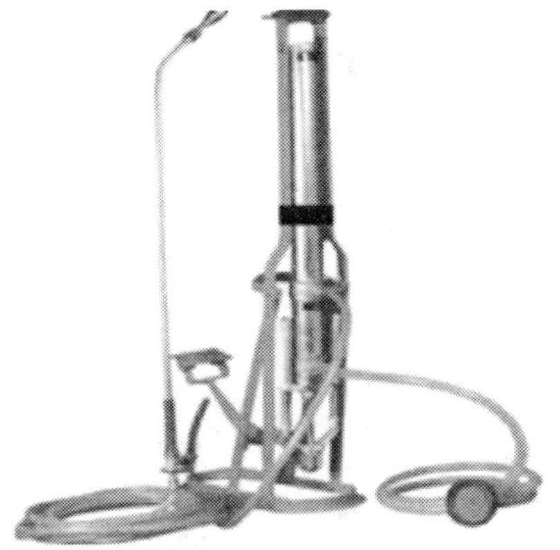

चित्रः फुट स्प्रेयर

शक्तिचालित फुहार यंत्र

ये छिड़काव यंत्र इंजन या विद्युत मोटर द्वारा चालित होते हैं। ये भी द्रवचालित और वायुदाबीय दोनों प्रकार के सिद्धांतों पर कार्य करते हैं। इसके इंजन में दाब नियंत्रक लगा होता है। इससे निम्न दाब व निम्न आयतन की या उच्च दाब या उच्च आयतन का छिड़काव किया जा सकता है। इससे बड़े क्षेत्रफल में कम समय में छिड़काव करने के लिए प्रयुक्त किया जाता है। इसके स्प्रे गन या बूम में एक से अधिक नोजल लगे हो सकते हैं। शक्तिचालित फुहार यंत्र निम्न प्रकार के हो सकते हैं:

1. द्रवचालित (शक्ति चालित) छिड़काव यंत्र
2. ब्लोअर छिड़काव यंत्र
3. हवाई जहाज पर लगे छिड़काव यंत्र

2. प्रकीर्णक या डस्टर्स

इन यंत्रों के द्वारा डस्ट या धूल वाले रसायनों को खेत में बुरका या फैलया जाता है। ये यंत्र भी हस्त तथा शक्तिचालित होते हैं–

अ. हस्तचालित डस्टर्स : इन डस्टर्स को कंधे पर टांग कर प्रयोग किया जाता है। इनके तीन प्रमुख भाग होते हैं– हॉपर, क्लोवर, छिड़काव लाइन। ये डस्टर तीन प्रकार के होते है–

1. पलन्जर डस्टर्स
2. बेलो या धौंकनी डस्टर्स
3. रोटरी डस्टर्स

चित्रः रोटरी डस्टर्स

ब. शक्तिचालित डस्टर्स : ये इंजन या मोटर चालित यंत्र होते हैं। इन डस्टर्स का प्रयोग उद्यान या बड़े खेतों में डस्ट या धूल वाले रसायनों के बुरकाव करने में किया जाता है।

3. धूमक या फ्यूमीगेटर्स

इन यंत्रों के द्वारा ठोस या द्रव रसायनों से गैस उत्पन्न किया जाता है जो वातावरण में फैल कर कीटों को मार देता है। उदाहरणः– साइनोगैस पम्प। इस पम्प के द्वारा कैल्सियम सायनाइड चूर्ण को या सायनाइड गैस को लक्षित स्थान पर छोड़ा जाता है।

छिड़काव यंत्रों का रखरखाव तथा सही प्रयोग

छिड़काव यंत्रों के प्रयोग के समय उत्पन्न होने वाली कठिनाइयों तथा खराबियों से हम तभी दूर रह सकते हैं जब यंत्र को घिसने या खराब होने से पहले ही उनकी उचित देखभाल कर ली जाये तथा परेशानियों का समय से निवारण किया जाये। अतः यंत्र का उचित रख–रखाव बहुत ही महत्वपूर्ण है।

छिड़काव यंत्रो में होने वाली खराबियां और परेशानियां एवं उनका निवारण

- नोजल का अवरूध होना– अगर छिड़काव करते समय नोजिल अवरूद्ध हो जाता है तब नोजिल को खोलकर उसकी छलनी और अग्र छेद को साफ करना चाहिए। अगर साफ करने के बाद भी छिड़काव नही हो पा रहा है तब नोजिल को या छलनी को बदल देना चाहिए। इसलिए खेत मे छिड़काव के समय अतिरिक्त नोजिल या छलनी लेकर चलाना चाहिए। यंत्र को प्रयोग करने से पहले खोलकर पानी से धो लेना चाहिए तथा यंत्र में रसायन के घोल को छान कर ही भरना चाहिए।

- छिड़काव विलयन का रिसाव – यंत्र में जोड़ो पर लगे वासर के कट तथा फट जाने से घोल का रिसाव प्रारम्भ हो जाता है। कम्प्रेशन यंत्रों में वासर के कटे या फटे होने पर दबाव का रिसाव प्रारम्भ हो जाता है। अतः समय–समय पर वासरों को बदलते तथा निरीक्षण करते रहना चाहिए।

यंत्रों का सामान्य रख रखाव तथा प्रयोग करते समय सावधानियां

(अ) दैनिक रख रखाव

- प्रयोग करने से पहले यंत्रो के नट बोल्ट को भली भाँति कस लेना चाहिए।

- रिसाव का भी निरीक्षण कर लेना चाहिए।
- चलित भागों का निरीक्षण करके उसमें तेल या ग्रीस लगा दें।
- यंत्र को प्रयोग करने से पूर्व पम्प नोजिल इत्यादि का भली भाँति निरीक्षण करें।
- रबर तथा प्लास्टिक की ट्यूबों को ज्यादा नहीं मोड़ना चाहिए जिससे कि उनको सीधा करते समय टूटने से बचाया जा सके।
- यंत्र को प्रयोग करते समय कन्टेनर का केवल 3/4 भाग ही दवा से भरना चाहिए जिससे कि उचित दबाव बन सके।
- यंत्र का प्रयोग करते समय ज्यादा दबाव नहीं बनाना चाहिए ना ही कम दबाव बनाना चाहिए एक उचित दबाव ही बनाना चाहिए।
- शक्ति चालित यंत्रों मे तेल का उचित स्तर रखना चाहिए।

(ब) कार्योपरान्त रखरखाव तथा भण्डारण

- यंत्र को प्रयोग करने के पश्चात यंत्र को भलि भाँति धोकर साफ कर लें तथा सुखाकर रखें जिससे जंग ना लगे।
- चलित भागों तथा यंत्र की सतह पर ग्रीस या अन्य चिकनाई लगाकर उचित स्थान पर रखना चाहिए जिससे जंग लगने से बचाया जा सके।

(स) समय–समय पर यंत्र के निम्नलिखित भागों का रख रखाव तथा निरीक्षण करते रहना चाहिए–

- पम्प
- पाइप तथा उनके जोड़
- विडोलक
- नोजिल तथा बूम
- टैंक
- इंजिन
- दबाव मापक यंत्र तथा दबाव नियंत्रक

यंत्रों में सामान्यतः होनी वाली खराबियां तथा उनका निवारण

खराबियां	कारण	निवारण
हस्तचलित बुरकाव यंत्र		
• ब्रेक नही घुम रहा है।	• पंखा धूल से जमा है।	• पैन धासिंग का साफ करना चाहिए।
• बुरकाव नही हो रहा है।	• रेगुलेटर काम नहीं कर रहा है।	• रेगुलेटर को साफ करें तथा धूल को छानकर हापर में भरें।
• समान रूप से डस्टिंग नही हो रही है।	• पखें की गति समान नहीं है।	• समान गति से पंखें को चलायें।
हस्त कम्प्रेशर छिड़काव यंत्र		
• पम्प का हवा न देना।	• चमड़े के वासर का सूखा होना।	• तेल की कुछ बूदें डालें या वासर बदल दें।
• घोल का हवा के पम्प में आना।	• हवा को रोकने वाला वाल्ब काम नहीं कर रहा है।	• वाल्ब को बदल दें या पूरी एसेम्बली को बदल दें।
• नोजिल और छलनी का जाम हो जाना।	• घोल में धूल या गन्दगी का मौजुद होना।	• छलनी को साफ करें तथा नोजिल को पिन की सहायता से साफ करें तथा घोल को अच्छी तरह से छान कर टैंक में भरें।
• पम्प घोल नहीं खींच रहा है।	• ग्लैड पैकिंग से हवा लीक कर रहा है।	• ग्लैड पैकिंग नट की जाँच करे यदि आवश्यक हो तो बदल दें।
• पम्प कार्य नहीं कर रहा है।	• चमड़े का वासर सूख गया है।	• तेल की बूंदे डालकर वासर को ढीला करें ।
• फुट पैडिल आसानी से नीचे नही आ रहा है।	• स्प्रिंग खराब हो गयी है।	• स्प्रिंग को बदल दें ।
राकर स्प्रेयर		
• पम्प कार्य नही कर रहा है।	• पिस्टन टाइट है।	• पी०बी०सी० पिस्टन को जाँच कर नट को कस दें।

• घोल नहीं खीच रहा है।	• छनना तथा सक्सन पाइप में कोई गन्दगी फंस गयी है। या पाइप रिस रहा है।	• छनना तथा पाइप की सफाई कर दें यदि पाइप रिस रहा है तो पाइप को बदल दें।
• दबाब नहीं बन रहा है।	• प्रेशर चैंम्बर या जोड़ों से दबाब का रिसाव हो रहा है।	• प्रेशर चैम्बर तथा जोड़ों को निरीक्षण उपरान्त सही से कस दें।
पावर चलित यंत्र		
• इन्जन स्टार्ट नहीं हो रहा है।	• एयर क्लीनर जाम है अथवा तेल नहीं पहुँच रहा है अथवा सम्पर्क नहीं मिल रहा है।	• एयर क्लीनर को साफ करें कार्बोरेटर को साफ करें अथवा स्पार्क प्लग की जाँच करें ।
• इन्जन स्टार्ट होकर तुरन्त बन्द हो जाता है।	• तेल लगातार नही पहुँच रहा है।या स्पार्क नहीं हो रहा है। या साइलेंसर बन्द है।	• तेल टंकी तथा तेल पाइप को साफ करें तथा मैगनैट देंखे या साइलेंन्सर से कार्बन साफ करें।
• इन्जन गति नहीं पकड़ रहा है।	• कार्बोरेटर जाम है।	• कार्बोरेटर को खोलकर साफ करें तथा भलि–भाँति व्यवस्थित करें।
• इन्जन भार नहीं उठा रहा है।	• इन्जन में दबाब कम बन रहा है। अथवा पेट्रोल कम पहुँच रहा है।	• दबाब कम बनने पर रिंग पिस्टन की जाँच करें हो सके तो बदल दें कार्बोरेटर तथा एयर क्लीनर की साफ सफाई करें ।
• इन्जन अत्यधिक गर्म हो रहा है।	• एगजास्टर तथा साइलेंसर का कार्बन जमने से अवरूध हो जाना।	• एगजास्टर तथा साइलेंसर को खोलकर साफ सफाई करें तथा दुबारा से सही से कस दें।

□□□

अध्याय 17

नाशीजीव रसायनों के प्रयोग के समय की सावधानियां

प्रायः नाशीजीव रसायनों को प्रयोग के समय रखी जाने वाली सावधानियों को अधिक गम्भीरता से नहीं लिया जाता है। परन्तु इसके बहुत ही दूरगामी घातक प्रभाव होते है। अतः इन रसायनों के प्रयोग के समय निम्नवत सावधानियां रखनी चाहिए।

रसायनों के प्रयोग से पूर्व

1. नाशी जीव को जाने कि यह कितना क्षति पहुँचा रहा है।
2. रसायन का तभी प्रयोग करें जब नाशीजीव दूसरे लाभकारी विधियों से नियंत्रित न हो रहा हो।
3. रसायनों के प्रयोग से पूर्व उचित सलाह लें तथा संस्तुत रसायनों का प्रयोग संस्तुत मात्रा से ही करें।
4. रसायनों के डिब्बों पर निर्देशित निर्देशों को भलि भाँति पढ़ें।

5. छिडकाव यंत्रों का भलि–भाँति निरीक्षण तथा कमियों को दूर करें।
6. साफ पानी, साबुन तथा तौलिये को साथ रखें।
7. उचित मात्रा में ही रसायनों को खेत पर लेकर जायें जितना कि छिड़काव करना है।

रसायन का घोल बनाते हुए तथा प्रयोग के समय

1. घोल तथा छिड़काव करते समय हाथों में दस्ताने आखों में चश्में का प्रयोग, नाक मुँह को मास्क या कपड़े से ढकें। शरीर पूरी तरह से कपड़े से ढका होना चाहिए।
2. घोल बनाते या छिड़काव करते समय अकेले न रहें।
3. संस्तुत मात्रा को एक बार फिर निरीक्षण करें या निर्देशों को पढ़ें।
4. रसायनों का त्वचा, मुँह या आँख पर गिरने पर उस भाग को तुरन्त पानी से धोयें।
5. हवा की दिशा में ही छिड़काव करें। तेज हवा चलने पर छिड़काव न करें।
6. घोल बनाते या छिड़काव करते समय ना कुछ खायें ना कुछ पीयें और ना ही धुम्रपान करें।
7. रसायन का प्रयोग अनुमोदित मात्रा के अनुसार करें।
8. रसायनों का छिड़काव शुष्क मौसम में प्रातः काल या सांयकाल में ही करें।
9. रसायनों के छिड़काव के समय इसके प्रभाव से कोई शाररिक कष्ट हो तो तुरन्त अपने नजदीक के स्वास्थ्य केन्द्र में जायें तथा साथ में उस रसायन की सम्पूर्ण जानकारी चिकित्सक को अवश्य दें।

रसायनो के प्रयोग के उपरान्त

1. बचे हुए रसायनों को वापस भण्डार में रख दें तथा बच्चों को न पहुँचने दें।
2. खाली डिब्बों को एक जगह भन्डार में रख दें जब तक कि वो पर्याप्त संख्या में दफनाने के लायक न हो जायें।
3. खाली डिब्बों का प्रयोग खाद्य पदार्थ रखने के लिए न करें।
4. छिड़काव यंत्रों में रसायनों को न छोड़ें। यंत्रों को साफ करके भण्डार में रखें।
5. छिड़काव के समय पहने गये वस्त्रों को अच्छी प्रकार से धोकर ही पहनें।
6. किसी व्यक्ति को आवश्यक समय तक उपचारित खेत में न जाने दें।

□□□

अध्याय 18

नाशीजीव रसायनों के छिड़काव में प्रयोगिकी

छिड़काव हेतु नाशीजीव रसायनों का विलयन तैयार करना

किसानों को नाशीजीव रसायनों के प्रयोग की संस्तुति निम्न प्रकार से दी जाती है:

- रसायन का सक्रिय तत्व/हेक्टेयर
- प्रतिशत घोल के रूप में
- पी०पी०एम० घोल के रूप में

नाशीजीव रसायनों के आवश्यक क्षमता के विलयन निम्न विधियों से बनाया जाता है:

(अ) पियर्सनस वर्ग विधि द्वारा

(ब) सूत्र के प्रयोग द्वारा

(अ) पियर्सनस विधि से

इस विधि को उदाहरण के द्वारा समझते हैं।

उदाहरण : मैलाथियान 50 ई०सी० का 1 प्रतिशत का विलयन बनाइये।

हल : सबसे पहले एक वर्ग अ ब स द बनाइये। अ और ब बिन्दुओं पर रसायन की ज्ञात क्षमता तथा विलायक की ज्ञात क्षमता को क्रमशः रखियें (अगर विलायक पानी है तो उसकी क्षमता शून्य होगी) और इच्छित क्षमता को वर्ग के मध्य में रखें। रसायन तथा विलायक की आवश्यक मात्रा जानने के लिए बड़ी संख्या से छोटी संख्या को घटायें (जैसे 1–0 = 1 और 50 – 1 = 49) अब 1 को द बिन्दु पर रसायन के विपरीत तथा 49 को स बिन्दु पर विलायक के विपरीत रखें।

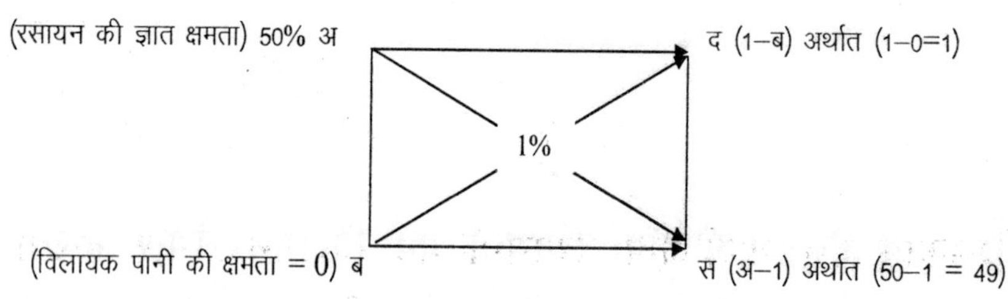

अर्थात् 50 प्रतिशत ई०सी० रसायन का 1 प्रतिशत पानी में विलयन बनाने के लिए, 1 भाग ई०सी० का तथा 49 भाग विलायक (पानी) का चाहिए। अर्थात् अगर 1 मिली० मैलाथियान 50 ई०सी० को 49 मिली० पानी में मिलाये तब मैलाथियान 50 ई०सी० का 1 प्रतिशत का पानी में विलयन बनेगा।

(ब) सूत्र के प्रयोग से

- सूत्र के प्रयोग के द्वारा भी रसायन की ज्ञात मात्रा तथा सान्द्रता के द्वारा रसायन की इच्छित मात्रा तथा सान्द्रता ज्ञात कर सकते हैं।

उदाहरण : मैलाथियान 50 प्रतिशत ई०सी० को 0.5 प्रतिशत की दर से 100 ली० पानी में घोल तैयार करना है। मैलाथियान 50 प्रतिशत ई०सी० की कितनी मात्रा की आवश्यकता होगी।

हल

$$\text{रसायन की आवश्यक मात्रा} = \frac{\text{आवश्यक प्रतिशत (दर या सकिय तत्व) x कुल विलायक की मात्रा}}{\text{रसायन की दी हुई प्रतिशत क्षमता या सक्रिय तत्व का प्रतिशत}}$$

$$= \frac{0.5 \times 100}{50} = 1 \text{ लीटर}$$

अतः 0.5 प्रतिशत की क्षमता का मैलाथियान 50 ई०सी० का 100 ली० पानी में विलायन बनाने के लिए मैलाथियान 50 ई०सी० की 1 ली० की मात्रा की आवश्यकता होगी।

- यदि रसायन की संतुति सक्रिय तत्व/हे० के रूप में दी गयी है तो रसायन की मात्रा की गणना कर घोल निम्न प्रकर से बनाया जायेगा

$$\text{रसायन की आवश्यक मात्रा} = \frac{\text{संस्तुत मात्रा (सकिय तत्व) या आवश्यक सान्द्रता x 100}}{\text{रसायन में उपस्थित सक्रिय तत्व का प्रतिशत}}$$

उदाहरण : कार्बोफ्यूरॉन 3 जी को 1 किग्रा० स०त० प्रति हे० की दर से फसल में छिड़कने के लिए कार्बोफ्यूरॉन 3 जी की कितनी मात्रा की आवश्यकता होगी।

हल

$$\text{रसायन की आवश्यक मात्रा} = \frac{1.0 \times 100}{3} = 33.33 \text{ किग्रा०/हे०}$$

अभ्यास

1. ईण्डोसल्फान 35 ई०सी० की निम्नलिखित क्षमता का पानी में विलयन बनायें।

   i. 0.1% ii. 0.07% iii. 0.035% iv. 0.017%

2. मेटासिस्टॉक्स 25 ई०सी० को 0.025 प्रतिशत की दर से गोभी के खेत में छिड़काव करना है। इसके लिए 500 ली० पानी की आवश्यकता है। अतः मेटासिस्टॉक्स 25 ई०सी० की कितनी मात्रा की आवश्यकता होगी ?

□□□

एकीकृत नाशीजीव प्रबंधन हेतु प्रमुख नाशीजीव रसायनों की सूची

क्रमांक	रसायन का नाम	व्यापारिक नाम	प्रयोग हेतु सान्द्रता	मात्रा/ली० पानी में	क्रिया की प्रकृति	नाशीजीव
क.	**कीटनाशी**					
1.	इण्डोसल्फॉन 35 ई.सी.	थायोडॉन	0.07 %	2.0 मि.ली.	संस्पर्श/उदरगुहा जहर	काटने व चबाने वाले कीट
2.	क्लोरपाइरीफॉस 20 ई. सी.	दुरसबान	0.05 %	2.0 मि.ली.	संस्पर्श जहर	काटने व चबाने वाले कीट, दीमक
3.	क्यूनलफॉस 25 ई.सी.	इकलॉक्स	0.05 %	2.0 मि.ली.	संस्पर्श/सर्वांगी जहर	काटने व चूसने वाले कीट
4.	मोनोक्रोटोफॉस 36 ई.सी.	नुवाक्रॉन	0.05 %	1.5 मि.ली.	संस्पर्श/सर्वांगी जहर	काटने व चूसने वाले कीट
5.	डाइक्लोरवॉस 76 ई.सी.	नुवान	0.05 %	0.5 मि.ली.	संस्पर्श/उदरगुहा जहर	काटने व चबाने वाले कीट
6.	डाइकोफॉल 18.5 ई.सी.	केलथेन	0.037 %	2.0 मि.ली.	असर्वांगी जहर	माइट
7.	इमीडाक्लोप्रीड 17.8 एस. एल.	कान्फिडार	0.01 %	0.5 मि.ली.	सर्वांगी जहर	चूसने वाले कीट
8.	थायोमेथेक्साम 25 डब्लू. जी.	एकतारा	0.05 %	2.0 ग्राम	संस्पर्श/सर्वांगी जहर	काटने व चूसने वाले कीट
9.	कारटेप हाइड्रोक्लोराइड 4 जी.	केलडान	0.1 किग्रा. स. त./हे.	25 किग्रा./हे.	संस्पर्श/सर्वांगी जहर	काटने व चूसने वाले कीट
10.	डायमेथोएट 30 ई.सी.	रोगर	0.05 %	2.0 मि.ली.	संस्पर्श/सर्वांगी जहर	काटने व चूसने वाले कीट
11.	डेमेटान मिथाइल 25 ई. सी.	मेटासिस्टाक्स	0.05 %	2.0 मि.ली.	सर्वांगी जहर	चूसने वाले कीट

12.	फेनवेलरेट 20 ई.सी.	सुमीसिडीन	0.025 %	1.5 मि.ली.	संस्पर्श/सर्वांगी जहर	काटने व चूसने वाले कीट
13.	फास्फोमिडान 100 ई.सी.	डायमेक्रान	0.05 %	0.5 मि.ली.	संस्पर्श/सर्वांगी जहर	काटने व चूसने वाले कीट
14.	फोसेलोन 35 ई.सी.	जोलॉन	0.07 %	2.0 मि.ली.	संस्पर्श/सर्वांगी जहर	काटने व चूसने वाले कीट
15.	कार्बोफ्यूरॉन 3 जी.	फ्यूराडॉन	1 किग्रा. स.त. /हे.	33.33 किग्रा./हे.	सर्वांगी जहर	चूसने वाले कीट
16.	फोरेट 10 जी.	थीमेट	2.5 किग्रा. स. त./हे.	25 किग्रा/हे.	संस्पर्श/सर्वांगी जहर	काटने व चूसने वाले कीट
17.	एसिफेट 75 एस.पी.	ट्वीनगार्ड			संस्पर्श/सर्वांगी जहर	काटने व चूसने वाले कीट
18.	कार्बारिल 50 डब्लू.पी.	सेविन	0.1 %	2.0 ग्राम	संस्पर्श/उदरगुहा जहर	काटने व चबाने वाले कीट
19.	साइपरमेथ्रिन 25 ई.सी.	साइपरगार्ड	0.05 %	2.0 मि.ली.	संस्पर्श जहर	काटने व चबाने वाले कीट
20.	स्पाइनोसिड 45 ई.सी.	ट्रेसर			संस्पर्श/उदरगुहा जहर	काटने व चबाने वाले कीट
21.	फिप्रोनिल 5.0 एस. सी.	रीजेन्ट			संस्पर्श/सर्वांगी जहर	काटने व चूसने वाले कीट
ख.	**कवकनाशी**					
1.	मैंकोजेब 75 डब्लू.पी.	इण्डोफिल एम–45	0.2	2.0 ग्राम	असर्वांगी जहर	झुलसा, मृदुरोमिल आसिता, पर्णचित्ति रोग आदि
2.	कॉपर आक्सीक्लोराइड 50 डब्लू.पी.	ब्लाइटॉक्स–50, ब्लूकॉपर–50	0.3	3.0 ग्राम	असर्वांगी जहर	कैंकर, एन्थ्रेकनोज, सड़न, झुलसा जीवाणुजनित रोग आदि

3. कैप्टॉन 50 डब्लू.पी.	एस.आर. 406	0.2	2.0 ग्राम	असर्वांगी जहर	पर्णधब्बा रोग, स्कैब, मृदाजनित रोग
4. बेनोमिल 50 डब्लू.पी.	बेनलेट	0.1	1.0 ग्राम	सर्वांगी जहर	चूर्णिल आसिता, स्कैब आदि
5. कार्बेन्डाजिम 50 डब्लू.पी.	बेवीस्टीन	0.1	1.0 ग्राम	सर्वांगी जहर	चूर्णिल आसिता, स्कैब आदि
6. डाइनोकैप 25 डब्लू.पी.	कैराथेन	0.05	2.0 ग्राम	असर्वांगी जहर	चूर्णिल आसिता
7. कार्बोक्सिन	वीटावेक्स			सर्वांगी जहर	
8. घुलनषील गंधक 70 डब्लू.पी.	सल्फेक्स	0.3	4.0 ग्राम	असर्वांगी जहर	चूर्णिल आसिता
9. कॉपर सल्फेट +चूना +पानी	बोर्डो मिश्रण	1 : 1 : 5	–	असर्वांगी जहर	

ग. जैविक नियंत्रक तथा जैविक कीट्नाशी

1. ट्राइकोग्रामा प्रजाति	बायोग्रामा	20,000 अण्डे/कार्ड	50,000 अण्डे/हे.	अण्ड परजीवी	लेपीडोप्टेरा कुल के अण्डों के लिए
2. क्राइसोपर्ला कारनिया	पंतपर्ला	1000 अण्डे/बोतल	50,000 अण्डे/हे.	परभक्षी	माहूं, मिली बग, थ्रिप्स, अण्डे आदि
3. ट्राइकोडर्मा प्रजाति	बायोडर्मा	0.2	2.0 ग्राम	प्रतिजैविक	कवकजनित रोग जैसे उकठा, जड़ गलन, तना विगलन आदि
4. स्यूडोमोनास फ्लोरसेन्स	–	0.2	2.0 ग्राम	प्रतिजैविक	
5. एन.पी.वी.	–	250 एल.ई.	2.0 मि.ली.	उदरगुहा जहर	लेपीडोप्टेरा कुल के सुड़ियों के लिए
6. बी.टी.var.कुरसटाकी	डाइपेल	0.2	2.0 ग्राम	उदरगुहा जहर	लेपीडोप्टेरा कुल के सुड़ियों के लिए

घ. वानस्पतिक रसायन					
1. एजेडिरेक्टिन 0.03 ई.सी.	निम्बीसिडीन	0.2	2 मि.ली.	उदरगुहा जहर	सुंड़ी, गिडार चूसक कीट, पर्ण सुरंगक
2. एजेडिरेक्टिन 0.15 ई.सी.	निमारीन	0.2	2 मि.ली.	उदरगुहा जहर	सुंड़ी, गिडार चूसक कीटों, पर्ण सुरंगक
3. नीम सीड करनल एक्सट्रेक्ट (नीम के बीज का सत्व) 5%	NSKE	0.2	2 मि.ली.	उदरगुहा जहर	सुंड़ी, गिडार चूसक कीटों, पर्ण सुरंगक

हिन्दी–अंग्रेजी शब्दावली

कोशिका द्रव्य	Cell Sap
ऊतक	Tissue
अपशिष्ट	Excreta
खुंटी	Wedge
मोम	Wax
सक्रिय	Active
त्वचा	Skin, Rind
सिकुड़ना	Shrivel, Shrink
गुदा	Pulp
छाल	Bark
शीतोष्ण	Temperate
स्वास्थ्य	Health
विपरीत	Opposite

चित्तिदार	Spotted
प्रकाश संश्लेषण	Photosynthesis
कुरमुला	White grub
बसंत ऋतु	Spring Season
सड़ी गोबर	Rotten Cowdung
कलम	Graft
उद्यान	Orchard
सामुदायिक स्तर	Community level
परागण करने वाले जीव	Pollinators
हरी शीर्ष अवस्था	Green tip stage
गुलाबी कलिका अवस्था	Pink bud stage
विध्वंसक	Destructive
डिम्भक	Maggot
रेशम	Silk
हवा का आवागमन	Ventilation
घनकंद	Corm
नाशीजीव रसायन	Pesticide
पादप सुरक्षा	Plant Protection
श्रम	Labour
चयन	Selection
दाबकक्ष	Pressure Chamber
छन्नी	Strainer
निस्सरण मार्ग	Discharge Line
विडोलक	Agitator
विच्छेद वाल्व	Cut off valve
हस्त चालित	Hand operated
शक्ति चालित	Power Operated
द्रवचालित	Hydraulic
गैसदाबीय चालित	Pneumatic

वायुदाब	Air Pressure
विद्युत	Electricity
प्रकीर्णक	Duster
रखरखाव	Maintenance
अवरूद्ध	Blockage
रिसाव	Leakage
निरीक्षण	Inspection
ध्रुमक	Fumigator
विलयन	Solution
विलायक	Solute
सान्द्रता	Concentration
सीढ़ीनुमा	Ladder type
छलनी	Riddle
मखमली	Velvety
उभार	Out growth
सुप्तावस्था	Dorment stage
चूसक कीट	Sucking Insect
बेल	Vine
कंद	Tuber
भण्डारण	Storage
दर	Rate
खोदना	Dig out, excavate
शीतगृह	Cold storage
शल्क	Scale
संस्पर्श	Contact
सर्वांगी	Systemic
असर्वांगी	Non-systemic
पुष्पगुच्छ	Inflorescence
धंसा हुआ	Embedded

गोंद	Gum
काट—छांट	Pruning
ब्याधियां	Diseases
परागयुक्त	Nectarious
जैविक नियंत्रक	Biocontrol agents
लालचपूर्ण छिड़काव	Bait spray
अण्डाकार	Oval
चपटा	Flat
चूर्ण	Powder
उत्सर्जित पदार्थ	Excreta
कीचड़	Mud
चौड़ा	Wide
प्रतिशत	Percent
भिगोना	Drenching
खुरदुरी	Rough
पपड़ी	Blotch
संवहन	Tanslocation
नत्रजन	Nitrogen
चिपचीपा	Sticky
सक्रिय तत्व	Active ingredient
पी०पी०एम०	Parts per million
विकृत	Deformed or malformed
पंखुड़ियां	Petals
पीढ़ी	Generation
ततैया	Wasp
बेधक	Borer
मोड़क	Folder
सूंड़ी या इल्ली	Caterpillar
	Devour

भृंग	Beetle
गिडार	Grub
फफूंदी	Fungi
जीवाणु	Bacteria
बीषाणु	Virus
उकठा	Wilt
कवक तंतु	Mycelium
चक्की	Grinder
सूती	Cotton
घोल	Solution
छिड़कना	Spraying
बुरकना	Dusting
परिणाम	Result
पारदर्शी	Transparent
सुरंग	Mine
अग्र	Fore
पश्च	Hind
गुच्छ	Bunch
खुरचना	Scrapping
डंठल	Twig
शिशु कीट	Nymph, larva
प्रौढ़	Adult
चुभाना	Piercing
चूसना	Sucking
मुखांग	Mouth parts
रस	Sap
घाव	Wound
शिराएं	Veins
धब्बा	Spot

मुरझाना	Loosing turgidity
संकेन्द्रीय	Concentric
मृदाजनित	Soil born
सूक्ष्मजीव	Micro-organism
अवस्थायें	Stages
फसल चक्र	Crop rotation
घना	Dense
कतार	Line
सिंचाई	Irrigation
बढ़वार की अवस्था	Vegetative stage
वृहद्	Wide
लम्बवत	Longitudinal
धारियां	Lines
घुमावदार	Serpentine
छल्ले	Ring
सुत्रकृमि	Nematode
अंकुरण	Germination
पर्ण	Leaf
रोगवाहक कीट	Vector
प्ररोह	Shoot
शलभ	Moth
रोयेंदार	Hairy
किस्म	Variety
प्रबंधन	Management
परिस्थितिकी तंत्र	Ecosystem
जैविक	Organic
सस्य	Cultural
औद्यानिकी फसल	Horticultural Crop
उत्पादकता	Production

गुणवत्ता	Quality
क्षति	Loss, damge
गौण	Minor
प्रतिरोधकता	Resistance
पर्यावरण	Environment
खाद्य श्रृंखला	Food chain
प्रदूषण	Pollution
प्राकृतिक शत्रु	Natural enemies
एकीकृत	Integrated
नाशीजीव	Pest
यांत्रिक	Mechanical
वानस्पतिक	Botanical
संस्तुति	Recommendation
आर्थिक	Economic
संरक्षण	Conservation
अवशेष	Residue
प्रजनन	Reproduction
क्षमता	Capacity
ग्रामीण	Rural
व्यवहार	Behavior
निर्यात	Export
वन्यजीव	Wild animal
जागरूकता	Awareness
कीटनाशक	Insecticide
रसायन	Chemical
कार्यक्रम	Programme
सामाजिक	Social
ग्राह्यता	Acceptance
प्रजाति	Species, variety

परजीवी	Parasite, parsitoid
संक्रमण	Infection
अनुकूल	Favorable
सहनशील	Tolerant
प्रदर्शन	Demonstration
बुवाई	Sowing
खरपतवार	Weeds
फफूंदीनाशक	Fungicide
बीजशोधन	Seed treatment
ऊर्वरक	Fertilizer
प्रपंच	Trap
निगरानी	Monitoring
परभक्षी	Predator
रोगकारक	Pathogen
आकर्षण	Attraction
पोषण	Nutrition
मादा	Female
नर	Male
ई०सी० (पायसीकरण सांद्र)	Emulsifiable concentrate
धूल	Dust
एल०ई० (सूंड़ी समतुल्यांक)	Larval Equivalent
डब्लू०पी० (क्लेदनीय चूर्ण)	Wettable powder
जी० (दाना)	Granules
विलयन	Solution
विलायक	Solvent
सान्द्रता	Concentration
स्फीत	Turgid

❑❑❑